Pierre Reiter

Das Ganzheitliche Betriebliche Gesundheitsmanagement im Krankenhaus

Standortbestimmung und Handlungsempfehlungen
für Einführung und Umsetzung

Pierre Reiter

DAS GANZHEITLICHE
BETRIEBLICHE GESUNDHEITSMANAGEMENT
IM KRANKENHAUS

Standortbestimmung und Handlungsempfehlungen
für Einführung und Umsetzung

ibidem-Verlag
Stuttgart

Bibliografische Information der Deutschen Nationalbibliothek
Die Deutsche Nationalbibliothek verzeichnet diese Publikation in der Deutschen Nationalbibliografie; detaillierte bibliografische Daten sind im Internet über http://dnb.d-nb.de abrufbar.

Bibliographic information published by the Deutsche Nationalbibliothek
Die Deutsche Nationalbibliothek lists this publication in the Deutsche Nationalbibliografie; detailed bibliographic data are available in the Internet at http://dnb.d-nb.de.

∞

Gedruckt auf alterungsbeständigem, säurefreien Papier
Printed on acid-free paper

ISBN-13: 978-3-8382-0279-2

© *ibidem*-Verlag
Stuttgart 2011

Inhaltsverzeichnis

Abbildungsverzeichnis

Tabellenverzeichnis

Abkürzungsverzeichnis

a.a.O.	am angegebenen Ort
Abb.	Abbildung
AG-Gesundheit	Arbeitsgemeinschaft Gesundheit
Anl.	Anlage
Anm.	Anmerkung
AU / AU-Tage	Arbeitsunfähigkeit /Arbeitsunfähigkeitstage
BAuA	Bundesanstalt für Arbeitsschutz und Arbeitssicherheit
BEM	Betriebliches Eingliederungsmanagement
BGF	Betriebliche Gesundheitsförderung
BGM	Betriebliches Gesundheitsmanagement
BGW	Berufsgenossenschaft für Gesundheitsdienst und Wohlfahrt
BIBB	Bundesinstitut für Berufsbildung
BK / BK`n	Berufskrankheit / Berufskrankheiten
BKK-BV	Bundesverband der Betriebskrankenkassen
BMAS	Bundesministerium für Arbeit und Soziales
BMG	Bundesministerium für Gesundheit
BSB	Betrieblicher Sozialdienst
Bsp.	Beispiel
bspw.	beispielsweise
BZgA	Bundeszentrale für gesundheitliche Aufklärung
bzw.	beziehungsweise
ca.	circa
DAK	Deutsche Angestellten Krankenkasse
d.h.	das heißt
DKI	Deutsches Krankenhausinstitut
DNGBF	Deutsches Netzwerk für betriebliche Gesundheitsförderung
DNGfK	Deutsches Netz gesundheitsfördernder Krankenhäuser gem. e.V.
ebd.	ebenda
eig.	eigene
ENWHP	European Network for Workplace Health Promotion
et al.	at alii (und andere)
etc.	et cetera
EWG	Europäische Wirtschaftsgemeinschaft
ext.	Extern

FK	Führungskraft / Führungskräfte
G-BGM	Ganzheitliches Betriebliches Gesundheitsmanagement
ggf.	gegebenenfalls
gGmbh	gemeinnützige Gesellschaft mit beschränkter Haftung
GKV	Gesetzliche Krankenversicherung
GRV	Gesetzliche Rentenversicherung
GUV	Gesetzliche Unfallversicherung
GZ	Gesundheitszirkel
Herv.	Hervorhebung
Hrsg.	Herausgeber
IAB	Institut für Arbeitsmarkt- und Berufsforschung
IAK	Isar Amper Klinikum gGmbH
IGA	Initiative Gesundheit und Arbeit
incl.	inklusive
INQA	Initiative Neue Qualität der Arbeit
IPAG	Integrationsprogramm Arbeit und Gesundheit
k. A.	keine Angaben
Kap.	Kapitel
KiTa`s	Kindertagesstätten
KMO	Klinikum München Ost
KOPAG	Kooperationsprogramm Gesundheit und Arbeit
Koop.	Kooperation
MA	Mitarbeiter
MDS	Medizinischer Dienst des Spitzenverbandes Bund der Krankenkassen e. V.
MGUI	mit geltende Unterlage intern
n.	nach
o.S.	ohne Seitenangabe
p.a.	per anno
QM	Qualitätsmanagement
rd.	rund
RKI	Robert Koch Institut
ROI	Return on Investment
S.	Seite
SBK	Siemens Betriebskrankenkasse

SGB	Sozialgesetzbuch
s.o.	siehe oben
sog.	sogenannte / sogenannten
stat.	stationär
s.u.	siehe unten
Tab.	Tabelle
u.	und
u.a.	unter anderem / unter anderen
UK Bund	Unfallkasse des Bundes
VDBW	Verband Deutscher Betriebs- und Werksärzte e. V.
Verf.	Verfasser
vgl.	vergleiche
VK	Vollkräfte / Vollbeschäftigte
vs.	versus
WHO	World Health Organisation (Weltgesundheitsorganisation)
wiss.	wissenschaftlich
z.B.	zum Beispiel
z.T.	zum Teil

1. Vorwort

Die vorliegende Studie ist in Zusammenarbeit mit dem Klinikum München-Ost der Isar-Amper-Klinikum gemeinnützige GmbH (im Folgenden KMO) entstanden und soll als Arbeits- und Entscheidungsgrundlage für die geplante Einführung eines Betrieblichen Gesundheitsmanagements (BGM) dienen. Sie richtet sich an Führungskräfte, an BGM-Funktionäre und Fachinteressierte, die sich intensiver mit BGM in seiner ganzheitlichen Form und dessen Einführung auseinandersetzen bzw. die dem Thema BGM in ihren Unternehmen mehr Gewicht verleihen wollen.

Eine wichtige Ausgangsbasis für eine gelingende Einführung und Umsetzung eines BGM in ein Unternehmen ist eine optimale Zusammenarbeit zwischen den unterschiedlichen Entscheidungsträgern vor Ort. Grundlage einer solchen Zusammenarbeit ist dabei eine gemeinsame Wissensbasis, die es zunächst zu schaffen gilt. Aufgrund der unternehmensindividuellen Inhomogenität der jeweiligen Entscheidergruppe (Unternehmensleitung, Personalleitung, Betriebsratsmitglieder, Fachkräfte, etc.) und dem, daraus resultierend, unterschiedlichen Wissenstand zum Thema „BGM" ist es daher notwendig, die wichtigsten Aspekte, die bei einer BGM-Einführung von entscheidender Bedeutung sind, entsprechend umfassend inhaltlich zu erläutern. Nur so ist es den Entscheidungsträgern im Unternehmen möglich, auf Augenhöhe miteinander zu kommunizieren und gemeinsam, verbindliche Entscheidungen zu treffen.

Der **Schwerpunkt dieser Studie** liegt daher darin, anhand der Ausführungen beim Leser ein umfassendes und z.T. auch **neues Verständnis von BGM und insbesondere von Ganzheitlichkeit im BGM** zu erreichen.

Auf der Basis dieses theoretischen Hintergrundes wird, gegen Ende dieser Arbeit, exemplarisch das KMO im Rahmen einer Unternehmensdiagnose dahingehend untersucht, welche Voraussetzungen in diesem Haus für die Einführung eines BGM bereits vorhanden sind und welche Voraussetzungen noch zu schaffen wären. Darauf aufbauend, werden dem betrachteten Krankenhaus, als Ergebnis der Analyse, **Handlungsempfehlungen zur Schaffung aller notwendigen Voraussetzungen für die erfolgreiche Einführung eines „Ganzheitlichen Betrieblichen Gesundheitsmanagements (G-BGM)"** an die Hand gegeben.

Die Erfahrungen und Erkenntnisse aus dieser Arbeit sind grundsätzlich auf andere Krankenhäuser übertragbar. Hierbei sind die Handlungsempfehlungen im Text entsprechend den individuellen Gegebenheiten des jeweiligen Krankenhauses anzupassen.

2. Einleitung

Wenn man sich in der aktuell verfügbaren Literatur den Themen „Betriebliche Gesundheitsförderung" (BGF) bzw. „Betriebliches Gesundheitsmanagement" (BGM) nähert, wird man von dem enormen Angebot nahezu überwältigt. Es gibt eine fast unüberschaubare Anzahl von Quellen, die sich mit einzelnen Aspekten betrieblicher Gesundheitsförderung oder auch mit komplexeren Strukturen eines betrieblichen Gesundheitsförderungssystems beschäftigen. Im Tenor kommen alle Autoren zu dem Ergebnis, das BGF bzw. auch BGM (je nach Definition) von besonders großem Nutzen für alle Beteiligten in den Unternehmen sei, u.a. durch Fehlzeitenreduktion, Personalkostensenkung und Motivationssteigerung. Die positiven Kosten-Nutzen-Effekte von BGF-/BGM-Maßnahmen sind bereits durch eine Vielzahl von repräsentativen Studien belegt worden (siehe Kap. 7). Aufgrund der großen Anzahl an Quellen zum Thema und den überzeugenden Ergebnissen vieler Studien sollte man annehmen, dass die Motivation deutscher Unternehmen, BGF bzw. BGM umzusetzen, besonders groß sein muss. Aber leider ist genau das Gegenteil die Realität. Eine repräsentative Arbeitgeberbefragung des Instituts für Arbeitsmarkt- und Berufsforschung (IAB) im Jahr 2004, das sog. IAB-Betriebspanel 2004, kam zu dem Ergebnis, dass nur knapp 20% der westdeutschen Unternehmen Maßnahmen zum Schutz oder zur Förderung der Gesundheit der Beschäftigten durchführten (vgl. Ohnesorg; Ries, 2005, S. 49). In einer repräsentativen Umfrage der TNS Infratest im Jahr 2009 gaben 36% der befragten Unternehmen an, ein BGM durchzuführen. In dieser Zahl vermutet man zunächst eine Steigerung der betrieblichen BGM-Aktivitäten innerhalb der letzten 5 Jahre. Die Studie kommt aber auch zu dem Ergebnis, dass nur 20% dieser Unternehmen ihr BGM als „eigenständiges Instrument" durchführen. 80% der Betriebe integrieren BGM in den Arbeitsschutz bzw. wissen gar nicht, wie es organisatorisch im Betrieb verankert ist (vgl. Bechmann et al., 2010, S. 12). Hier ist, nach Meinung des Verfassers, klar erkennbar, welche großen Unterschiede es im Verständnis von BGM in den Betrieben gibt. Bedenklich auch die Zahlen des GKV-Präventionsberichtes 2009, in welchem u.a. alle von der GKV im Jahr 2008 geförderten BGF-Maßnahmen erfasst sind. Laut diesem Bericht wurden in nur ca. 4800 Betrieben in Deutschland BGF-Maßnahmen gefördert (vgl. MDS, 2009, S. 20), was verglichen mit der Gesamtanzahl von 2,066 Mio. Betrieben (vgl. http://www.pub.arbeitsamt.de /hst/services/statistik/aktuell/iiia6/sozbe/betriebed.xls , 06.09.10) gerade mal eine Quote von ca. 2,3% darstellt. Dabei wurden ca. 535 Tsd. Personen erreicht (vgl. MDS, 2009, S. 20), was dann bei einer Gesamtbeschäftigtenzahl (in den Betrieben) 2008 von ca. 27,5 Mio. (vgl. http://www.pub.arbeitsamt.de/hst/services/statistik/aktuell/iiia6/

sozbe/betriebed.xls , 06.09.10) sogar nur noch einer Quote von ca. 1,9% entspricht. Ergebnisse die, objektiv betrachtet, alles andere als zufriedenstellend sind. Dies wird auch von Seiten der GKV dadurch unterstrichen, dass im Bereich der BGF eine erhebliche quantitative Steigerung gefordert wird (vgl. MDS, 2009, S. 111).

Bei der Analyse dieser Studien, und den doch sehr ernüchternden Ergebnissen, taucht die Frage auf, wie sich die Situation in Bezug auf die Umsetzung und Implementierung von BGM-Systemen in deutschen Krankenhäusern darstellt. Die Beantwortung dieser Fragestellung war dann auch ausschlaggebend für das Zustandekommen der Kooperation mit dem KMO und der vorliegenden Studie. In Unkenntnis der Materie könnte man der Überzeugung sein, dass in Krankenhäusern, in denen es täglich um die Gesundheit der Patienten geht, auch das Bemühen um das Wohlbefinden und die Gesundheit der Mitarbeiter an oberster Stelle auf der Prioritätenliste der Krankenhausleitung steht. Schließlich sind die Mitarbeiter die Hauptträger der Dienstleistung am Patienten. Aber die Realität in den deutschen Krankenhäusern sieht anders aus. Die Umsetzungs- und Implementierungsquote von BGM-Systemen in deutschen Krankenhäusern ist nach Auswertung der Ergebnisse einer Studie des Deutschen Krankenhausinstituts (DKI) als unbefriedigend zu bezeichnen. Im zugehörigen Abschlussbericht ist die Rede von einem „(...)Verbreitungs- und Umsetzungsdefizit vor allem für ausgewählte verhaltenspräventive wie verhältnispräventive Maßnahmen der betrieblichen Gesundheitsförderung im Krankenhaus." (Hans-Böckler-Stiftung, 2009, S. 193). Solche Defizite belegen u.a. die folgenden Angaben. Nur 38% der befragten Häuser haben die Förderung der Mitarbeitergesundheit in ihren Leitbildern verankert. Nur 20% der Häuser haben eindeutig messbare Ziele formuliert, d.h. umgekehrt 80% der Häuser haben keine konkrete strategische Ausrichtung hinsichtlich eines BGM. In 70% der befragten Häuser wird kein Gesundheitszirkel, eines der wichtigsten Beteiligungsinstrumente im BGM, durchgeführt. Über 2/3 der Häuser fertigen keinen betrieblichen Gesundheitsbericht, das Basis-Evaluationsinstrument im BGM, an. Es verwundert dann auch nicht mehr, dass nur 10% der Krankenhäuser überhaupt eine Evaluation ihrer gesundheitsförderlichen Maßnahmen durchführten (vgl. ebd., S. 107ff).

Diese kleine Auswahl an Fakten belegt, dass es, ähnlich wie in der branchenübergreifenden Betrachtung im Präventionsbericht der GKV (s.o.), auch in den Krankenhäusern einen enormen Handlungsbedarf in Bezug auf die Professionalisierung gesundheitsförderlicher Systeme und Strukturen gibt. In der abschließenden Zusammenfassung kam die zitierte Studie daher u.a. zu der, an die Praxis gerichtete Schlussfolgerung, dass „(...) die

Verbreitung und Wirksamkeit der betrieblichen Gesundheitsförderung im Krankenhaus (…) zu erhöhen." (ebd., S. 193) ist.

Grund genug, sich weiterhin intensiv mit dieser Thematik, insbesondere mit dem Blick auf Einrichtungen des Gesundheitswesens zu befassen und zu versuchen, allgemein mehr Unternehmen und speziell mehr Krankenhäuser in Deutschland von der Notwendigkeit und den Vorteilen eines BGM zu überzeugen. Allzu oft scheitert die Umsetzung eines professionellen BGM bereits vor oder während des Einführungsprozesses, da die Betriebe nicht in der Lage sind, geeignete Rahmenbedingungen zu schaffen, die Akzeptanz, Verbindlichkeit und Nachhaltigkeit eines BGM sicherstellen. Die Gründe dafür liegen häufig im Fehlen der notwendigen Grundlagenkenntnis und Umsetzungskompetenz. Aus diesem Informationsdefizit resultieren dann selbstkreierte Gründe, die aus Sicht des Unternehmens geeignet erscheinen, die Einführung eines BGM zu verhindern (siehe Kap. 7.6).

Der vorliegenden Studie liegt daher die Motivation zu Grunde, einen eigenen Beitrag zur Aufklärung der Vorteile des BGM für ein Unternehmen zu leisten. Dabei soll, in Anlehnung an bereits bekannte Sachverhalte, ein besonderer Schwerpunkt auf einer ganzheitlichen Betrachtungsweise des BGM, die weit über die Forderung der Luxemburger Deklaration hinaus geht, (siehe Kap. 3.8) und den daraus abgeleiteten Aspekten für die Einführung liegen.

Es lassen sich in der Literatur eine Reihe von Praxis-Beispielen aus der Industrie für die Umsetzung einzelner BGF-Maßnahmen finden und auch, hier allerdings nur sehr wenige, für die Umsetzung eines BGM-Systems[1]. Darüber hinaus lassen sich speziell auch für den Krankenhaussektor Praxis-Beispiele finden, wenn gleich auch zahlenmäßig deutlich weniger, die eindrucksvoll belegen, was mit BGM erreicht werden kann. So erhält man bei der Eingabe des Stichwortes „Krankenhaus" in der INQA-Datenbank[2] „Gute Praxis", die aktuell (Stand: August 2010) 326 branchenübergreifende Praxis-Beispiele enthält, über 22 Einträge zu erfolgreichen Gesundheitsförderungsprojekten in einzelnen deutschen Krankenhäusern. Bezeichnend auch für diese Zusammenstellung ist, dass nicht die Beschreibungen kompletter BGM-Lösungen zahlenmäßig dominieren, sondern die einzelner BGF-Maßnahmen. Bei der branchenübergreifenden Betrachtung der Beschreibungen vereinzelt umgesetzter BGM-Systemlösungen, lassen sich partiell auch ganzheitliche Ansätze erkennen. D.h. die beschriebenen Unternehmen versuchen mit

---

[1] Ein kleine Auswahl findet man bei Busch, 2004, S. 136 - 290
[2] Weitere Informationen unter: http://www.inqa.de/Inqa/Navigation/Gute-Praxis/datenbank-gute-praxis.html? , (07.09.10)

vereinzelten Maßnahmen einzelne Aspekte der Ganzheitlichkeit umzusetzen. Was dabei aber fehlt, ist die Vernetzung aller Faktoren der Ganzheitlichkeit. Eine Ursache dafür ist das Fehlen einer klaren Definition, was unter Ganzheitlichkeit im Rahmen des BGM zu verstehen ist. In der Literatur findet man hierzu diverse Ausarbeitungen[3], die aber jeweils nur einen speziellen BGM-Schwerpunkt bzw. einen speziellen Aspekt der Ganzheitlichkeit berücksichtigen. Dabei handelt es sich zweifelsohne um hervorragende Ausarbeitungen. Allerdings konnte im Rahmen der Literaturrecherche keine Quelle gefunden werden, bei der, über den „Tellerrand" eines bearbeiteten Schwerpunktes hinaus, eine umfassende ganzheitliche Betrachtung im Hinblick auf die Interaktion eines Schwerpunktthemas mit anderen Teilen des Gesamtsystems „Unternehmen" vorgenommen wurde. Ganzheitlichkeit ist mehr als nur die selektive Verbindung von z.b. Verhalten und Verhältnis bezogen auf eine Maßnahme, oder der Zusatzfokus auf z.b. das Geschlecht.

Im Rahmen der vorliegenden Studie wird dementsprechend ein **umfassendes Verständnis von Ganzheitlichkeit** entwickelt. Ein, diesem Verständnis entsprechendes, komplexes Modell konnte im Rahmen der Literaturrecherche nicht lokalisiert werden. Es gibt aber einzelne Ansätze, mit deren Hilfe innerhalb der nächsten Seiten ein **komplexes Modell eines „Ganzheitlichen Betrieblichen Gesundheitsmanagements (G-BGM)"** entwickelt wird. Mit Hilfe dieses Modells soll es gelingen, die bekannten Kosten-Nutzen-Effekte von BGM-Maßnahmen zu verstärken, indem die Vorteile einzelner Maßnahmen und Umsetzungsstrategien **systemisch** und **konsequent ganzheitlich** zusammengefasst werden. Das Modell ist branchenunabhängig und daher grundsätzlich auf alle Unternehmen, also auch auf Krankenhäuser, übertragbar. Es wird dabei, dem Titel dieses Buches folgend, speziell für den Krankenhaussektor verfeinert.

Dieses Modell ist dabei aber nur ein Aspekt von vielen, die bei der Einführung eines BGM in ein Unternehmen berücksichtigt werden sollten. Um ein, wie eingangs empfohlen, grundlegendes Verständnis von BGM und dessen Einführung zu erhalten, ist es notwendig, sich mit einer Reihe weiterer Aspekte auseinander zu setzen. Die in der vorliegenden Studie erläuterten Aspekte haben ihren Ursprung in der Industrie, werden aber an geeigneten Stellen auf das Gesundheitswesen bzw. das Krankenhaus übertragen. Damit soll, insbesondere bei der ganzheitlichen Betrachtung des Krankenhauspersonals, die Anschaulichkeit der geschilderten Sachverhalte erhöht werden.

---

[3] Hierzu zählen z.B. die Werke: Höppner, 2004; Kolip/Altgeld, 2006; Müller et al., 1997, Badura et al., 2010b (Genaue Quellenangaben im Literaturverzeichnis)

Jedes der im Folgenden kurz beschriebenen Kapitel behandelt einen Aspekt, der für die Auseinandersetzung mit dem Titel **„Das Ganzheitliche Betriebliche Gesundheitsmanagement im Krankenhaus"** und dessen professionelle Einführung von Bedeutung ist und somit zur Schaffung einer gemeinsamen Wissensbasis innerhalb der Entscheidergruppe eines Unternehmens beiträgt. Die spezielle Auswahl der einzelnen Aspekte dokumentiert dabei das Ziel des Verfassers, dem ganzheitlichen Anspruch dieser Studie Rechnung zu tragen.

Kapitel 3 **„Allgemeine Aspekte - Grundlagen und Begriffsklärungen"** schafft die theoretischen Grundlagen für diese Studie, d.h. es werden BGM-relevante Begriffe definiert und grundlegende Sinnzusammenhänge erläutert.

Für die Ausbildung eines allgemeinen Verständnisses von BGM ist das Wissen um die historischen Hintergründe sehr hilfreich. Daher enthält das Kapitel 4 **„Historische Aspekte - Entwicklung der BGF als dem Vorläufer des BGM"** einen kurzen historischen Abriss, der die geschichtlichen Hintergründe der Entwicklung der Betrieblichen Gesundheitsförderung (BGF) als dem Vorläufer des BGM im industriellen Bereich und insbesondere im Bereich des Gesundheitswesens, speziell auch im Krankenhaussektor, beschreibt.

Im Kapitel 5 **„Rechtliche Aspekte - Grundlagen und Grundsatzdokumente"** werden wichtige gesetzliche Regelungen, die die Arbeit im Bereich des BGM beeinflussen, zusammengestellt und erläutert. Dabei werden auch steuerliche Aspekte thematisiert. Ein Schwerpunkt liegt in der Darstellung und Erläuterung wegweisender Grundsatzdokumente, die auf internationaler und nationaler Ebene verabschiedet wurden und die BGM-Arbeit bestimmen.

Das Kapitel 6 **„Wirtschaftliche Aspekte und ihre Bedeutung für die Einführung von BGM"** beginnt zunächst mit einer Abgrenzung wichtiger und das Kapitel bestimmender Begriffe. So wird z.B. erläutert, worin der Unterschied zwischen Berufskrankheiten und arbeitsbedingten Erkrankungen besteht. Weiterhin werden der deutsche Arbeitsmarkt und insbesondere die Branche „Gesundheitswesen" u.a. hinsichtlich der Entwicklung von Berufskrankheiten, Arbeits- und Wegeunfällen und Fehlzeiten untersucht. Den Abschluss bildet eine Analyse der Kosten von Arbeitsunfähigkeit für die einzelnen Sozialversicherungsträger und die deutsche Wirtschaft. Besonders interessant sind hierbei die Auswirkungen des „Präsentismus-Phänomens".

Im Kapitel 7 **„Kosten-/Nutzen-Aspekte von BGM und eine Wirksamkeitsbetrachtung von BGM-Maßnahmen im Unternehmen"** wird analysiert, mit welchen <u>Kosten</u>

bei der Einführung und Umsetzung eines BGM zu rechnen ist und welche Nutzeneffekte erwartet werden können. Dabei ist u.a. von Interesse, welche Gründe aus Unternehmenssicht für bzw. gegen die Einführung eines BGM sprechen und wie wirksam die einzelnen Maßnahmen in der Realität wirklich sind.

Das Kapitel 8 **„Soziale Aspekte und ihre Bedeutung für die Einführung von BGM"** behandelt den Menschen in seiner Verschiedenheit (Diversity). Dabei wird ein Schwerpunkt auf die Merkmale Alter, Geschlecht und kulturelle Herkunft gelegt. Betrachtet werden diese Merkmale jeweils auf Bundesebene und zum Teil auch, je nach Datenverfügbarkeit, auf der Ebene des Gesundheitswesens.

„Das Ganzheitliche Betriebliche Gesundheitsmanagement (G-BGM) - Der Einführungsprozess" ist der Titel des 9. Kapitels. Hier werden grundlegende Standards festgelegt, Ziele definiert und ein Modell des G-BGM vorgestellt. Den Schwerpunkt des Kapitels bildet die umfassende Erläuterung des BGM-Einführungsprozesses durch die Erklärung der einzelnen Prozessphasen und entsprechend praxisnahen Handlungsempfehlungen.

Auf der Basis der theoretischen und praktischen Hintergründe der vorangegangenen Kapitel wird in Kapitel 10 **„Die Einführung eines G-BGM in ein Krankenhaus - Eine Standortbestimmung für die Planung"** am Beispiel des Klinikum München Ost der Isar-Amper-Kliniken gGmbH untersucht, welche Voraussetzungen für die Einführung eines G-BGM im Haus bereits gegeben sind bzw. welche Voraussetzungen hierzu noch zu schaffen wären. Im Rahmen der Analyse wurden u.a. Interviews mit internen und externen Experten und Entscheidungsträgern geführt und umfangreiches Datenmaterial ausgewertet. Einige Daten werden dabei einem Branchen-Benchmark unterzogen, um das Haus entsprechend zu positionieren. Am Ende des Kapitels werden konkrete Handlungsempfehlungen für das weitere Vorgehen gegeben.

Den Schlusspunkt der Studie bildet die **„Zusammenfassung"** (Kapitel 11), in der die wichtigsten Erkenntnisse aus dieser Arbeit kurz und kompakt zusammengestellt werden.

3. Allgemeine Aspekte - Grundlagen und Begriffsklärungen

Um im Rahmen dieser Studie ein gemeinsames Verständnis von BGM zu entwickeln, ist es zunächst notwendig, bestimmte theoretische Grundlagen zu schaffen. Dazu gehört am Anfang eine Eingrenzung der, für den in dieser Arbeit beschriebenen Themenbereich, wichtigsten Begriffe. Einige der folgenden Begriffe sind bereits häufig in der Literatur definiert und interpretiert worden. Zum Teil werden sie aber, je nach Autor und Anwendungsziel mit jeweils abweichenden Bedeutungen (z.b. BGM vs. BGF) versehen. Daher ist es für die Entwicklung eines ganzheitlichen BGM-Verständnisses zunächst notwendig, sich aus der Vielzahl an Erklärungen, auf jeweils eine und entsprechend inhaltlich passende festzulegen.

3.1 Der Gesundheitsbegriff

Zunächst soll auf den Gesundheitsbegriff etwas näher eingegangen werden. Die wohl am häufigsten zitierte Definition entstammt der Verfassung der WHO aus dem Jahre 1946. Danach ist Gesundheit ein Zustand vollständigen körperlichen, geistigen und sozialen Wohlbefindens und nicht bloß die Abwesenheit von Krankheit oder Gebrechen (vgl. WHO, 1946, S. 1)[4]. Hier wird Gesundheit als ein Zustand bezeichnet, der sich erst einstellt, wenn sich der Mensch körperlich, seelisch und psychisch in seinem sozialen Umfeld vollständig wohlfühlt. Allein die Abwesenheit von Krankheit reicht demnach nicht aus, um von einem gesunden Menschen zu sprechen. Gesundheit wird als ein eher statischer Zustand definiert, dessen Erreichung in dieser Konsequenz aus heutiger Sicht doch eher utopisch erscheint. **Gesundheit** ist aber kein statischer Zustand, sondern kann eher als **ein dynamischer Prozess** verstanden werden (vgl. Höppner, 2004, S. 36). Innerhalb dieses lebenslang andauernden Prozesses, geht es um die Erlangung eines Gleichgewichts zwischen Risikofaktoren (krankmachende Faktoren) und Schutzfaktoren (gesundheitserhaltende bzw. -fördernde Faktoren)(vgl. Spicker; Schopf, 2007, S. 23). Dieses Gleichgewicht kann sich einstellen, wenn der Mensch in der Lage ist, die körperlichen, psychischen und sozialen Belastungen zu bewältigen, indem er geeignete Ressourcen aufbaut und Bewältigungsstrategien entwickelt. Damit kann Gesundheit auch als Fähigkeit betrachtet werden, die im Rahmen eines Prozesses erlernt werden kann und als „Kompetenz zur aktiven Lebensbewältigung" (Spicker; Schopf, 2007, S. 24) ausgebaut werden soll. Badura et al. definieren daher Gesundheit als „(…) eine Fähigkeit zur Prob-

---

[4] Im englischen Original: „Health is a state of complete physical, mental and social well-being and not merely the absence of disease or infirmity." (WHO, 1946, S. 1)

lemlösung und Gefühlsregulierung, durch die ein positives seelisches und körperliches Befinden – insbesondere ein positives Selbstwertgefühl – und ein unterstützendes Netzwerk sozialer Beziehungen erhalten oder wieder hergestellt wird." (Badura et al., 1999, S. 24). Diese Sichtweise entspricht bereits im Ansatz dem salutogenetischen Konzept, welches im Kap. 3.6.4 näher erläutert wird. In der Definition von Badura et al. kommt zusätzlich die Bedeutung der, den Menschen umgebenden Umwelt zum Ausdruck. Die WHO stellt in ihrer Charta der 1. Internationalen Konferenz zur Gesundheitsförderung in Ottawa die besondere Bedeutung der Umweltbedingungen für die Gesundheit der Menschen explizit heraus. In der Charta heißt es: „Grundlegende Bedingungen und konstituierende Momente von Gesundheit sind Frieden, angemessene Wohnbedingungen, Bildung, Ernährung, Einkommen, ein stabiles Öko-System, eine sorgfältige Verwendung vorhandener Naturressourcen, soziale Gerechtigkeit und Chancengleichheit. Jede Verbesserung des Gesundheitszustandes ist zwangsläufig fest an diese Grundvoraussetzungen gebunden." (http://www.dngfk.de/fileadmin/user_upload/website/dngfk/Grundsatzdokumente/1986_Ottawa-Charta.pdf , S. 1, 24.09.10)[5]. Gesundheit ist damit also nicht nur eine Fähigkeit, sondern auch ein Ergebnis der inneren Interaktion des Menschen mit seinen körperlichen, psychischen und seelischen Gegebenheiten sowie, im großen Maße auch, ein Ergebnis der äußeren Interaktion mit Umwelt und Gesellschaft.

3.2 Unterschiedliche Sichtweisen von Gesundheit

Nachdem im vorangegangenen Abschnitt der Gesundheitsbegriff erläutert worden ist, werden nunmehr die unterschiedlichen Sichtweisen bzw. Perspektiven von Gesundheit näher betrachtet, da diese je nach Interpretation auf die Ausgestaltung der Maßnahmen im BGM entscheidenden Einfluss haben (vgl. VDBW, 2009, S. 5). Je nachdem, wie ein Unternehmen Gesundheit definiert, werden daraus die entsprechenden Ziele für das BGM abgeleitet. Anders ausgedrückt, die unternehmensindividuellen BGM-Ziele entsprechen der unternehmensindividuellen Gesundheitsdefinition. Man kann drei Sichtweisen voneinander unterscheiden. Diese sind die subjektive, die medizinische und die wirtschaftliche (betriebliche) Sichtweise.

---

[5] Im englischen Original: „The fundamental conditions and resources for health are peace, shelter, education, food, income, a stable ecosystem, sustainable resources, social justice and equity. Improvement in health requires a secure foundation in these basic pre-requisites." (WHO, 1986, S. 1)

3.2.1 Die subjektive Sichtweise von Gesundheit

Bei der Einschätzung der eigenen Gesundheit wägt der Mensch ab, zwischen gesundheitlichen Einschränkungen und dem, über alle Einschränkungen hinweg, persönlich empfundenen Wohlbefinden. Insofern relativiert der Begriff des Wohlbefindens, den Begriff der Gesundheit. Ein Mensch, der aus medizinischer Sicht als krank zu bezeichnen wäre, weil er z.b. im Frühjahr an einer Pollenallergie leidet, erfreut sich im Winter bester Gesundheit und genießt sein Leben in vollen Zügen. Diese Lebensfreude sorgt für ein entsprechendes Wohlbefinden und der Betreffende würde sich, trotz dem Wissen um die Frühjahrsallergie, in der pollenfreien Zeit als gesund beschreiben. Jeder Mensch wird also dementsprechend seinen gesundheitlichen Zustand ganz individuell interpretieren und erleben. Es geht dabei nicht um die bloße Wahrnehmung von und Reflexion über Krankheitssymptome. Vielmehr spielen, neben diesen körperlichen Faktoren, auch andere, den Menschen beeinflussende Faktoren eine große Rolle. Das bedeutet, dass das individuelle Wohlbefinden u.a. auch von psychischen, emotionalen, sozialen und materiellen Komponenten beeinflusst wird (vgl. Amon-Glassl, 2003, S. 134ff). Man erkennt hier Parallelen zur ganzheitlichen Gesundheitsdefinition der WHO im vorangegangenen Abschnitt. Im Jahre 2003 untersuchte das Robert Koch Institut (RKI) im Rahmen eines telefonischen Gesundheitssurveys die Selbsteinschätzung der Gesundheit der Bevölkerung. Im Ergebnis „(…) beurteilten immerhin drei Viertel der über 18-jährigen Deutschen ihren eigenen Gesundheitszustand als „gut" oder „sehr gut"." (vgl. RKI, 2006, S. 18). Allerdings nimmt diese positive Selbsteinschätzung mit zunehmendem Alter ab (vgl. ebd.).

3.2.2 Die medizinische Sichtweise von Gesundheit

Bei der Betrachtung der subjektiven Sichtweise (s.o.) ist bereits indirekt die medizinische Sichtweise gestreift worden. Medizin befasst sich mit der Vorbeugung, Erkennung und Behandlung von psychischen und körperlichen Erkrankungen. Oberstes Ziel ärztlichen Handelns ist dabei, gemäß dem Ärztlichen Gelöbnis, die Erhaltung bzw. Wiederherstellung der menschlichen Gesundheit (vgl. http://www.bundesaerztekammer.de /downloads/MBOStand20061124.pdf , S. 5, 30.09.10). Aus medizinischer Sicht gilt eine Erkrankung als Abweichung vom angestrebten Zielzustand. Will man dieses Ziel als Norm bezeichnen, an der sich der Arzt gemäß seiner Aufgaben messen muss, dann gilt jede Krankheit in dieser Sichtweise als Abweichung von der Norm und muss entsprechend therapiert werden. Ärzte haben gem. (Muster-) Berufsordnung (MBO-Ä) zwar die

Aufgabe „(…) an der Erhaltung der natürlichen Lebensgrundlagen im Hinblick auf ihre Bedeutung für die Gesundheit der Menschen mitzuwirken." (§1 (2) MBO-Ä), allerdings wird eine ganzheitliche Erfüllung dieser Aufgabe, angesichts der aktuellen Abrechnungspolitik (Stand: August 2010) der Gesetzlichen Krankenkassen eher erschwert. Insofern kann in der medizinischen Praxis eine ganzheitliche Gesundheitsbetrachtung, die eine über die Schulmedizin hinausgehende Sichtweise einschließt, nicht in letzter Konsequenz bzw. nur sehr eingeschränkt erfolgen.

3.2.3 Die wirtschaftliche (betriebliche) Sichtweise von Gesundheit

Die wirtschaftliche (betriebliche) Sichtweise von Gesundheit hat die Leistungs- bzw. Arbeitsfähigkeit und die daraus resultierende Produktivität des Menschen im Focus. Krankheit schränkt die Arbeitsfähigkeit eines Individuums ein und wirkt sich damit negativ auf die Produktivität aus. Darüber hinaus verursachen die damit verbundenen Kosten große volkswirtschaftliche Schäden (siehe dazu 6.6.2), weswegen hierbei auch der Aspekt der Kostenreduktion die treibende Komponente für eventuelle Gesundheitsbemühungen darstellt. Im Vordergrund stehen daher die Verhütung von Arbeitsunfällen und die Vorbeugung von Erkrankungen, die in unmittelbarem Zusammenhang mit der Arbeitsausübung stehen (siehe dazu Kap. 6.1). Bislang wird das vor allem im Bereich des präventiven Arbeits- und Gesundheitsschutzes umgesetzt. In Bezug auf die Versuche der Unternehmen eine, über die Prävention und Kostenreduktion hinausgehende, ganzheitliche Gesundheitssicht zu entwickeln, ist zu bemerken, dass sich diese Bemühungen nur sehr vereinzelt erkennen lassen. Man ist sich zwar der Wichtigkeit einer solchen ganzheitlichen Betrachtung bewusst, allerdings fehlt es in der Praxis, wie in der Einleitung bereits beschrieben, am Willen zu einer konsequenten Umsetzung.

3.3 Gesunde Unternehmen vs. Ungesunde Unternehmen

Wenn man die im vorherigen Abschnitt beschriebene betriebliche Sichtweise von Gesundheit betrachtet, wird deutlich, dass sich ein Unternehmen, wenn es sich zielführend mit den Themen BGM und BGF befassen möchte, zu einer ganzheitlichen Sichtweise von Gesundheit übergehen muss. Gesundheit ist hierbei nicht nur ein Zustand bzw. nicht nur die Abwesenheit von Krankheit, sondern sie stellt darüber hinaus eine Kompetenz und eine erlernbare Fähigkeit dar (vgl. Höppner, 2004, S. 39). Aufgabe der Unternehmen muss es sein, Bedingungen zu schaffen, unter denen die Mitarbeiter die Möglichkeit haben, diese Kompetenz auszubilden und die Fähigkeit zur Gesunderhaltung zu erlernen. Höppner unterscheidet hierbei zwischen krankmachenden und gesunderhaltenden Organisationsbedingungen (vgl. Höppner, 2004, S. 16) und lehnt sich dabei an die Unterteilung von Badura et al. (vgl. Badura et al., 1999, S. 31) an. Dieser Abgrenzung folgt auch der Verband der Deutschen Betriebs- und Werksärzte e.V. und legt sie seinem Leitfaden „Betriebliches Gesundheitsmanagement – Gesunde Mitarbeiter in gesunden Unternehmen" zu Grunde. In diesem Leitfaden wird demnach unterteilt in gesundheitsbelastende und gesundheitsförderliche Merkmale, die dann entweder eine ungesunde oder eine gesunde Organisation charakterisieren (vgl. VDBW, 2009, S. 5). Badura et al. unterteilen dazu in der Merkmalsbeschreibung (siehe unten Tab. 1) drei aufeinander aufbauende Ebenen. Zunächst die strukturelle **Ebene der Organisation**, welche die Unternehmenskultur und die Arbeitsbedingungen beschreibt. Als Ergebnis dieser Bedingungen und Strukturen bilden sich dann auf der **personellen Ebene**, also bei den Mitarbeitern, bestimmte Gefühle, Einstellungen und Fähigkeiten heraus. Auf der **Verhaltensebene** sind die, aus den vorangegangenen zwei Ebenen, resultierenden Verhaltensreaktionen als Merkmale aufgeführt. Sie stellt damit das Resultat der jeweiligen Gesundheitsorientierung des Unternehmens dar.

	„Gesundes" Unternehmen	„Ungesundes" Unternehmen
Organisation	✓ Partizipativer Führungsstil ✓ Flache Hierarchie ✓ Vertrauenskultur ✓ Transparenz von Entscheidungen ✓ Prozessorientierte Arbeitsorganisation ✓ Teamarbeit ✓ Weiterbildungsmöglichkeiten ✓ Institutionalisierte Gesundheitsförderung	✓ Autoritärer Führungsstil ✓ Steile Hierarchie ✓ Misstrauenskultur ✓ Intransparenz von Entscheidungen ✓ Geringe Handlungs- und Mitwirkungsspielräume ✓ Hohe Arbeitsteilung, Spezialisierung ✓ Hochfragmentierte Arbeitsabläufe ✓ Keine/unzureichende Weiterbildungsmöglichkeiten
	⬇	⬇
Person	✓ Psychosoziales Wohlbefinden (wenig Angst/Hilflosigkeit) ✓ Hohes Selbstwertgefühl und Selbstvertrauen ✓ Hohe Arbeitszufriedenheit ✓ Hohe Motivation ✓ Hohe Bindung an Unternehmen ✓ Soziale Kompetenz stark ausgeprägt und verbreitet ✓ Management-Kompetenz stark ausgeprägt und verbreitet ✓ Gute körperliche Gesundheit	✓ Verbreitete Hilflosigkeits-/Angstgefühle ✓ Niedriges Selbstwertgefühl und Selbstvertrauen ✓ Geringe Arbeitszufriedenheit ✓ Geringe Motivation ✓ Innere Kündigung ✓ Soziale Kompetenz wenig ausgeprägt und verbreitet ✓ Management-Kompetenz wenig ausgeprägt und verbreitet ✓ Schlechte körperliche Gesundheit

	↓	↓
Verhalten	✓ Hohe Anwesenheitsquote ✓ Niedrige Fluktuation ✓ Hohe Flexibilität und Innovations- bereitschaft ✓ Gegenseitige Unterstützung ✓ Geringer Genussmittelkonsum ✓ Gesundheitsförderlicher Lebensstil (Ernährung, Bewegung etc.)	✓ Absentismus hoch ✓ Hohe Fluktuation ✓ Geringe Flexibilität, Innovationsbe- reitschaft ✓ Individuelles Konkurrenzstreben ✓ Hoher Genussmittelkonsum (Rau- chen etc.) ✓ Riskanter Lebensstil (Ernährung, Be- wegung etc.)

Tab. 1 – Gesundheitsfördernde und –belastende Merkmale eines Unternehmens (Eigene Zusammenstellung nach: Badura et al., 1999, S. 31)

Durch diese Darstellung wird der erwähnte, aufeinander aufbauende Charakter der einzelnen Ebenen grafisch deutlich. Die Organisation bildet dabei die Grundlage, was ihre enorme Bedeutung für die Entwicklung eines betriebsindividuellen Gesundheitsverständnisses und damit insbesondere auch für den Aufbau eines BGM unterstreicht. Man erkennt, dass es nicht reicht, einzelne gesundheitsförderliche Maßnahmen (z.B. Bewegungsprogramme) im Betrieb anzubieten, um eine dauerhafte Verhaltensänderung bzw. Verbesserung des Gesundheitszustandes der Mitarbeiter zu erreichen. Der Blick auf die Gesundheit im Unternehmen ist immer auch ein Blick auf das System. Dieser Sachverhalt macht deutlich, dass nicht nur die betriebsindividuelle Gesundheitsdefinition, sondern auch das betriebsindividuelle BGM nicht systemunabhängig sind (vgl. Spicker; Schopf, 2007, S. 35). Bei der Änderung des Gesundheitsverständnisses in einem Unternehmen bzw. bei der Entwicklung eines Unternehmens hin zu einer „gesunden Organisation" ist damit eine systemische und ganzheitliche Organisationsentwicklung die logische Konsequenz.

3.3.1 Das Krankenhaus - Ein gesundes Unternehmen?

Bei dem Versuch des Transfers der oben beschriebenen Sachverhalte auf das Unternehmen „Krankenhaus" ist festzustellen, dass sich dort, aufgrund besonderer Verhältnisse (z.B. hochkomplexe Arbeitsabläufe, veraltete hierarchische Strukturen, mangelhaftes Führungsverhalten von Ärzten), eher selten die Merkmale einer gesunden Organisation finden lassen (vgl. Höppner, 2004, S. 16). Was macht ein Krankenhaus als „gesundes Unternehmen" aus?

3.3.2 Das gesundheitsfördernde Krankenhaus

Eine Arbeitsgruppe der WHO erarbeitete im Jahre 2001 Strategien, mit deren Hilfe sich ein Krankenhaus zu einem „Gesundheitsfördernden Krankenhaus" entwickeln kann. Im Ergebnis lagen 18 Kernstrategien vor, welche sich mit jeweils 6 Strategien auf die Bereiche Patienten, Mitarbeiter und Umwelt beziehen. Der Verfasser konzentriert sich im Folgenden auf die mitarbeiterbezogenen und damit auf die BGM-relevanten Strategien. Die Strategien lassen sich unterteilen in systembezogene und personenbezogene Strategien. Die folgenden Beschreibungen bilden eine Symbiose aus einer Autoreninterpretation der englischen WHO-Originalfassung, der deutschen Übersetzung von Pelikan et al. und einer Interpretation der 18 Kernstrategien des ONGKG – Verein „Österreichisches Netzwerk gesundheitsfördernder Krankenhäuser und Gesundheitseinrichtungen".

Mitarbeiterbezogene Strategien der Gesundheitsförderung

Systembezogene Strategien

- Ermöglichung und Befähigung der Mitarbeiter zur Selbsterhaltung der eigenen Gesundheit

Das Krankenhaus hat dafür Sorge zu tragen, dass die Bestimmungen des Arbeits- und Gesundheitsschutzes allen Mitarbeitern bekannt und eingehalten werden. Weiterhin sollen ausreichende Möglichkeiten geschaffen werden, dass sich die Mitarbeiter während der Arbeit gesund ernähren und ausreichend regenerieren (Pausen, Urlaub). Die Vereinbarung von Arbeit und Privatleben soll z.B. durch flexible Arbeitszeitmodelle ermöglicht werden.

- Ermöglichung und Befähigung der Mitarbeiter zur Koproduktion am Arbeitsplatz

Mitbestimmungsmöglichkeiten tragen wesentlich zur Steigerung des Wohlbefindens der Mitarbeiter und zur Identifikation mit dem Arbeitsplatz und dem Unternehmen bei. Die Mitarbeiter sollen in der Lage sein, ineffiziente und gesundheitsschädigende Arbeitsabläufe selbst zu erkennen und an deren Verbesserung mitwirken zu dürfen. Unterstützend hierbei wirken ein entsprechend implementiertes Qualitätsmanagementsystem und ein darauf abgestimmtes betriebliches Vorschlagwesen.

Inwieweit die Einbindung von Mitarbeitern unternehmensweit gelingt, hängt wesentlich von den Verhalten und der Einstellung der Führungskräfte ab. Führungskräfteschulungen, u.a. zur Entwicklung kooperativer Führungsstile, sind daher zentrale Maßnahmen.

- Entwicklung des Krankenhauses zu einer gesundheitsfördernden Arbeitsumgebung

Die Einhaltung der gesetzlichen Vorgaben des Gesundheits- und Arbeitsschutzes allein genügen nicht, um aus dem Krankenhaus einen gesundheitsfördernde Arbeitsumgebung zu machen. Insbesondere auch die materielle Beschaffenheit des „Arbeitsplatzes Krankenhaus" hat einen enormen Einfluss auf die Motivation und die Gesundheit der Mitarbeiter. Ergonomie, Raumgestaltung, Arbeitswege, Licht, Farben, verwendete Materialien im Haus können die Gesundheit der Mitarbeiter fördern oder auch beeinträchtigen. Auch hier ist die Einbindung der Mitarbeiter gewinnbringend und notwendig, um die Arbeitsbedingungen langfristig positiv zu gestalten.

Personenbezogene Strategien

- Ermöglichung und Befähigung zu einem gesundheitsfördernden Umgang mit Erkrankungen

Für Mitarbeiter, die bereits an einer Berufskrankheit bzw. einer berufsbedingten Erkrankung leiden, sind entsprechende Informationen, Beratungen, Schulungen und Trainings zum Umgang mit den Erkrankungen anzubieten. Das Haus unterstützt die Mitarbeiter bei entsprechenden Rehabilitationsmaßnahmen zum Erhalt bzw. Wiederherstellung der Arbeitsfähigkeit.

- Befähigung der Mitarbeiter zur Entwicklung einer gesundheitsfördernden Lebensweise

Einzelmaßnahmen, vor allem wenn sie nur zeitlich begrenzt angeboten werden, sind nicht von Erfolg gekrönt. Wenn das Krankenhaus den Gesundheitszustand der Mitarbeiter langfristig erhalten bzw. verbessern will, müssen die geplanten Maßnahmen auch strategisch geplant werden. Daraus ergibt sich, dass die Mitarbeiter in die Lage versetzt werden, an langfristigen Maßnahmen teilnehmen zu können. Daher hat das Haus dazu ein entsprechendes Angebot an Information, Beratung, Schulung und Training anzubieten.

- Partizipation an der gesundheitsfördernden Entwicklung der kommunalen Infrastruktur für die speziellen Bedürfnisse der Mitarbeiter

Die Lebensweisen und die Lebensqualität der Mitarbeiter werden von den Lebensbedingungen in der Gemeinschaft beeinflusst. Um diesen Einfluss positiv zu gestalten, sind infrastrukturelle Gegebenheiten den speziellen Bedürfnissen der Mitarbeiter anzupassen. Die Entwicklung bzw. Umgestaltung der Infrastruktur soll in Zusammenarbeit mit den Mitarbeitern erfolgen, um nicht am Bedarf vorbei zu entwickeln. Partizipation der Mitarbeiter in diesen Entwicklungs- und Entscheidungsprozess steigern die Motivation und Identifikation mit dem Arbeitgeber. Beides wirkt neben den dann umgesetzten Angeboten selbstverständlich gesundheitsfördernd.

„Klassische Beispiele hierfür sind die Einrichtung rund um die Uhr verfügbarer Kindergärten, die Nutzung des öffentlichen Nahverkehrs und Schaffung von Wohnraum für Krankenhausmitarbeiter sowie mitarbeiterfreundliche Öffnungszeiten in Geschäften und anderen Gemeinschaftseinrichtungen." (http://www.dngfk.de/index. php?eID=tx_mm_bccmsbase_zip&id=14481015354c5558d1c0056 , 31.10.10, S. 11)

(Eigene Zusammenstellung nach: WHO, 2005, S. 55f; Pelikan et al., 2005, S. 9ff; http:// oengk.univie.ac.at/downloads/18-Strat-Short.pdf , 31.10.10)

Zusammengefasst ist nach dem „Health Promotion Glossary" der WHO unter einem „Gesundheitsfördernden Krankenhaus" folgendes zu verstehen:

"Ein gesundheitsförderndes Krankenhaus bietet nicht nur qualitativ hochwertige, umfassende medizinische und pflegerische Dienstleistungen an. Es entwickelt auch eine betriebliche Identität (Corporate Identity), die die Ziele der *Gesundheitsförderung* einschließen, sowie eine gesundheitsfördernde Organisationsstruktur und Unternehmenskultur, die Patienten und allen Mitarbeitern eine aktive, sich beteiligende Rolle zuschreibt; Es entwickelt sich selbst zu einer *gesundheitsfördernden Lebenswelt* und *Umgebung* und kooperiert aktiv mit *Gemeinschaften* in seinem Umfeld." (WHO, 1998b, S. 18).

Englische Originalfassung:

"A health promoting hospital does not only provide high quality comprehensive medical and nursing services, but also develops a corporate identity that embraces the aims of *health promotion*, develops a health promoting organizational structure and culture, including active, participatory roles for patients and all members of staff, develops itself into a health promoting physical environment and actively cooperates with its *community*." (WHO, 1998a, S. 11).

3.4 Prävention und Gesundheitsförderung – eine begriffliche Abgrenzung

In der Praxis der Betrieblichen Gesundheitspolitik werden die Begriffe „Prävention" und „Gesundheitsförderung" zum Teil synonym verwendet. Das liegt daran, dass im Grunde beide Begriffe Maßnahmen beschreiben, die „(…) die Vermeidung bestimmter unerwünschter Ereignisse oder Verhaltensweisen zum Ziel haben." (Schulte et al., 2010, S.

118). Die Wege, die zu diesem Ziel führen sind allerdings verschieden, weswegen man grundsätzlich zwischen beiden Begriffen unterscheiden muss. Die folgenden Ausführungen dienen einer klaren begrifflichen Abgrenzung, als Basis für die Eingrenzung des Begriffes der „Betrieblichen Gesundheitsförderung (BGF)" in späteren Kapiteln.

3.4.1 Prävention

„Prävention bezieht sich auf ganz spezifische Krankheitsrisiken und hat das Ziel, die Risiken für diese Krankheiten zu minimieren. Prävention wird in primäre, sekundäre und tertiäre Prävention eingeteilt." (Spicker; Schopf, 2007, S. 33). Spicker/Schopf konzentrieren sich in dieser Definition auf die Minimierung von Krankheitsrisiken. Der Verfasser ist hier der Meinung, dass diese Definition zu kurz greift. Es geht bei der Prävention, über die Risikominimierung hinaus, um die Verhütung von Krankheiten und vor allem deren Folgen. Dies wird beispielsweise durch die Tatsache unterstrichen, dass der GKV Spitzenverband in der Formulierung seiner Präventionsziele im Präventionsbericht 2009 für die Jahre 2008 bis 2012 die Verringerung von Kreislauferkrankungen als Oberziel festlegt und es damit begründet, dass „(…) diese Krankheitsgruppe im Hinblick auf Mortalität, Morbidität und Kosten die höchste epidemiologische Bedeutung besitzt." (MDS, 2009, S. 21). Insofern ist Prävention „(…) die gezielte Verhütung von bestimmten Krankheiten und ihren Folgen (…)" (Schulte et al., 2010, S. 119).

Prävention verfolgt damit folgende Ziele:

- Krankheiten verhüten
- Krankheitsrisiken reduzieren
- Folgen vermeiden, wie z.b. vorzeitige Todesfälle, chronische Krankheiten, Behinderungen, Arbeitsunfähigkeit, Frühverrentung, steigende Behandlungskosten

(vgl. Schulte et al., 2010, S. 118)

Diese Aufzählung von Schulte et al. unterstreicht einmal mehr die schwierige Abgrenzung zwischen Prävention und Gesundheitsförderung. Die Vermeidung einiger der angeführten Folgeerscheinungen kann und soll auch durch die Gesundheitsförderung erreicht werden. Allerdings ist, wie bereits erwähnt, der Weg zur Zielerreichung ein jeweils anderer.

Zusammenfassend kann gesagt werden, dass Prävention primär die Vermeidung von Krankheiten im Focus hat. Damit wird vorrangig das Prinzip der Pathogenese verfolgt.

Im Gegensatz dazu, orientiert sich die Gesundheitsförderung, am salutogenetischen Ansatz (siehe dazu Kap. 3.6.4).

3.4.2 Gesundheitsförderung

Wie bereits angeklungen, hat die Gesundheitsförderung einen anderen Ansatz, als die Prävention. Es geht nicht vorrangig darum, Krankheiten zu vermeiden bzw. Krankheitsrisiken zu vermindern, sondern um „(...) die Stärkung von individuellen und sozialen Ressourcen, um damit zum gesundheitlichen Wohlbefinden beizutragen." (Spicker; Schopf, 2007, S. 33). Diese Definition wird durch die folgende Definition, um den Hinweis erweitert, dass es bei Gesundheitsförderung um konkrete Maßnahmen geht. „Unter **Gesundheitsförderung** oder auch Stärkung der Gesundheitsressourcen versteht man Maßnahmen, die gesundheitlich abträgliche Verhaltensweisen generell abbauen helfen, die Gesundheitskompetenz des Einzelnen fördern sowie zur Verbesserung von gesundheitsrelevanten Lebensbedingungen beitragen." (Schulte et al., 2010, S. 119). Allerdings greift der bloße Hinweis auf Maßnahmen etwas kurz, da das alleinige Durchführen von Maßnahmen bei Weitem nicht ausreicht. Die WHO formuliert Gesundheitsförderung daher als Prozess mit dem Ziel, „(...) allen Menschen ein höheres Maß an Selbstbestimmung über ihre Gesundheit zu ermöglichen und sie damit zur Stärkung ihrer Gesundheit zu befähigen. Um ein umfassendes körperliches, seelisches und soziales Wohlbefinden zu erlangen, ist es notwendig, dass sowohl einzelne als auch Gruppen ihre Bedürfnisse befriedigen, ihre Wünsche und Hoffnungen wahrnehmen und verwirklichen sowie ihre Umwelt meistern bzw. sie verändern können." (WHO, 1986, S. 1). Hier wird zum Einen der prozesshafte Charakter von Gesundheitsförderung beschrieben, der insbesondere im Hinblick auf BGF von entscheidender Bedeutung ist. Auch in der Jakarta Erklärung der WHO aus dem Jahre 1997 wird Gesundheitsförderung als Prozess beschrieben, „(...) der Menschen befähigen soll, mehr Kontrolle über ihre Gesundheit zu erlangen und sie zu verbessern. Durch Investitionen und Maßnahmen kann Gesundheitsförderung einen entscheidenden Einfluss auf die Determinanten für Gesundheit ausüben." (WHO, 1997, S. 2). Badura et al. betonen ergänzend hierzu, dass BGF nur erfolgreich sein kann, wenn sie im Rahmen eines Managementprozesses vollzogen wird (vgl. Badura et al., 1999, S. 17). Zum Anderen wird in der WHO-Definition von 1986 das wichtige Zusammenspiel der Komponenten Individuum, Gesellschaft und Umwelt hervorgehoben. Demnach sind nicht nur vereinzelte Maßnahmen zu planen, sondern es geht darum, diese Maßnahmen optimal aufeinander abzustimmen, um ihre volle Wirkung zu entfalten.

Gesundheitsförderung verfolgt damit folgende Ziele:

- Erreichung des größtmöglichen Gesundheitsgewinns für die Bevölkerung
- Verringerung bestehender gesundheitlicher Ungleichheiten
- Aufbau sozialer Ressourcen
- Stärkung der Menschenrechte[6]

(vgl. WHO, 1997, S. 2)

3.4.3 Fazit

Im Gegensatz zur Prävention (auch Krankheitsprävention), bei der der Gesundheitsgewinn (Verbesserung des Gesundheitszustandes) durch Krankheitsvermeidung bzw. den Abbau von Krankheitsrisiken erzielt wird, geht es bei der Gesundheitsförderung darum, den Gesundheitsgewinn durch die Schaffung und Verbesserung gesundheitsfördernder Lebensbedingungen bzw. den Aufbau von Gesundheitspotentialen zu erreichen (vgl. Hurrelmann, 2000, S. 99f). Abb. 1 verdeutlicht diesen Zusammenhang.

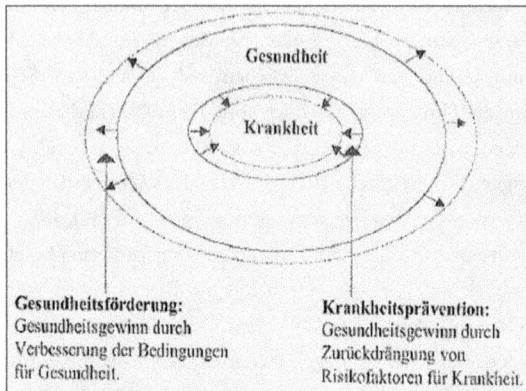

Gesundheit

Krankheit

Gesundheitsförderung:
Gesundheitsgewinn durch
Verbesserung der Bedingungen
für Gesundheit.

Krankheitsprävention:
Gesundheitsgewinn durch
Zurückdrängung von
Risikofaktoren für Krankheit.

Abb. 1 – Verhältnis von Gesundheitsförderung und Krankheitsprävention (Hurrelmann, 2000, S. 99)

Der Verfasser betont an dieser Stelle, dass eine begriffliche Abgrenzung, wie in diesem Kapitel vorgenommen, nicht gleichzeitig mit einer strikten inhaltlichen Abgrenzung in der Praxis einhergeht. Im Gegenteil, da beide Ansätze, also der krankheitsorientierte Ansatz der Prävention, als auch der ressourcenorientierte Ansatz der Gesundheitsförderung

---

[6] Hier: Gesundheit als Grundrecht: „Der Genuss des höchsten erreichbaren Gesundheitszustandes ist eines der Grundrechte jedes Menschen unabhängig von der Rasse, der Religion, der politischen Einstellung und ökonomischer oder sozialer Bedingungen." (WHO, 1946, S. 2).

den Gesundheitsgewinn (Verbesserung des Gesundheitszustandes) zum Ziel haben, sollten sie auch in Verbindung zu- und miteinander gesehen werden (vgl. Walter; Schwarz, 2003, S. 190).

3.5 Präventionsebenen (primär, sekundär und tertiär)

Prävention vollzieht sich auf drei Ebenen, die sich jeweils nach Zeitpunkt, Zielgruppe und Maßnahmengestaltung unterscheiden. Es handelt sich dabei um die primäre, die sekundäre und die tertiäre Prävention (vgl. Spicker; Schopf, 2007, S. 33; vgl. Hurrelmann, 2000, S. 98).

Die **primäre Prävention** steht unter dem Leitgedanken, Krankheiten, Unfälle und Beschwerden zu vermeiden. Sie umfasst damit alle Maßnahmen, die deren Auftreten verhindern oder verzögern und soll noch vor deren Auftreten wirksam werden (vgl. Franzkowiak, 2008, S.197). Sie dient der Vorbeugung und dem Risikoschutz und richtet sich vorrangig an gesunde Menschen. Primäre Prävention versucht spezifische Risikofaktoren auszuschalten und kann sich ihrerseits auf zwei Ebenen vollziehen. Zum Einen kann sie sich auf das Verhalten einzelner Personen oder Gruppen beziehen (Verhaltensprävention, s.u.), zum Anderen kann sie aber auch die Gestaltung der biologischen, technischen oder sozialen Umwelt (Verhältnisprävention, s.u.) im Focus haben (vgl. RKI, 2006, S. 125). Im Bereich der betrieblichen Primärpräventionen sind hier z.B. die Maßnahmen des Arbeits- und Gesundheitsschutzes oder alle Hygiene- bzw. Arbeitssicherheitsmaßnahmen zu nennen.

Die **sekundäre Prävention** steht unter dem Zeichen der Krankheitsfrüherkennung, d.h. dass Krankheiten und deren Vorzeichen bereits erkannt werden, noch bevor es zum Ausbruch der Krankheit kommt (vgl. Franzkowiak, 2008, S. 197). Damit soll erreicht werden, dass eine entsprechende Therapie (Behandlung) rechtzeitig begonnen werden kann, um somit das Fortschreiten der Krankheit bereits im Anfangsstadium zu stoppen (vgl. RKI, 2006, S. 125). Bekannteste Beispiele für Maßnahmen der sekundären Prävention sind Krebsvorsorgeuntersuchungen zum Zwecke der Krebsfrüherkennung und Gesundheitsuntersuchungen (sog. Check-Ups) (vgl. ebd., S. 133). Demnach schließt sekundäre Prävention auch die Behandlung von bereits bestehenden Krankheiten, Verletzungen und Beschwerden ein (vgl. Hurrelmann, 2000, S. 98) und richtet sich damit nicht nur an Gesunde. In der betrieblichen Sekundärprävention werden diese Maßnahmen z.B. vom Betrieblichen Gesundheitsdienst bzw. dem Betriebsarzt geleistet.

Die **tertiäre Prävention** soll nach Eintritt akuter Erkrankungen, Beschwerden und Verletzungen zunächst den Heilungsprozess positiv unterstützen, um Funktionseinschränkungen oder Folgeerkrankungen (z.b. Multimorbidität, Chronifizierungen) zu verhindern (vgl. RKI, 2006, S. 125). Sie richtet sich aber dabei nicht nur an Kranke im Akutstadium, sondern auch an dauerhaft Leidende. Ziel ist es weiterhin, für die Betroffenen eine möglichst hohe individuelle Lebensqualität zu erreichen und sie schnellstmöglich wieder in die Gesellschaft einzugliedern (vgl. Franzkowiak, 2008, S. 197). Im betrieblichen Kontext gehören hierzu, die beruflichen Rehabilitationsmaßnahmen und das Betriebliche Wiedereingliederungsmanagement.

Tab. 2 zeigt einen zusammenfassenden und weiterführenden Gesamtüberblick über die drei hier dargestellten Präventionsebenen.

Struktur- ebene	Ansatzpunkt	Maßnahmen	Ziele
Primär- prävention	einsetzend vor Eintritt einer fassbaren biologischen Schädigung	alle spezifischen Aktivitäten zur Vermeidung auslösender oder vorhandener Teilursachen (darunter Risikofaktoren) von bestimmten Erkrankungen, darunter auch die individuelle Erkennung und Beeinflussung solcher Teilursachen	Risikosenkung bis hin zur Risikoeleminierung; Senkung der Inzidenzrate einer Krankheit bzw. Senkung der Wahrscheinlichkeit des Krankheitseintritts bei einem Menschen bzw. einer (Teil-)Population
Sekundär- prävention	Entdeckung von biomedizinisch eindeutigen (u.U. auch klinisch symptomlosen) Frühstadien einer Erkrankung und deren erfolgreiche Frühtherapie	Gesundheitschecks, Vorsorgeuntersuchungen, spezifische Früherkennungsmaßnahmen (von u.a. Risikofaktoren)	Senkung der Inzidenz von manifesten oder fortgeschrittenen Erkrankungen
Tertiär- prävention	Behandlung manifester Krankheit („Kuration") und ergänzende Interventionen zur Verhinderung bleibender Funktionseinbußen	wirksame Behandlung einer symptomatisch gewordenen Erkrankung	Verschlimmerung der Krankheit und/oder bleibende Funktionsverluste verhüten oder verzögern; Leistungsfähigkeit soweit wie möglich wiederherstellen bzw. erhalten, die Inzidenz bleibender Beeinträchtigungen und Behinderungen absenken

Tab. 2 - Präventionsebenen (Franzkowiak, 2008, S. 198)

3.6 Interventionsansätze und Orientierungen von Prävention und Gesundheitsförderung

3.6.1 Interventionsansätze

Prävention und Gesundheitsförderung können auf verschiedenen Interventionsebenen angreifen. Die erste ist die **Ebene des Individuums** (Individuumsbezogener Ansatz). Auf dieser Ebene sind die Maßnahmen in erster Linie auf den einzelnen Menschen und sein Verhalten ausgerichtet (vgl. Rosenbrock, 2004, S. 148). Als Maßnahmenbeispiele können hier Gesundheitskurse oder Gesundheitsberatungen genannt werden.

Auf der **Ebene der Bevölkerung** (Bevölkerungsbezogener Ansatz) geht es darum, entweder einen Teil der Bevölkerung oder die Gesamtbevölkerung zu erreichen. Dies geschieht vorrangig durch Gesetze und Verordnungen (z.B. das Bundesnichtraucherschutzgesetz (BNichtrSchG)), kann aber auch durch Informations- bzw. Aktionskampagnen geschehen (vgl. Rosenbrock, 2004, S. 149). Es gibt darüber hinaus auch eine medizinische Interventionsform auf dieser Ebene, die zur Abwehr gesundheitsepidemischer Folgen von z.B. Seuchen bzw. Infektionskrankheiten dient. Diese sind z.B. bundesweit angelegte Impfaktionen (vgl. RKI, 2006, S. 133).

Auf der **Ebene des Settings**[7] (Settingbezogener Ansatz) steht die, den Menschen umgebende Lebens-, Lern- und Arbeitswelt im Zentrum der Betrachtung. Dabei umfasst der Setting-Ansatz „(…) Maßnahmen in jenen Lebensbereichen, in denen die Menschen in der Regel den größten Teil ihrer Zeit verbringen, beispielsweise Maßnahmen am Arbeitsplatz, in der Schule oder am Wohnort." (ebd., S. 125), um eine hohe Erreichbarkeit zu erzielen (vgl. Rosenbrock, 2004, S. 148). Konkrete Beispiele solcher Settings sind Kindertagesstätten, Schulen, Stadtteile (insbesondere soziale Brennpunkte) oder auch Betriebe. Ziel der entsprechenden Maßnahmen ist es, dieses „Setting" jeweils optimal gesundheitsförderlich und/oder präventiv zu gestalten (vgl. ebd., S. 149).

Auf allen dargestellten Interventionsebenen kann dabei unterschieden werden, ob es sich entweder um verhaltensbezogene oder verhältnisbezogene Maßnahmen handelt. Das heißt, die Interventionen zielen entweder auf die Verbesserung des Gesundheitsverhal-

---

[7] „Ein **Setting** (Herv. durch den Verf.) ist ein durch formale Organisation, durch regionale Situation und/oder durch gleiche Erfahrung und/oder gleiche Lebenslage und/oder gemeinsame Werte bzw. Präferenzen definierter und auch den Nutzern/Bewohnern subjektiv bewusster sowie relativ dauerhafter Sozialzusammenhang, von dem wichtige Einflüsse auf die Wahrnehmung von Gesundheit, auf Gesundheitsbelastungen und/ oder Gesundheitsressourcen sowie auf die Bewältigung von Gesundheitsrisiken ausgehen können." (Rosenbrock; Kümpers, 2006, S. 418).

tens der Menschen oder auf die gesundheitsförderliche Gestaltung der technischen, materiellen und sozialen Umwelt (vgl. Rosenbrock, 2008, S. 16 – 24).

3.6.2 Verhaltens- und Verhältnisorientierung

Sowohl die präventiven Maßnahmen, als auch die gesundheitsförderlichen Maßnahmen können sich auf der einen Seite entweder auf das Verhalten eines Individuums oder einer Gruppe beziehen. Sie können sich aber auf der anderen Seite auch auf die Verhältnisse/ Bedingungen (ökologisch, technisch, materiell, sozial) beziehen, in denen die betreffenden Individuen leben bzw. arbeiten. Im Folgenden werden die einzelnen Orientierungen thematisch den Bereichen Prävention und Gesundheitsförderung zugeordnet und inhaltlich kurz erläutert.

- Verhaltensorientierung in der Gesundheitsförderung

  Im Bereich der Gesundheitsförderung geht es bei verhaltensbezogenen Maßnahmen „(…) um die Initiierung personaler Entwicklungsprozesse durch individuelle Ermutigung zur Selbstermächtigung sowie Vermittlung gesundheitsorientierter Einstellungen, Kompetenzen und Verhaltensweisen, also insgesamt auf [um] (Anm. d. Verf.) eine Stärkung psychischer [und physischer] (Anm. d. Verf.) Ressourcen." (Kolb; Diketmüller, 2006, S. 146).

- Verhaltensorientierung in der Prävention

  Bei der auf das menschliche Verhalten ausgerichteten Prävention spricht man auch von Verhaltensprävention (vgl. Faller, 2010a, S. 27). Diese Verhaltensorientierung beinhaltet dann alle präventiven Strategien, die der Beeinflussung gesundheitsrelevanter Verhaltensweisen dienen (vgl. Lehmann, 2003, S. 238). Hierzu zählen z.B. „(…) die Vermeidung und Veränderung von gesundheitsriskanten Verhaltensweisen (Rauchen, Alkoholmissbrauch, falsche Ernährung)." (ebd.).

- Verhältnisorientierung in der Gesundheitsförderung

  Auf der Seite der verhältnisbezogenen Gesundheitsförderungsmaßnahmen geht es um die Zurverfügungstellung bzw. Schaffung von „(…) objektiv nutzbaren Handlungsspielräumen wie soziale Netzwerke, individuelle Unterstützungssysteme oder ökologische und materielle Umweltbedingungen (…)." (Kolb; Diketmüller, 2006, S. 146).

- Verhältnisorientierung in der Prävention

Bei der auf die, den Menschen umgebenden Lebens- und Umweltbedingungen ausgerichteten Prävention, spricht man auch von Verhältnisprävention (vgl. Faller,
2010a, S. 27). Diese Verhältnisorientierung beinhaltet alle „(…) Strategien, die auf
die Kontrolle, Reduzierung oder Beseitigung von Gesundheitsrisiken in den Um-
welt- und Lebensbedingungen, auf die Verringerung oder Beseitigung von Krank-
heits- und Unfallursachen in den allgemeinen Lebens-, Arbeits- und Umweltverhält-
nissen bzw. auf die Herstellung gesunder Verhältnisse abzielen." (Lehmann, 2003, S.
239). Hierzu zählen dann u.a. Maßnahmen des betrieblichen Arbeitsschutzes, Aktivi-
täten der Kommunen „(…) zur Verbesserung der öffentlichen hygienischen, Wohn-,
Verkehrs- und allgemeinen Sicherheitsbedingungen (Bäderaufsicht, Kanalisation)"
(ebd.) oder auch staatliche Regelungen, z.B. im Bereich des Umwelt- und Verbrau-
cherschutzes (vgl. a.a.O.).

3.6.3 Zusammenwirken von Verhaltes- und Verhältnisorientierung

Von entscheidender Bedeutung bei der Umsetzung aller Maßnahmen ist, und das unabhängig davon, ob es sich um präventive oder gesundheitsförderliche handelt, dass eine
Trennung zwischen der verhaltensbezogenen und der verhältnisbezogenen Sichtweise in
der praktischen Umsetzung nicht mehr zeitgemäß und nicht zielführend ist (vgl. Badura
et al., 1999, S. 36). Ulich/Wülser vertreten darüber hinaus die Ansicht, dass die Verhaltensprävention dabei der Verhältnisprävention stets nachgeordnet ist (vgl. Ulich; Wülser,
2009, S. 14). Ähnlich sehen es auch Kolb/Diketmüller für den Bereich der Gesundheitsförderung. Danach können individuell aufgebaute Handlungskompetenzen nur wirksam
und nachhaltig zum Tragen kommen, wenn auf der Basis verhältnisorientierter Maßnahmen entsprechende Rahmenbedingungen geschaffen worden sind (vgl. Kolb;
Diketmüller, 2006, S. 145). Das Optimum liegt aber wohl eher dazwischen, da sich beide
Bereiche gegenseitig bedingen (vgl. Lehmann, 2003, S. 239) und nicht nur aufeinander
aufbauen. Die Erkenntnis der gegenseitigen Abhängigkeit bzw. Förderung allein reicht
allerdings noch nicht aus, um den Sachverhalt des optimalen Zusammenwirkens ausreichend zu beleuchten. Dies gelingt nur durch eine ganzheitliche Betrachtung. Nicht allein
die Konzentration auf Verhalten oder Verhältnis erscheint danach zielführend, sondern
der ganzheitliche Blick auf den, die jeweilige Situation umgebenden Kontext, in dem entsprechende verhältnis- bzw. verhaltensbezogene Maßnahmen durchgeführt werden sollen. Gerade in der betrieblichen Praxis der Gesundheitsförderung werden bei Entschei-

dungen für verhaltens- bzw. verhältnisbezogene Maßnahmen z.T. Ursache-Wirkungs-Zusammenhänge nur unzureichend recherchiert (vgl. Faller, 2010a, S. 27). Ein Beispiel soll dies veranschaulichen.

Zur Linderung von Rückenschmerzen bei Mitarbeitern eines Unternehmens werden ergonomisch geformte Bürostühle angeschafft (verhältnisorientiert). Gleichzeitig bietet man den Mitarbeitern Gymnastikkurse (verhaltensorientiert) an, um die Rückenmuskulatur zu stärken. Sicherlich könnten dies nachvollziehbare Lösungen für das Rückenproblem sein. Wenn aber die eigentliche Ursache der Rückenschmerzen psychischer Natur ist, z.B. ein Resultat mangelhafter Führung, dann wird sich der erwartete Effekt (Linderung der Rückenschmerzen) durch die eingeführten verhaltens- und verhältnisorientierten Maßnahmen eher nicht einstellen.

Die ganzheitliche Betrachtung der Wechselwirkung zwischen Individuum, Umwelt und Verhalten ist also von entscheidender Bedeutung (vgl. Badura et al., 1999, S. 36). Bei einer solchen Vorgehensweise werden derartige Abhängigkeiten und Wechselwirkungen entsprechend mit dem Ziel berücksichtigt, Einzelmaßnahmen nicht voneinander losgelöst zu veranlassen.

3.6.4 Pathogenetische und salutogenetische Orientierung

Bereits im Kap. 3.4.1 wurde der Begriff der **Pathogenese** in Verbindung mit dem Präventionsbegriff verwendet. Das Grundverständnis von Prävention, also die Vermeidung und Verhütung von Krankheiten oder Gesundheitsschäden ist auch die Kernorientierung der Pathogenese. Pathogenese (pathogen = krankmachend, krankheitserregend; Pathogenese = Krankheitsentstehung, -entwicklung (vgl. Reuter, 2004, S. 1645)) befasst sich dabei mit der Entstehung und Entwicklung von Krankheiten. In modernen Gesellschaften und in der modernen Schulmedizin ist die pathogenetische Sichtweise noch immer vorherrschend (vgl. Höppner, 2004, S. 34), da es hier insbesondere darum geht Krankheiten frühzeitig zu erkennen und zu behandeln (vgl. BZgA, 2001, S. 140). Die Medizin definiert „(...) Gesundheit als Abwesenheit von Krankheit." (BZgA, 2001, S. 141) und damit als medizinischen Normzustand und jede Krankheit demnach als Abweichung von der Norm. Dieser Normzustand äußert sich in einem stabilen Gleichgewicht der Körperfunktionen, der Homöostase genannt wird (vgl. Höppner, 2004, S. 34). Die Pathogenese geht also davon aus, dass sich der Mensch in der Regel in diesem Gleichgewicht befindet (vgl. Welbrink; Franke, 2010, S. 44), also gesund ist. Erst wenn er Gefahr läuft, aus diesem Gleichgewicht zu geraten oder es bereits schon ist, muss interveniert werden (vgl. ebd.). Ein Mensch ist nach dieser Auffassung entweder krank, dann muss er behandelt werden, oder er ist gesund und es sind keine Interventionen notwendig.

Die, der pathogenetischen Sichtweise gegenüberstehende Orientierung ist die der **Salutogenese**. Das Paradigma der Salutogenese geht auf den amerikanisch-israelischen Medizinsoziologen Aaron Antonovsky (1923 – 1994) zurück. Er kritisierte eine rein pathogenetische Sichtweise und entwickelte in den 80iger Jahren eine entsprechende „Gegen"-Theorie (vgl. BZgA, 2001, S. 9). Auf eine vollständige und detaillierte Analyse des Salutogenese-Modells nach Antonovsky wird aufgrund des Umfangs an dieser Stelle verzichtet. Allerdings werden wichtige Aspekte aus dem Modell erwähnt, die speziell für ein ganzheitliches Verständnis von BGM bedeutsam sind. Die Salutogenese sieht nicht die Homöostase, sondern die Heterostase (Ungleichgewicht) als den Normalzustand bei einem Menschen an (vgl. Welbrink; Franke, 2010, S. 45). Dies bedeutet, dass ein Mensch eben nicht immer entweder vollkommen gesund oder vollkommen krank ist. Ein menschlicher Organismus beheimatet immer gesunde und kranke Bestandteile (vgl. BZgA, 2001, S. 32), sowohl psychisch als auch physisch. Insofern bewegt er sich innerhalb eines Gesundheits-/Krankheits-Kontinuums (siehe Abb. 2) zwischen den imaginären Polen Gesundheit („Health-ease", Wohlbefinden) und Krankheit („Dis-ease", Un-

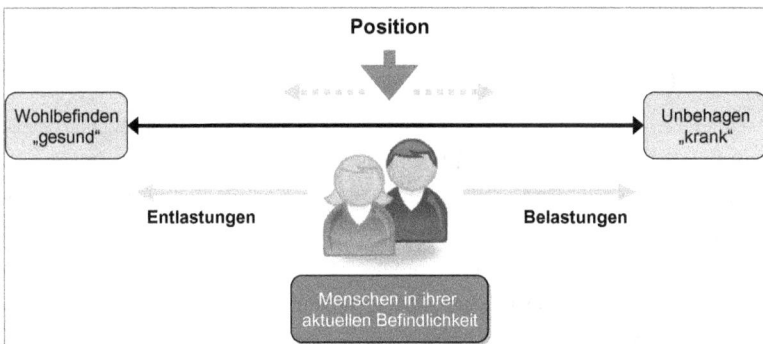

Position

Wohlbefinden „gesund" ⟷ Unbehagen „krank"

Entlastungen   Belastungen

Menschen in ihrer aktuellen Befindlichkeit

Abb. 2 - Gesundheits-/Krankheits-Kontinuum (Eigene Darstellung nach: Draxler; Cheung, 2010, S. 12)

behagen) (vgl. Franzkowiak; Lehmann, 2003, S. 114). Die Position des Menschen (siehe Abb. 2) auf dem Gesundheits-/Krankheits-Kontinuum ergibt sich aus einer Wechselwirkung zwischen belastenden/krankmachenden und entlastenden/ gesundheitsfördernden Faktoren im Menschen und in der Umwelt, die ihn umgibt (vgl. Franzkowiak, 2003, S. 198). Das Individuum kann dabei seine Position in Richtung des Gesundheitspols entwickeln, wenn es ihm gelingt, optimal auf belastende Faktoren (sog. Stressoren, s.u.) zu reagieren und vorhandene gesundheitsfördernde Faktoren (sog. Ressourcen, s.u.) zu seinem Vorteil zu nutzen bzw. neue zu entwickeln. Salutogenese fragt dabei nicht, was zur momentanen Position (Ursache der Erkrankung) geführt hat, sondern welche Faktoren beteiligt sind bzw. beteiligt werden können, um sich in Richtung des „gesunden Pols" zu bewegen (vgl. Antonovsky, 1997, S. 30). Im Rahmen der Salutogenese geht es u.a. also primär um die Beantwortung der Fragen, wie es Menschen gelingt bzw. was Menschen dabei hilft, trotz vieler potentiell gesundheitsgefährdender Einflüsse, gesund zu bleiben bzw. sich nach einer Erkrankung wieder zu erholen (vgl. BZgA, 2001, S. 24). Entscheidend für eine entsprechend erfolgreiche, individuelle Bewältigung ist dabei das Vorhandensein eines starken Kohärenzgefühls.

Kohärenzgefühl – Sense of coherence (SOC)

„Das SOC (Kohärenzgefühl) ist eine globale Orientierung, die ausdrückt in welchem Umfang man ein durchdringendes, andauerndes und dennoch dynamisches Gefühl des Vertrauens hat, dass

1. die Stimuli, die sich im Verlauf des Lebens aus der inneren und äußeren Umgebung ergeben, strukturiert, vorhersehbar und erklärbar sind;

2. einem die Ressourcen zur Verfügung stehen, um den Anforderungen, die diese Stimuli stellen, zu begegnen;

3. diese Anforderungen Herausforderungen sind, die Anstrengung und Engagement lohnen." (Antonovsky, 1997, S. 36)

„Je stärker also das Kohärenzgefühl ausgeprägt ist, desto höher ist die Wahrscheinlichkeit, **Stressoren** erfolgreich (…) zu bewältigen." (Franzkowiak, 2003, S. 199) und die Wahrscheinlichkeit, schneller gesünder zu werden bzw. gesund zu bleiben (vgl. Straus; Höfer, 2010, S. 117; BZgA, 2001, S. 28). Menschen mit einem stark ausgeprägten Koheränzgefühl, bewältigen die Anforderungen und Stressoren, die im Laufe ihres Lebens auf sie einwirken optimal. Darüber hinaus sind solche Menschen auch in der Lage, aufgrund der gesammelten Erfahrungen, insbesondere auch aus belastenden Situationen, ihre Selbstkompetenz zu stärken (vgl. Welbrink; Franke, 2010, S. 46). Ein gesteigertes Selbstwertgefühl und ein höheres Selbstvertrauen in die eigenen Fähigkeiten und Möglichkeiten sind das Ergebnis. Diese Menschen bewegen sich auf dem Gesundheits-/Krankheits-Kontinuum kontinuierlich in Richtung „gesund". Aus der o.a. Definition von Antonovsky lässt sich weiterhin folgern, dass eine starke Ausprägung des Koheränzgefühls abhängig ist von den zur Verfügung stehenden **Ressourcen**, um auf Reize der inneren und äußeren Umwelt adäquat reagieren zu können. Antonovsky spricht hier von „generalisierten Widerstandsressourcen" (vgl. BZgA, 2001, S. 34), die von innen oder von außen wirken können (siehe Tab. 3). Gemeint sind damit individuelle Fähigkeiten sowie kulturelle und soziale Möglichkeiten, Anforderungen und Belastungen entsprechend zu begegnen bzw. Stand zu halten. Mit „generalisiert" sind Ressourcen gemeint, die in allen Situationen wirksam werden (vgl. ebd.).

Innere Ressourcen (individuelle Ressourcen)	**Äußere Ressourcen** (soziale, kulturelle, materielle, organisationale Ressourcen)
• körperliche/konstitutionelle Ressourcen: starkes Immunsystem zur Abwehr von Krankheitserregern und Stressoren, organische und genetische Faktoren • personale und psychische Ressourcen: Intelligenz, Erfahrung, gesunde Lebensführung, die aktive Vermeidung von Stressoren, Intelligenz und geistige Flexibilität	• soziale Ressourcen: soziale Integration, Zugehörigkeit zu sozialen Netzwerken • soziokulturelle Ressourcen: kulturelle Werte und Lebenseinstellungen • materielle Ressourcen: finanzielle Sicherheit zur Sicherung von Schutz, Ernährung, Wohnung, etc.. • Organisationale Ressourcen (z.b. im Setting „Betrieb"): Arbeits- und Gesundheitsschutz, gesundheitsfördliche Arbeitsbedingungen (z.b. Aufgabenvielfalt, Handlungsspielräume, Entwicklungsmöglichkeiten, Partizipationsmöglichkeiten, Kommunikation, flexible Arbeitszeitmodelle, etc.)

Tab. 3 – Innere und Äußere Ressourcen (Eigene Zusammenstellung nach: BZgA, 2001, S. 144; Udris; Rimann, 2010, S. 131f; Franzkowiak, 2003, S. 198f)

3.7 Übertragung auf das BGM

Bei der Anwendung und Übertragung des salutogenetischen Grundgedankens (in Verbindung mit den geschilderten Ressourcen) auf ein BGM könnten sich folgende Fragestellungen ergeben:

• Was macht die Mitarbeiter gesund? Was hält die Mitarbeiter gesund?

• Welche Widerstandsressourcen haben bzw. benötigen die Mitarbeiter?

Bei der Beantwortung der Fragen spielt im BGM der Faktor „Arbeit" eine wichtige Rolle, da dieser die Mitarbeitergesundheit entscheidend beeinflussen kann. Arbeit und Arbeitsbedingungen können belastende und entlastende Komponenten enthalten, wodurch auch das individuelle Gesundheits-/Krankheits-Kontinuum der Mitarbeiter beeinflusst wird. Die Grafik des Gesundheits-/Krankheits-Kontinuums von S. 27 muss in diesem Fall um den Faktor „Arbeit" erweitert werden (siehe Abb. 3).

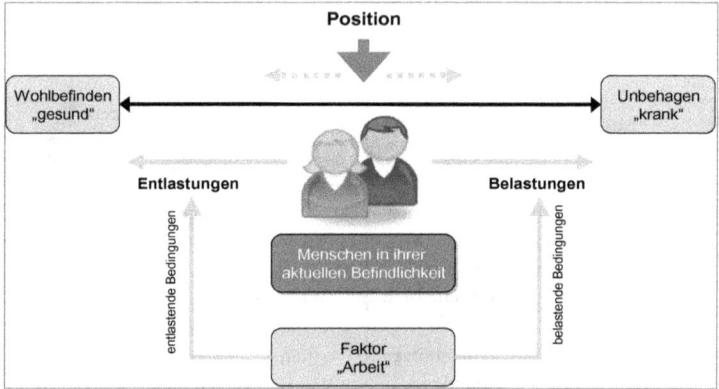

Abb. 3 - Der Faktor "Arbeit" im Gesundheits-Krankheits-Kontinuum (Eigene Darstellung nach: Draxler; Cheung, 2010, S. 12)

Die Position der Mitarbeiter ist dabei wiederum abhängig von der Stärke des vorhandenen Kohärenzgefühls. BGM hat damit die Aufgabe dieses, unter Berücksichtigung der Arbeitsbedingungen, zu entwickeln und zu stärken. Für eine erfolgreiche Umsetzung der hierfür notwendigen Maßnahmen, sind bereits bei der Planung die drei Komponenten des Kohärenzgefühls zu berücksichtigen. Tab. 4 verdeutlicht deren Bedeutung für die Maßnahmen und die Beteiligten.

Komponente	Bedeutung für Maßnahmen und Beteiligte im BGM
Verstehbarkeit	Anforderungen sind wahrnehmbar, erklärbar, verstehbar
Handhabbarkeit	Anforderungen sind anhand zur Verfügungen stehender Ressourcen lösbar und kontrollierbar
Sinnhaftigkeit	Anforderungen sind bedeutsam genug, um sich ihnen zu stellen und der Aufwand zur Lösung der Anforderungen ist angemessen

Tab. 4 - Komponenten des Koheränzgefühls (Eigene Darstellung nach: BZgA, 2001, S. 29f; Antonovsky, 1997, S. 34f)

3.8 Betriebliche Gesundheitsförderung (BGF)

Gemäß der **Luxemburger Deklaration zur betrieblichen Gesundheitsförderung in der Europäischen Union** umfasst BGF „(...) alle gemeinsamen Maßnahmen von Arbeitgebern, Arbeitnehmern und Gesellschaft zur Verbesserung von Gesundheit und Wohlbefinden am Arbeitsplatz. Dies kann durch eine Verknüpfung folgender Ansätze erreicht werden:

- Verbesserung der Arbeitsorganisation und der Arbeitsbedingungen
- Förderung einer aktiven Mitarbeiterbeteiligung
- Stärkung persönlicher Kompetenzen." (ENWHP, 1997, S. 2)

Inhaltlich ist diese Definition angelehnt an die Definition der WHO aus dem Jahre 1986, in der Gesundheitsförderung allgemein als Prozess bezeichnet wird, der die Menschen zu mehr Selbstbestimmung über ihre Gesundheit befähigen und zur Verbesserung ihrer Gesundheit beitragen soll (vgl. WHO, 1986, S. 1). Neben der kompakten Umschreibung der BGF-Maßnahmen werden in der Luxemburger Deklaration **Leitlinien** aufgestellt, in denen festgelegt ist, welche Voraussetzungen (siehe Tab. 5) erfüllt sein müssen, damit diese BGF-Maßnahmen erfolgreich sind.

Partizipation	Die gesamte Belegschaft muss einbezogen werden.
Integration	BGF muss bei allen wichtigen Entscheidungen und in allen Unternehmensbereichen berücksichtigt werden.
Projektmanagement	Alle Maßnahmen und Programme müssen systematisch durchgeführt werden: Bedarfsanalyse, Prioritätensetzung, Planung, Ausführung, kontinuierliche Kontrolle und Bewertung der Ergebnisse.
Ganzheitlichkeit[8]	BGF beinhaltet sowohl verhaltens- als auch verhältnisorientierte Maßnahmen. Sie verbindet den Ansatz der Risikoreduktion mit dem des Ausbaus von Schutzfaktoren und Gesundheitspotentialen.

Tab. 5 - Leitlinien der Luxemburger Deklaration (Eigene Zusammenstellung nach:. ENWHP, 1997, S. 4)

In den Leitlinien wird zum Einen der Charakter (Projektmanagement, Ganzheitlichkeit) und die Reichweite (Partizipation) der Maßnahmen beschrieben. Zum Anderen wird die Notwendigkeit der strukturellen Einbindung (Integration) der BGF in das Unternehmen formuliert. BGF soll also in die Managementstrukturen eines Unternehmens eingreifen. Speziell diese, doch eher sehr global formulierte Forderung lässt einen großen Interpretationsspielraum zu. Dies dürfte der Grund dafür sein, dass in der Literatur sehr unter-

---

[8] Nach Auffassung des Verfassers greift diese Beschreibung von Ganzheitlichkeit zu kurz, da Ganzheitlichkeit noch weitere Facetten hat, die im Kap. 9.1.1 zusammengefasst sind.

schiedliche Auslegungen im Hinblick auf den Zusammenhang zwischen BGF und BGM zu finden sind.

3.8.1 BGM als Teilbereich der BGF?

So gibt es z.b. Vertreter der Meinung, dass BGM ein Teilbereich der BGF in einem Unternehmen ist. „Die betriebliche Gesundheitsförderung ist ein umfassender Begriff, der sowohl Einzelmaßnahmen als auch die systematische Herangehensweise des Gesundheitsmanagements einschließt." (Zimolong; Elke, 2005, S. 3). An anderer Stelle heißt es „Wir werden den Begriff der Gesundheitsförderung sowohl als Oberbegriff benutzen, der die Ressourcenförderung als auch die Präventionsmaßnahmen einschließt (…)"(ebd., S. 35). Hier wird also darüber hinaus auch die Prävention als Subsystem der Gesundheitsförderung definiert. Nach Auffassung des Verfassers ein zu weit gefasster BGF-Begriff. Der GKV-Spitzenverband grenzt dahingegen im „Leitfaden Prävention" die BGF und die Prävention ganz klar voneinander ab. „Nach dem Verständnis der Weltgesundheitsorganisation (WHO) und in Abgrenzung zur Prävention bezeichnet der Begriff "Gesundheitsförderung" ein ganzes Bündel von Strategien und Methoden auf unterschiedlichen gesellschaftlichen Ebenen, mit denen die Gesundheitsressourcen und – potenziale von Menschen gestärkt werden sollen." (Arbeitsgemeinschaft der Spitzenverbände der Krankenkassen, 2008, S. 59f). Das Deutsche Netzwerk für betriebliche Gesundheitsförderung (DNBGF) bezeichnet BGF als eine „(…) moderne Unternehmensstrategie zur Verbesserung der Gesundheit am Arbeitsplatz." (http://www.dnbgf.de /bgf-themen/was-ist-bgf.html , 04.09.10). Sie soll Arbeitsorganisation und Arbeitsumgebung durch gesundheitliche Gestaltung der Arbeitsabläufe (verhältnisorientiert) optimieren, sowie die aktive Teilnahme aller Beteiligten fördern, indem Anreize für ein gesundheitsbewusstes Verhalten (verhaltensorientiert) der Beschäftigten geschaffen werden. Darüber hinaus soll sie die Personalentwicklung bei der Realisierung dieser Ziele unterstützen (vgl. ebd.). Hier zielt BGF also primär auf die Verbesserung des Gesundheitszustandes ab, weswegen auch keine Erwähnung präventiver Maßnahmen erfolgt. Mit dem Verweis auf die Gestaltung der Arbeitsabläufe (verhältnisorientiert), die Förderung von gesundheitsbewusstem Verhalten (verhaltensorientiert) und die Einbeziehung „aller" Mitarbeiter, bewegt sich der DNBGF damit sehr nah an der BGF-Definition der Luxemburger Deklaration (s.o.). Einzig der Hinweis auf ein Projektmanagement im Rahmen der Maßnahmenumsetzung fehlt. Ein interessanter Aspekt ist dabei die Erwähnung der Personalentwicklung, die durch die BGF unterstützt werden soll. Hier wird der BGF-Bereich an sich verlassen, da bereits auf eine konkrete BGM-Aufgabe verwiesen wird (siehe Kap. 3.9.1, Tab. 7). Etwas weniger allumfassend definiert das Bundesministe-rium für Arbeit und Soziales auf seiner Homepage die BGF. Danach leistet BGF „(…) einen wichtigen Beitrag zum Erhalt und zur Förderung der Arbeits- und Beschäftigungs-fähigkeit von Arbeitnehmern in modernen Unternehmen und damit für die Wettbe-werbsfähigkeit dieser Unternehmen selbst." (http://www.bmas.de/portal/13204 /betriebliche__gesundheitsfoerderung.html, 04.09.10). Eine Definition, die der wirt-schaftlichen Sichtweise von Gesundheit (siehe Kap. 3.2.3) gerecht wird, aber aus Sicht des Verfassers doch zu allgemein gefasst ist.

3.8.2 BFG als Teilbereich des BGM!

Eine weitere in der Literatur existierende Meinung ist die, dass die **BFG ein Teilbereich des BGM** ist. So z.B. bei Badura et al., die im BGM eine Weiterentwicklung aus Arbeits-schutz und BGF sehen (vgl. Badura et al., 1999, S. 17). Oder auch bei Ulich/ Wülser, die die Position vertreten, dass „ (…) Arbeitsschutz und Gesundheitsförderung gemein-sam Bestandteile eines betrieblichen Gesundheitsmanagements sein müssen." (Ulich; Wülser, 2009, S. 11). Der Verfasser ist ein Vertreter dieser Sichtweise, da neben der Ge-sundheitsförderung u.a. auch die präventiven (primär, sekundär, tertiär) Elemente für die Gesundheit der Mitarbeiter von entscheidender Bedeutung sind. Diese Elemente sind z.B. in der Definition der Luxemburger Deklaration, aufgrund ihrer Fokussierung auf gesundheitsförderliche Aspekte, nicht erwähnt. Auch die, in den Leitlinien der Deklara-tion angeklungene Forderung, dass BGF in allen Unternehmensentscheidungen berück-sichtigt werden muss, wie z.B. in der Personalentwicklung oder im Qualitätsmanagement (vgl. Grundböck et al., 1998, S. 36), ist eine indirekte Forderung nach einem übergeord-neten Managementsystem, in das BGF integriert (berücksichtigt) ist. Integrationsmaß-nahmen sind Management-Aufgaben, die weit über das Leistungsspektrum einer BGF hinausgehen. Um solche Beziehungen, also Beziehungen zwischen BGF, Prävention und anderen betrieblichen Systemen optimal zu gestalten, ist der Aufbau eines eigenständigen Managementsystems unumgänglich.

3.8.3 Fazit

Wenn man die hier aufgezeigten unterschiedlichen Sichtweisen, die alle für sich ihre Be-rechtigung haben, zusammenfasst, kommt der Verfasser zu dem Ergebnis, dass eine In-tegration der BGF in ein professionell betriebenes und kontinuierlich verbessertes BGM (vgl. Badura et al., 1999, S. 17) sinnvoll und notwendig ist. Die BGF ist ein wichtiger

Teilbereich eines in allen Unternehmensbereichen wirkenden Managementsystems, dem BGM. Diese Erkenntnis stellt die Basis für das dieser Studie zu Grunde liegende Verständnis von BGF dar und fließt damit in die weiteren Ausführungen im Hinblick auf das BGM im Krankenhaus ein. Die BGF sollte dann innerhalb dieses BGM die folgenden Prinzipien (siehe Tab. 6) berücksichtigen:

Prinzipien	Inhalte
BGF als Führungs-aufgabe	• Vorbildwirkung der Führungskräfte (gesundheitsförderliches Verhalten) • aktive Unterstützung der BGF-Maßnahmen durch die Führungskräfte (Motivation)
Partizipation der Mitarbeiter	• Mitarbeiter werden aktiv in Planungs- und Umsetzungsprozess eingebunden (Mitarbeiterumfrage, Gesundheitszirkel) • Vorschlagwesen in Bezug auf gesundheitsförderliche Maßnahmen
Ganzheitlichkeit der Maßnahmen (Auswahl)	• gesundheitsförderliche Arbeitsbedingungen (Salutogenetisch) • Verhältnis- und Verhaltensorientierung • Diversity-Orientierung (z.B. Geschlecht, Alter, Migrationshintergrund) • Lebenswelt- und Umweltorientiert
Evaluation der Maßnahmen	• Maßnahmen werden permanent auf Wirksamkeit und Akzeptanz evaluiert • Nutzenkontrolle anhand ausgewählter Indikatoren (harte und weiche Indikatoren)
Kommunikation im Rahmen des BGM	• kontinuierliche interne Kommunikation
Kooperation	• Zusammenarbeit mit internen Experten (z. B. Betriebsarzt) und externen Partnern (Sportstudios, Sportvereine, KiTa`s, etc.)

Tab. 6 – BGF-Prinzipien (Eigene Zusammenstellung nach: BKK-BV, 1999; Arbeitsgemeinschaft der Spitzenverbände der Krankenkassen, 2008, S. 44; Lützenkirchen, 2003, S. 411)

3.9 (Ganzheitliches)-Betriebliches Gesundheitsmanagement

Nachdem im vorangegangenen Kapitel, neben der Definition der BGF, auch eine inhaltliche Abgrenzung zum BGM erfolgt ist, soll nun das BGM anhand ausgewählter Begriffsbestimmungen aus der Literatur konkret beschrieben und inhaltlich in Richtung eines **Ganzheitlichen BGM (G-BGM)** entwickelt werden. Schließen soll dieses Kapitel mit einer, die vorliegende Studie bestimmenden, Zusammenstellung der **Kennzeichen eines G-BGM.**

Wegner beschreibt BGM allgemein, als die „(...) systematische, zielorientierte und kontinuierliche Steuerung aller betrieblichen Prozesse, mit dem Ziel, Gesundheit, Leistung und Erfolg für den Betrieb und alle seine Beschäftigten zu erhalten und zu fördern." (Wegner, 2009, S. 13). Bei Pelster wird BGM bezeichnet als „(…) das systematische und nachhaltige Bemühen um gesundheitsförderliche Strukturen und Prozesse und um die gesundheitsförderliche Befähigung der Beschäftigten. (…) Darüber hinaus müsse das Thema in die Betriebsroutinen integriert werden und eine kontinuierliche Durchführung der vier Kernprozesse Diagnostik, Planung, Intervention und Evaluation umfassen." (Pelster, 2010, S. 173 zit. nach Bertelsmann Stiftung/Hans-Böckler-Stiftung, 2004, S. 113). Hier wird die Notwendigkeit der Integration des BGM in betriebliche Strukturen und die Kontinuität der Maßnahmen hervorgehoben. Weiterhin wird in der Definition indirekt die Forderung nach Nachhaltigkeit (Integration in Routinen) formuliert. Ein BGM ist keine kurzfristige Angelegenheit, sondern strategisch auf lange Sicht geplant. Eine Voraussetzung für Nachhaltigkeit ist u.a. die vollständige Integration in bestehende betriebliche Strukturen und Systeme (vgl. Pelster, 2010, S. 173). Gleichzeitig erhöht die Integration des BGM-Systems in bereits bestehende (also bekannte und akzeptierte) Strukturen die Akzeptanz bei allen Beteiligten für das „Neue". Damit steigt die Wahrscheinlichkeit, dass diese sich vollständig auf das BGM einlassen. Des Weiteren sichert Verbindlichkeit die Akzeptanz und die Nachhaltigkeit des BGM. Verbindlichkeit wird erreicht durch klare, für alle Mitarbeiter nachvollziehbare und schriftlich verankerte Grundsätze. Dazu fließen die Grundsätze des BGM in das Unternehmensleitbild ein, wodurch sie die Unternehmenskultur entscheidend mit beeinflussen. Diese Position wird durch Baumanns Ausführungen ergänzt, in denen er darauf hinweist, dass es zwingend erforderlich ist, BGM als Managementaufgabe zu sehen, die in der Verantwortung der Unternehmensführung liegt. Weiterhin betont er, dass sie nicht nur Eingang in die Unternehmenskultur finden muss, sondern auch das betriebliche Umfeld berücksichtigen sollte (vgl. Baumanns, 2009, S. 29). Nach Badura et al. ist BGM „ (…) die Entwicklung integrierter betrieblicher Strukturen und Prozesse, die die gesundheitsförderliche Gestaltung von Arbeit, Organisation und dem Verhalten am Arbeitsplatz zum Ziel haben und den Beschäftigten wie dem Unternehmen gleichermaßen zugutekommen." (Badura et al., 1999, S. 17; Badura et al., 2010, S. 33). Wie schon bei Pelster (s.o.) wird auch bei Badura et al. die notwendige Integration des BGM in betriebliche Strukturen hervorgehoben. Die Autoren machen in der Definition deutlich, dass es wichtig ist, im BGM auf unterschiedlichen Ebenen vorzugehen. Dies entspricht bereits dem **Geist der Ganzheitlichkeit**. Badura et. al. betonen darüber hinaus, dass auch innerhalb der Ebenen (z.B. Organisation, Person, Verhalten, Zielgruppe, etc.) eine ganzheitliche Vorgehensweise gewährleistet sein sollte (vgl. Badura et al., 1999, S. 35ff). Auch in der Luxemburger Deklaration wurde die Forderung nach einer **ganzheitlichen BGF** geäußert, wobei man sich hierbei aber auf die Verbindung von verhältnis- und verhaltensorientierten, sowie patho- und salutogenetischen Maßnahmen beschränkte (siehe Kap. 3.8, Tab. 5). Diese an die BGF gerichtete Forderung kann grundsätzlich auf das BGM (bzw. auf ein G-BGM) übertragen werden, da BGF einen Teilbereich des BGM darstellt. Interessante Aspekte für ein G-BGM finden sich bei Draxler/Cheung. Hier wird unter Ganzheitlichkeit das „(…) komplexe Zusammenspiel zwischen Mensch, Arbeit, Gesundheit und Krankheit (…)" (Draxler; Cheung, 2010, S. 10) verstanden. Bemerkenswert ist hierbei der Hinweis auf den Aspekt „Krankheit" und gemeint ist zum Einen die notwendige Berücksichtigung von patho- und salutogenetischen Ansätzen. Zum Anderen geht es den Autoren darum, darauf hinzuweisen, dass es notwendig ist, die Senkung des Krankenstandes nicht als Maß aller Dinge zu betrachten, sondern sich auch intensiv mit dem Phänomen des Präsentismus auseinanderzusetzen. Ein geringer Krankenstand bedeutet nicht zwangsläufig, dass die anwesenden Mitarbeiter auch gesunde, motivierte und damit leistungsfähige Mitarbeiter sind (vgl. Draxler; Cheung, 2010, S. 36f). Die Kosten, die durch derartige Leistungseinbußen in den Unternehmen verursacht werden, sind beachtlich (siehe Kap. 6.6.2).

Zusammenfassend werden anhand der aufgezeigten Begriffsbestimmungen und Beschreibungen im Folgenden (siehe Tab. 7) die Kennzeichen zusammengetragen, die nun insbesondere ein G-BGM beschreiben. Zum Teil finden sich in dieser Aufzählung Punkte wieder, die bereits in den Prinzipien des BGF Erwähnung fanden. Das G-BGM, als dem übergeordneten System, integriert diese Prinzipien (Kennzeichen) selbstverständlich in sich.

3.9.1 Kennzeichen des Ganzheitlichen Betrieblichen Gesundheitsmanagements

Prinzipien	Inhalte
G-BGM als Managementaufgabe der Unternehmensführung	• Klares Bekenntnis der Unternehmensleitung und Mitarbeitervertretungen zum BGM • G-BGM ist Teil des Unternehmensleitbildes und der Unternehmenskultur • Vorbildwirkung der Unternehmensleitung (gesundheitsförderliches Verhalten) • Unterstützung der Führungskräfte (Ausbildung) • Bereitstellung finanzieller, materieller und personeller Ressourcen
Verbindlichkeit/Kontinuität	• Unternehmensentscheidungen und G-BGM-Ziele schriftlich fixieren („Leitfaden G-BGM")

Partizipation	• Führungskräfte und interne Experten werden in Planungs- und Umsetzungsprozesse eingebunden (Interviews, AG Gesundheit) • Integration in das bestehende betriebliche Vorschlagwesen • Übergabe/Übernahme von Verantwortung an G-BGM Fachkräfte (Kooperation, Ausbildung)
Integration	• Unterstützung der Bereiche: Personal- und Organisationsentwicklung, Qualitätsmanagement • Integration in die Organisationsstruktur des Unternehmens • Nutzung bzw. Ausbau der vorhandenen Kommunikationsstruktur • Suche nach Synergien mit anderen Unternehmensbereichen und Systemen
Professionalität	• Klare Festlegung von Verantwortlichkeiten (in Unternehmen (> 500 MA) Einsatz eines Gesundheitsmanagers) • Anwendung der Grundsätze des professionellen Projektmanagements bei Planungs- und Umsetzungsprozessen) • Implementierung und Umsetzung sämtlicher Maßnahmen basieren auf sorgfältigen Analysen
Ganzheitlichkeit in G-BGM-Handlungsfeldern (Auswahl)	• Vereinigung von Prävention (primär, sekundär, tertiär), BGF und andere G-BGM Handlungsfelder • Ganzheitliche BGF (siehe Kap. 3.8.3, Tab. 6) • Ganzheitliche Wahrnehmung der Managementaufgabe
Evaluation in BGM-Handlungsfeldern	• Implementierung und Umsetzung eines Evaluationskonzeptes (Maßnahmen-, Prozess-, Struktur- und Ergebnisqualität, siehe Kap. 9.3.5.1) • Abstimmung mit bestehendem QM-System
Nachhaltigkeit	• Strategische Planung und systematische Maßnahmendurchführung • Stetige Verbesserung und Weiterentwicklung des G-BGM-Systems (Kreativität, Aktualität) • Nahtlose Integration in die Unternehmensstruktur • Vorhandensein zielführender Entscheidungskompetenz bei G-BGM-Verantwortlichen
Kommunikation	• Kontinuierlich, interne (internes Marketing) und externe Kommunikation betreiben • Eigene Beiträge und Aktionen im Rahmen der Öffentlichkeitsarbeit liefern
Kooperation	• Zusammenarbeit mit internen und externen Experten (z.B. GKV, GUV, Wissenschaft, etc.) • Aktive Teilnahme an BGM/BGF-Netzwerken

Tab. 7 - Kennzeichen eines G-BGM (Eigene Zusammenstellung)

4. Historische Aspekte – Entwicklung der BGF als dem Vorläufer des BGM

Der **erste wichtige Wegbereiter** der heutigen BGF in Deutschland war **die betriebliche Suchtprävention**, deren Geschichte bis ans Ende des 18. Jahrhunderts zurück reicht. Zu jener Zeit wurde damit begonnen, Alkoholkonsum in Verbindung mit Arbeit als gesellschaftliches Problem wahrzunehmen. Um diesem Problem zu begegnen, gab es in Deutschland in der Folge eine Reihe von Bewegungen gegen den Alkoholkonsum. Die einzelnen Bewegungen konnten allerdings keine Langzeitwirkung erzielen, da sie jeweils durch eine Reihe tiefgreifender historischer Großereignisse unterbrochen wurden. Angefangen bei der bürgerlichen Revolution 1848 bis hin zum Ende des 2. Weltkrieges. In der Nachkriegszeit war Alkohol Mangelware und verlor damit zunächst seine gesellschaftliche Relevanz im Rahmen der Wiederaufbauarbeit. Es rückten zunächst andere und für die Existenz der Bevölkerung wichtigere, gesellschaftliche Lebensbereiche in den Vordergrund. Das „Schattendasein" des Alkoholkonsums als einem gesellschaftlichen Problem endete Anfang der 70iger Jahre, als der Alkoholkonsum dramatisch zunahm und die Alkoholproblematik wieder in den gesellschaftlichen Focus rückte. Alkoholsucht galt fortan als anerkannte Suchtkrankheit und es entstand zu dieser Zeit die „Alkohol am Arbeitsplatz"-Bewegung (vgl. Wienemann, 2000, S. 408). Ab Mitte der 70iger Jahre begannen die Betriebe, sich systematisch mit dem Suchtproblem „Alkohol" auseinanderzusetzen (vgl. ebd., S. 21). Die ersten in Deutschland angebotenen Suchthilfeangebote basierten auf den Erfahrungen amerikanischer Unternehmen, die bereits erfolgreich Alkoholprogramme eingeführt hatten. In den USA gab es solche historischen Umbrüche wie in Deutschland nicht, weswegen sich auch das Thema „Alkoholprävention und -suchtbehandlung" beginnend ab den 40iger Jahren ungestört entwickeln konnte. Eine Professionalisierung (z.B. systematische Anwendung von erworbenem Fachwissen, Einsatz entwickelter und erprobter Methoden) fand in den USA seit Mitte der 70iger Jahre statt. Eine vergleichbare Professionalisierung gab es in Deutschland erst ab Mitte der 80iger, nachdem sich die, seit 1974/75 eingeführten Programme, in den Betrieben durchsetzten und erste Erfolge zeigten (vgl. ebd., S. 24). Die Verantwortung der Durchführung der Maßnahmen lag damals in den Händen der Betriebsärzte und Sozialberater (vgl. ebd., S. 417). Im Laufe der 80iger Jahre entwickelten sich diese Programme weiter zu betrieblichen Gesamtprogrammen. Es wurden allgemein gültige Leitlinien zur betrieblichen Suchtprävention und Suchthilfe entwickelt. So z.B. die Maßgabe, dass betriebliche Suchtprävention nur gelingen kann, wenn Arbeitgeber und gewählte Mitarbeitervertretungen zusammenarbeiten und wenn das Thema in der Unternehmenskultur verankert ist (vgl. ebd., S. 453). Man kann hier schon erste Parallelen zum späteren BGM erkennen. Weitere Parallelen zum BGM lassen sich auch in den damals aufgestellten Elementen betrieblicher Suchtprävention finden. Exemplarisch seien hier folgende genannt:

- Einrichtung eines Arbeitskreises (Einbindung aller Interessenvertreter)
- interne Informationsveranstaltungen
- Aufbau eines Maßnahmenkataloges
- Abschluss von Betriebs- und Dienstvereinbarungen

(Quelle: Eigene Zusammenstellung nach: Wienemann, 2000, S. 452)

Ende der 80iger Jahre wurden diese Konzepte dann auch vom öffentlichen Dienst übernommen und im Rahmen von, teilweise sogar bundesweit angelegten, Aktionsprogrammen umgesetzt (vgl. ebd., S. 453). Mit Beginn der 90iger Jahre gewann dann auch immer mehr das Problem „Konsum illegaler Drogen und Rauschmittel am Arbeitsplatz" an Bedeutung für die betriebliche Suchtprävention. Die Betriebe erweiterten dementsprechend ihr Präventionsspektrum um diese Problematik. Im weiteren zeitlichen Verlauf kamen dann Themen wie z.b. Rauchen, Übergewicht, Stressbewältigung, Ernährung hinzu. Die Ablösung der ursprünglichen Suchtprävention und der Übergang zu einer BGF wurden immer deutlicher. Erste Programme mit einem, über die Suchtprävention hinausgehenden Präventionskonzept, wurden in den Betrieben erfolgreich eingeführt und umgesetzt (vgl. ebd., S. 458). Die Suchtprävention in ihrer ureigensten Form hatte und hat damit natürlich nicht an Wichtigkeit verloren, gilt sie doch auch aktuell immer noch als der „(…) wirksamste Weg, große Teile der erwachsenen Bevölkerung mit Sucht vorbeugenden Maßnahmen gezielt zu erreichen. Sichtbare Erfolge (…) sind die Reduzierung des Alkoholkonsums und des Rauchens im Betrieb." (Wienemann, 2010, S. 210). Zur Sicherstellung solcher Erfolge und zur kontinuierlichen Verbesserung finden sich Suchtprävention und Suchthilfe heute z.B. in den Unfallsicherheitsvorschriften (vgl. § 15 BGV A1) wieder und stellen damit eine betriebliche Verpflichtung dar. Die präventiven Regelungen des Arbeitsschutzgesetzes ermöglichen eine mühelose Integration beider Bereiche in die betrieblichen Abläufe (vgl. Wienemann, 2000, S. 482). In der betrieblichen Praxis entwickeln sich heute Suchtprävention und -hilfe mehr und mehr zu integrativen Bestandteilen des BGM weiter.

Ein wichtiger, wenn nicht sogar **DER Meilenstein**, der die weitere Entwicklung der BGF in den Betrieben entscheidend voran trieb, war die „Ottawa Charta of Health Promotion", welche auf der 1. Internationalen Konferenz zur Gesundheitsförderung am 21. November 1986 in Ottawa von der WHO verabschiedet wurde. Die Charta gilt als

Aufruf zu gesundheitsförderlichem Handeln mit dem Ziel „Gesundheit für alle bis zum Jahr 2000" und darüber hinaus (vgl. WHO, 1986, S. 1). Die Ottawa Charta ist das Aktionsprogramm zur Verwirklichung der gesundheitspolitischen Ziele „Gesundheit für alle 2000" und „(…) das Schlüsseldokument der weiteren konzeptionellen Entwicklung und der internationalen Verbreitung von Gesundheitsförderung." (Kaba-Schönstein, 2003a, S. 78). „Ziele und Prinzipien der Gesundheitsförderung sind Anfang der 1980er Jahre im Wesentlichen im Europäischen Regionalbüro der Weltgesundheitsorganisation (WHO) entwickelt worden und 1986 in der Ottawa-Charta zur Gesundheitsförderung zusammengefasst worden." (Kaba-Schönstein, 2003, S. 73). Neben der Forderung nach einer gesundheitsförderlichen Gesamtpolitik in den einzelnen Ländern, enthielt die Charta insbesondere auch die Forderung nach einer gesundheitsförderlichen Gestaltung der Arbeitsbedingungen. Arbeit soll danach eine Quelle der Gesundheit sein (vgl. WHO, 1986, S. 3). In den beiden folgenden Konferenzen (Adelaide (1988) und Sundsvall (1991)) wurden „(…) jeweils einzelne Handlungsbereiche der Ottawa-Charta spezifiziert." (Kaba-Schönstein, 2003a, S. 78). Auf der 4. Internationalen Konferenz zur Gesundheitsförderung im Juli 1997 betont die WHO mit der „Jakarta Erklärung – zur Gesundheitsförderung für das 21. Jahrhundert", dass die in der Ottawa-Charta aufgezeigten Strategien zur Gesundheitsförderung am wirksamsten sind, wenn sie gemeinsam und innerhalb eines „Settings" umgesetzt werden (vgl. WHO, 1997, S. 3). Eines der benannten Settings[9] ist dabei der Betrieb, da die Menschen dort einen großen Teil ihrer Zeit verbringen (vgl. RKI, 2006, S. 125). Betriebe haben danach z.B. eine entsprechende gesundheitsförderliche Infrastruktur herzustellen (vgl. WHO, 1997, S. 5). Weiterhin werden in der Erklärung die Entscheidungsträger (hier die Arbeitgeber) auf ihre soziale Verantwortung für die Gesundheit ihrer Mitarbeiter hingewiesen (vgl. ebd., S.4).

Die Forderungen bzgl. der betrieblichen Verantwortung in der Jakarta-Erklärung werden in der „Luxemburger Deklaration zur betrieblichen Gesundheitsförderung in der Europäischen Union" im Jahr 1997 aufgegriffen. Die Luxemburger Erklärung ist das wegweisende BGF-Grundsatzdokument, das sich erstmals ausschließlich der Entwicklung der BGF widmete. Die Erklärung verarbeitete allerdings nicht nur die Forderungen der Jakarta-Erklärung, sondern stellt auch die dokumentierte Umsetzung der Rahmenrichtlinie 89/391/EWG dar, die der Rat der Europäischen Gemeinschaft im Juni 1989 für einen erweiterten Arbeits- und Gesundheitsschutz in Europa erlassen hat. Hier wird der be-

---

[9] Ohne, dass hier der Begriff der BGF explizit erwähnt wurde, hatte dieser Setting-Gedanke einen entscheidenden Einfluss auf die spätere Entwicklung der heutigen BGF und des heutigen BGM. Im Rahmen der vorliegenden Studie wird z.B. das Krankenhaus als „Setting" betrachtet.

sondere Einfluss des Arbeitsschutzes auf die Entwicklung der BGF deutlich (siehe dazu weiter unten im Text auf S. 43). Die erwähnte Rahmenrichtlinie zielt auf die Durchführung von Maßnahmen zur Verbesserung der Arbeitssicherheit und des Gesundheitsschutzes der Arbeitnehmer (vgl. Richtlinie 89/391/EWG, Abs. I, Art. 1 (19)). Damit wurden die Arbeitgeber verpflichtet, sämtliche Maßnahmen für die Sicherheit und den Gesundheitsschutz der Arbeitnehmer und darüber hinaus auch „(…) Maßnahmen zur Verhütung berufsbedingter Gefahren, zur Information und zur Unterweisung sowie der Bereitstellung einer geeigneten Organisation und der erforderlichen Mittel." (RL 89/391/EWG, Abs. I, Art. 6) zu treffen.

Trotz dieses gemeinsamen Wegweisers für Europa, gestaltete sich die Umsetzung in den einzelnen Ländern recht unterschiedlich, weswegen eine europaweite Vereinheitlichung und Standardisierung notwendig wurde (vgl. BKK-BV, 2004, S. 12). So entstand 1996 das Europäische Netzwerk für Gesundheitsförderung (ENWHP)[10] [11]. Mit der oben erwähnten Luxemburger Deklaration im Jahre 1997 gelang es dem ENWHP erstmals ein gemeinsames, europaweites Verständnis von BGF zu schaffen, was deren wegweisenden Charakter nochmals untermauert (vgl. http://www.move-europe.de/europaeisches-netzwerk-fuer-bgf-enwhp.html , 08.10.10). Galt das europäische Interesse nämlich bislang vorrangig der allgemeinen Gesundheitsförderung (so auch in der Ottawa-Charta), so wurde durch die Luxemburger Deklaration nunmehr der besonderen Bedeutung der Gesundheitsförderung im Betrieb, als eigenständig zu betrachtenden Bereich, Rechnung getragen. Gesundheitsförderung am Arbeitsplatz fand in allen vorangegangenen Programmen zwar immer Erwähnung, aber erst durch die Luxemburger Deklaration konnte eine spezifizierte Konzeptionierung mit dem Focus auf BGF erfolgen.

Auf der Ebene der WHO und der EU gab es in der Folge noch eine Vielzahl an Programmen und Beschlüssen in Bezug auf Gesundheitsförderung, die wie z.B. das „Aktionsprogramm der Gemeinschaft im Bereich der öffentlichen Gesundheit (2007-2013)" (vgl. http://ec.europa.eu/health/ph_programme/pgm2008_2013_en.htm , 08.10.10) bis in die Gegenwart reichen. Die inhaltliche Ausführung der einzelnen Programme würde an dieser Stelle den Rahmen sprengen. Einige, in Bezug auf BGF, wichtige Programme,

---

[10] Im Internet: http://www.enwhp.org/ , 08.10.10
[11] Das Netzwerk wurde gegründet, als die Europäische Union das „Aktionsprogramm der Gemeinschaft zur Gesundheitsförderung, Aufklärung, Information und Ausbildung (1996-2000) (vgl. http://eur-lex.europa.eu/LexUriServ/LexUriServ.do?uri=CONSLEG:1996D0645:20010101:DE:PDF , 08.10.10) zur Verbesserung der Gesundheitsstandards in Europa startete. In diesem Programm wurde einmal mehr die besondere Bedeutung des Arbeitsplatzes für die Gesundheit der Menschen bekräftigt (vgl. http://www.enwhp.org/fileadmin/downloads/Image_brochure/ENWHP_Broschuere_englisch. pdf , 08.10.10, S. 4).

Richtlinien und Strategien der EU werden in Kap. 5.5 stichpunktartig zusammengestellt. Der interessierte Leser, kann den dort angegebenen Links folgen.

Der zweite aus historischer Sicht **wichtige Wegbereiter** für die heutige BGF stellt, wie bereits kurz in der Vorstellung der Luxemburger Deklaration angeklungen, **der betriebliche Arbeitsschutz** dar. Auf eine umfangreiche Darstellung dieser historischen Entwicklung soll an dieser Stelle verzichtet werden. Nicht aus dem Grund, weil der Verfasser dem Arbeitsschutz an sich weniger Bedeutung beimisst, sondern eher aus der Tatsache heraus, dass die Beleuchtung der historischen Entwicklung des Arbeitsschutzes, aufgrund seines vorrangig präventiven Charakters, in Bezug auf die Entstehung der BGF nicht viel neue Erkenntnisse liefern würde. Durch die EG-Rahmenrichtlinie 89/391/EWG wird aber deutlich, dass der bis dahin rein auf Prävention ausgerichtete Arbeits- und Gesundheitsschutz um gesundheitsförderliche Maßnahmen erweitert worden ist (erweiterter Arbeitsschutz). Die nationale Umsetzung dieser europäischen Richtlinie ist in Deutschland im SGB VII und im Arbeitsschutzgesetz geregelt (vgl. Wienemann, 2000, S. 482).

Ergänzend seien an dieser Stelle noch zwei Dokumente genannt, denen man ohne Zweifel zugestehen kann, dass sie die spätere BGF-/BGM-Entwicklung ebenfalls mit beeinflusst haben.

Da ist zunächst das Betriebsverfassungsgesetz aus dem Jahre 1972 zu nennen, in welchem die Mitwirkungs- und Mitbestimmungsrechte der einzelnen Arbeitnehmer und der betrieblichen Arbeitnehmervertretung geregelt sind. Das BetrVG schafft „(…) demokratische Verhältnisse, d.h. es regelt die innerbetriebliche Ordnung und erweitert die Möglichkeiten, das Arbeitsleben humaner zu gestalten." (http://www.betriebsrat.com /betriebsverfassungsgesetz , 08.10.10). Mitbestimmungsmöglichkeiten der Mitarbeiter sind auch im BGM ein entscheidendes Kriterium (Partizipation). Im BetrVG ist dies zwar zunächst auf einer anderen Ebene angesiedelt, man darf aber davon ausgehen, dass sich auch diese Art der Mitbestimmungsmöglichkeit förderlich auf die Mitarbeitergesundheit auswirkt.

Ein weiteres wichtiges Gesetz, und hierbei eines mit einem präventiven Gesundheitsschutzansatz, ist das Arbeitssicherheitsgesetz (ASiG) aus dem Jahre 1973. Dieses Gesetz regelt die Bestellung von Betriebsärzten und Fachkräften für Arbeitssicherheit, zur Unterstützung des Arbeitgebers beim Arbeitsschutz und der Unfallverhütung (vgl. §1 ASiG).

Entwicklung der BGF im deutschen Gesundheitssystem

Zum Abschluss dieses historischen Rückblicks soll noch ein kurzer Blick auf das deutsche Gesundheitssystem, speziell auf die Entwicklungen im Sektor der Krankenkassen und im Anschluss im Krankenhaussektor, geworfen werden. Im Bereich der Krankenkassen gab es einige Beschlüsse und Gesetzesregelungen, die für die Entwicklung der BGF von Bedeutung sind. Der Verfasser beschränkt sich auf die für die BGF und das BGM relevantesten.

Mit dem Gesundheitsreformgesetz 1989 wurden erstmals Gesundheitsförderung und Prävention zur Pflichtleistung der Gesetzlichen Krankenkasse (GKV) bestimmt (vgl. Kaba-Schönstein, 2003b, S. 99). Diese Regelung fand im § 20 SGB V ihren Niederschlag. 1998 startete das „Integrationsprogramm Arbeit und Gesundheit (IPAG)"[12] als „(...) breit angelegte Kooperation von den Spitzenverbänden der Krankenkassen und der gesetzlichen Unfallversicherung." (http://www.gesundheit-und-arbeit.de/gua/pages /projekte.htm , 08.10.10). Ziele des IPAG waren die Entwicklung von Konzepten und Instrumenten zur „(...) Erkennung und Verhütung von arbeitsbedingten Gesundheitsgefahren(...)" (http://www.gesundheit-und-arbeit.de/gua/pages/projekte/ipag.htm , 08.10.10), die Förderung der „(...) Kooperation von Unfallversicherungsträgern, Krankenkassen und Betrieben (...)"(ebd.), die Verbesserung der „(...) Qualität der Maßnahmen zur Gewährleistung von Sicherheit und Gesundheit der Arbeitnehmer (...)" (http://www.gesundheit-und-arbeit.de/gua/pages/projekte/ipag/allgem/kurz01.pdf , 08.10.10) und langfristig die Kostensenkung bei Betrieben und Sozialversicherungen (vgl. ebd.).

Mit dem GKV-Gesundheitsreformgesetz (ab 01.01.2000) wurde der § 20 SGB V u.a. um Inhalte der BGF erweitert. Danach konnten die Krankenkassen gem. § 20 (2) SGB V den Arbeitsschutz ergänzende Maßnahmen der BGF durchführen. Im Juni desselben Jahres verfassten die Spitzenverbände der Krankenkassen erstmalig „Gemeinsame und einheitliche Handlungsfelder und Kriterien der Spitzenverbände der Krankenkassen zur Umsetzung von § 20 Abs. 1 und 2 SGB V (...)" (Arbeitsgemeinschaft der Spitzenverbände der Krankenkassen, 2003). Dieser „Leitfaden" wurde in 2006 und in 2008 überarbeitet und trägt nun in der aktuellen Fassung die Bezeichnung „Leitfaden Prävention - Gemeinsame und einheitliche Handlungsfelder und Kriterien der Spitzenverbände der Krankenkassen zur Umsetzung von §§ 20 und 20a SGB V (...)" (Arbeitsgemeinschaft

---

[12] Nachfolger des Modellprojektes KOPAG (vgl. http://www.gesundheit-und-arbeit.de/gua/pages/ projekte/kopag.htm , 08.10.10)

der Spitzenverbände der Krankenkassen, 2008). Man erkennt an der veränderten Bezeichnung, dass eine Erweiterung des § 20 SGB V um den § 20a SGB V stattgefunden hat. Beide Paragraphen werden inhaltlich im Kap. 5.2.6 kurz erläutert.

Mit Inkrafttreten des GKV-Modernisierungsgesetzes am 01.01.2004 hatten die Krankenkassen die Möglichkeit, bei Maßnahmen der BGF durch Arbeitgeber, sowohl an Arbeitgeber als auch an die teilnehmenden Versicherten einen Bonus zu vergeben. Diese Regelung wird aktuell im § 65a (2) SGB V umgesetzt (siehe Kap 5.3).

Entwicklung der BGF in Krankenhäusern

Auch die Entwicklung der BGF in den Krankenhäusern hatte ihren Ursprung im Grundsatzdokument der WHO, der Ottawa-Charta aus dem Jahr 1986. Insbesondere der schon auf S. 41 erwähnte Setting-Ansatz (Jakarta-Erklärung 1997) hatte für die BGF-Entwicklung im Krankenhaus eine besondere Bedeutung, stellt doch das „Krankenhaus" ein ganz besonderes „Setting" im Sinne der WHO dar. Im Gegensatz zu einem Industriebetrieb, bei dem sich die Gesundheitsförderung auf die Mitarbeiter richtet, ist es in einem Krankenhaus darüber auch notwendig, den „Kunden", also den Patienten in die Maßnahmen zur Gesundheitsförderung mit einzuschließen. Aber nicht nur das macht den Arbeitsplatz „Krankenhaus" so besonders, sondern auch die Tatsache, dass Krankenhäuser gesundheitspolitisch betrachtet, eine enorm wichtige Rolle in einer Gesellschaft spielen.

Im Mai 1991 legte die WHO erstmals Inhalte und Ziele für die Gesundheitsförderung in Krankenhäusern fest, welche in der „Budapester Deklaration Gesundheitsfördernder Krankenhäuser" niedergeschrieben wurden (vgl. WHO, 1991). Gleichzeitig enthält diese Erklärung die Vorgaben für die Krankenhäuser, welche sich an dem Pilotprojekt „Gesundheitsförderndes Krankenhaus", das in 1993 starten sollte, beteiligen wollten (vgl. ebd.). 1993 gründete die WHO das internationale „Network of Health Promoting Hospitals an Health Services (HPH)" um Einrichtungen des Gesundheitswesens, u.a. durch die Integration von Gesundheitsförderung und -bildung, Krankheitsvorsorge und Rehabilitationsmaßnahmen in den Behandlungsprozess, auf neue Wege zu führen (vgl. http://www.who-cc.dk/goals-and-purpose-of-the-hph-network,   09.10.10).   Heute (Stand: Oktober 2010) gehören diesem Netzwerk länderübergreifend über 800 Krankenhäuser an und es gibt 20 Nationale Netzwerke (vgl. http://www.dngfk.de/geschichte/ , 09.10.10). Eines davon ist das Deutsche Netz Gesundheitsfördernder Krankenhäuser gem. e.V. (DNGfK), welches 1996 gegründet wurde (vgl. ebd.). Im April 1997 wurden die Erfahrungen aus dem oben erwähnten Pilotprojekt im Rahmen der „Wiener Empfehlungen zu Gesundheitsfördernden Krankenhäusern" verarbeitet (vgl. WHO, 1997a). Diese Empfehlungen leiteten eine neue Phase des Projektes „Gesundheitsförderndes Krankenhaus" ein. Es ging um den Übergang von diesem Pilotprojekt in einzelnen Krankenhäusern hin zu einem weiter gefassten Netzwerk, welcher durch nationale Netzwerke unterstützt werden sollte. In den Empfehlungen wurden die Prinzipien eines „Gesundheitsfördernden Krankenhauses" aus der Budapester Erklärung bestätigt und ergänzt, sowie Strategien zur Umsetzung festgelegt. Darüber hinaus wurde insbesondere noch einmal die enorme Belastung der Mitarbeiter eines Krankenhauses hervorgehoben, welcher Rechnung zu tragen ist. „Krankenhäuser können ein gesundheitsgefährdender Arbeitsplatz sein. Die Gesundheitsgefahren beschränken sich nicht auf schädliche, giftige bzw. ansteckende Substanzen. Besonders zu betonen ist auch der besondere Druck und Stress, der durch die Natur der Aufgaben und die hohe Verantwortung der Mitarbeiter im Krankenhaus entsteht." (WHO, 1997a, S. 2).

Das DNGfK nahm, wie bereits erwähnt, im Jahre 1996 seine Arbeit auf, um die Vorgaben der WHO umzusetzen. In der „Chiemsee-Erklärung" (vgl. DNGfK, 1996), welche im Rahmen der Gründungsversammlung 1996 abgegeben wurde, gab sich das Netzwerk eine grundlegende Orientierung auf nationaler Ebene, also ein „(…) Leitbild, das die internationalen Vorgaben ergänzt (…)" (http://www.dngfk.de/geschichte/ , 09.10.10). Die Erklärung diente darüber hinaus auch als Aufruf an alle interessierten Krankenhäuser, dem Netzwerk beizutreten, um gemeinsam für die Umsetzung der Ziele einzutreten (vgl. DNGfK, 1996, S. 1). In den „Homburger Leitlinien" 1999 (vgl. DNGfK, 1999) wurde dieses Leitbild weiterentwickelt und neben den Leitlinien, die festlegen, was unter einem gesundheitsfördernden Krankenhaus zu verstehen ist, grundlegende Regelungen für die Aufgaben der Mitglieder (insbesondere das Verbreiten der Leitlinien), für die Aufgaben des Netzwerkes und für die Zusammenarbeit im Netzwerk getroffen (vgl. ebd.). Zum damaligen Zeitpunkt gehörten dem Netzwerk 46 Krankenhäuser an, heute (Stand: Oktober 2010) sind es schon 65 (vgl. http://www.dngfk.de/mitglieder/ , 09.10.10). Im Jahr 2001 veröffentlichte die WHO die „18 grundlegenden Strategien für Gesundheitsfördernde Krankenhäuser" (vgl. WHO, 2005, S. 46 – 63). Einige der Inhalte dieser Strategien, hier exemplarisch die der mitarbeiterbezogenen Strategien, sind bereits in Kapitel 3.3.2 erläutert worden. Diese WHO-Strategien sollen sukzessive in den Krankenhäusern mit Unterstützung durch die nationalen Netzwerke umgesetzt werden. Damit bestimmen sie vorrangig die Arbeit des DNGfK bis hin zur Gegenwart.

5. Rechtliche Aspekte - Gesetzliche Grundlagen und Grundsatzdokumente

Auf nationaler und internationaler Ebene gibt es eine Vielzahl an gesetzlichen Regelungen und Grundsatzdokumenten, die die Arbeit im Rahmen des BGM maßgeblich bestimmen und beeinflussen. Hierzu zählen insbesondere die Regelungen im Bereich des Arbeitsschutzes, einem Teilbereich des G-BGM. Auf eine vollumfängliche Darstellung der einzelnen Arbeitsschutzregelungen muss an dieser Stelle, aufgrund der großen Anzahl an Gesetzen, Vorschriften, Regeln und Informationen verzichtet werden, da dies den Rahmen dieser Studie sprengen würde. Daher wird im Folgenden nur ein grober Überblick über die Gesetzeslandschaft aus diesem Bereich gegeben. Insbesondere hierbei exemplarisch auch aus dem Bereich Gesundheitswesen. Am Anfang steht die Betrachtung der Gesetzesgrundlagen im Arbeits- und Gesundheitsschutz. Im Anschluss werden weitere, für den Themenbereich BGM relevante Gesetzesgrundlagen erläutert. Am Ende des Kapitels werden einzelne, die Arbeit im BGM beeinflussende, nationale und internationale Grundsatzdokumente kurz inhaltlich vorgestellt.

5.1 Arbeits- und Gesundheitsschutz auf europäischer Ebene

Die den nationalen Arbeitsschutz bestimmende Richtlinie auf europäischer Ebene ist die

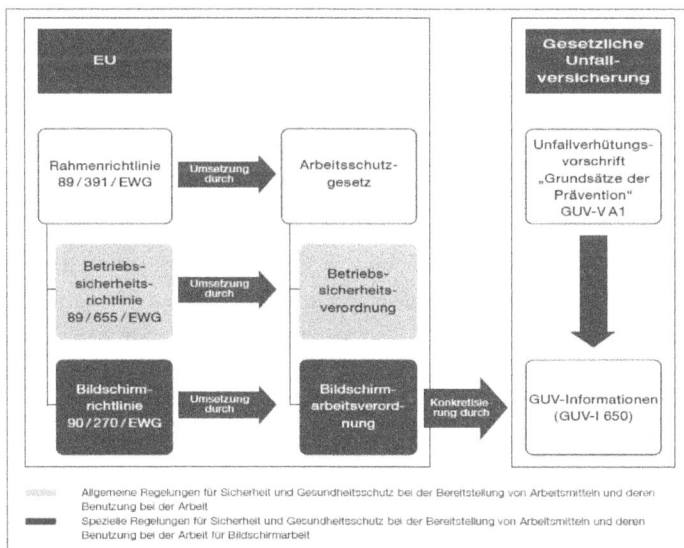

Abb. 4 - Umsetzung der RL 89/951/EWG in Deutschland (vgl. http://regelwerk. unfallkassen.de/regelwerk/data/regelwerk/inform/I_650.pdf , S. 6)

Rahmenrichtlinie 89/391/EWG. Diese wird in Deutschland umgesetzt im siebten Sozialgesetzbuch (SGB VII), der gesetzlichen Grundlage für die Gesetzliche Unfallversicherung (GUV), und im Arbeitsschutzgesetz von 1996. Abb. 4 zeigt, exemplarisch am Beispiel der GUV-Information „Bildschirm- und Büroarbeitsplätze – Leitfaden für die Gestaltung", wie sich diese Umsetzung der EU-Rahmenrichtlinie bis hinunter auf die betriebliche Ebene vollzieht. Abb. 4 macht darüber hinaus die unterschiedlichen Ebenen und Qualitäten der einzelnen Dokumente deutlich. So gibt es die EG-Betriebssicherheitsrichtlinie mit allgemein gehaltenen Sicherheitsregelungen, die dann durch die EG-Bildschirmrichtlinie konkretisiert wird, indem sie ganz konkrete Anweisungen speziell für Bildschirmarbeitsplätze erhält. Diese europäischen Richtlinien werden auf nationaler Ebene jeweils umgesetzt in den zugehörigen Verordnungen. Diese wiederum werden konkretisiert durch sog. „GUV-Informationen" (GUV-I), so wie im Beispiel in Abb. 4, durch die GUV-I 650. Diese enthält einen Leitfaden für die praktische Gestaltung von Bildschirm- und Büroarbeitsplätzen. Die europäische Ebene soll an dieser Stelle verlassen werden, um sich auf die deutsche Gesetzgebung zu konzentrieren.

5.2 Arbeits- und Gesundheitsschutz auf nationaler Ebene

Die aktive Umsetzung des Arbeitsschutzes auf nationaler Ebene wird durch die Gesetzliche Unfallversicherung, deren Dachverband der DGUV ist, geleistet. Die gesetzliche Grundlage der GUV ist, wie bereits oben erwähnt, das SGB VII. Das SGB VII enthält u.a. den Präventionsauftrag der GUV, wonach es Aufgabe der GUV ist, „ (…) mit allen geeigneten Mitteln Arbeitsunfälle und Berufskrankheiten sowie arbeitsbedingte Gesundheitsgefahren zu verhüten, (…)." (§ 1 (1) SGB VII).

Das SGB VII – Gesetzliche Unfallversicherung (GUV) von 1996

Das SGB VII enthält neben dem erwähnten Präventionsauftrag der GUV auch die Grundsatzverpflichtung für alle Unfallversicherungsträger, die danach verpflichtet sind, „(…) mit allen geeigneten Mitteln für die Verhütung von Arbeitsunfällen, Berufskrankheiten und arbeitsbedingten Gesundheitsgefahren und für eine wirksame Erste Hilfe zu sorgen." (§ 14 (1) SGB VII). Neben diesen präventiven Aufgaben ist es darüber hinaus auch Aufgabe der GUV, „(…) nach Eintritt von Arbeitsunfällen oder Berufskrankheiten die Gesundheit und die Leistungsfähigkeit der Versicherten mit allen geeigneten Mitteln wiederherzustellen und sie oder ihre Hinterbliebenen durch Geldleistungen zu entschädigen." (§ 1 (2) SGB VII). Weiterhin sind im Gesetzbuch u.a. Regelungen über die Versicherungspflicht, Maßnahmen zur Prävention (Arbeitsschutz und Unfallverhütung),

Leistungen nach Eintritt des Versicherungsfalls (z.b. Heilbehandlung, Renten, Pflegeleistungen), die Organisation der Unfallversicherungsträger (Arten, Zuständigkeiten, Beiträge) und über die Zusammenarbeit mit anderen Leistungserbringern (z.b. Krankenkassen, Rentenversicherung) enthalten.

5.2.1 Arbeits- und Gesundheitsschutz-Gesetze (Auswahl)

- Das Arbeitsschutzgesetz (ArbSchG) von 1996

  Dieses Gesetz dient, wie in Abb. 4 verdeutlicht, der Umsetzung der EG-Richtlinie 89/391/EWG über die Durchführung von Maßnahmen zur Verbesserung der Sicherheit und des Gesundheitsschutzes der Arbeitnehmer bei der Arbeit und darüber hinaus der Umsetzung der Richtlinie 91/383/EWG „(...) zur Ergänzung der Maßnahmen zur Verbesserung der Sicherheit und des Gesundheitsschutzes von Arbeitnehmern mit befristetem Arbeitsverhältnis oder Leiharbeitsverhältnis (...)." (ArbSchG, 1996). Mit dem Gesetz wird das Ziel verfolgt, „(...) Sicherheit und Gesundheitsschutz der Beschäftigten bei der Arbeit durch Maßnahmen des Arbeitsschutzes zu sichern und zu verbessern. (...)" (§ 1 (1) ArbSchG). Das betrifft „(...)Maßnahmen zur Verhütung von Unfällen bei der Arbeit und arbeitsbedingten Gesundheitsgefahren einschließlich Maßnahmen der menschengerechten Gestaltung der Arbeit." (§ 2 (1) ArbSchG). Mit diesem Gesetz wird der Arbeitgeber verpflichtet, die erforderlichen Maßnahmen des Arbeitsschutzes, entsprechend der betriebsindividuellen Rahmenbedingungen zu treffen. Er hat diese Maßnahmen ständig auf Wirksamkeit zu prüfen und wenn erforderlich zu verbessern (vgl. § 3 (1) ArbSchG).

- Das Arbeitssicherheitsgesetz (ASiG) von 1973

  Das Arbeitssicherheitsgesetz regelt primär die Bestellung und die Aufgaben von Betriebsärzten und Fachkräften für Arbeitssicherheit, die den AG beim Arbeitsschutz und der Unfallverhütung unterstützen sollen (vgl. § 1 Satz 1 ASiG). Die Anzahl der Fachkräfte ist dabei abhängig von der Anzahl der Mitarbeiter im Unternehmen. Die konkrete Anzahl an geforderten Fachkräften wird allerdings in diesem Gesetz nicht genannt. Dies regelt die zugehörige Verordnung, in diesem Fall die GUV-V A 2 (s.u.).

- Das Arbeitszeitgesetz (ArbZG) von 1994

  Der Zweck dieses Gesetzes ist es, die Sicherheit und die Gesundheit der Mitarbeiter bei der Gestaltung der Arbeitszeit zu gewährleisten und die Rahmenbedingungen für flexible Arbeitszeitmodelle zu verbessern (vgl. § 1 1. ArbZG). Darüber hinaus sollen Sonn- und Feiertage als arbeitsfreie Tage geschützt werden (vgl. § 1 2. ArbZG).

- Das Betriebsverfassungsgesetz (BetrVG) von 1972

  In diesem Gesetz werden die Mitbestimmungs-, Mitwirkungs- und Beschwerderechte der einzelnen Arbeitnehmer und der betrieblichen Arbeitnehmervertretung (Betriebsrat, Jugend- und Auszubildendenvertretung, Wirtschaftsausschuss) geregelt. U.a. finden sich speziell auch die Mitsprache- und Mitbestimmungsrechte des Betriebsrates im Rahmen der Personalplanung in diesem Gesetz (vgl. § 92 ff BetrVG), was für das BGM von besonderem Interesse ist.

5.2.2 Arbeits- und Gesundheitsschutz-Verordnungen (Auswahl)

- Die Berufskrankheiten-Verordnung (BVK) von 1997

  Gem. § 9 (1) SGB VII werden Berufskrankheiten durch „(...) die Bundesregierung durch Rechtsverordnung mit Zustimmung des Bundesrates als Berufskrankheiten (...)" bestimmt. Darüber hinaus wird die Bundesregierung in § 9 (1) SGB VII ermächtigt, hierzu eine entsprechende Rechtsverordnung zu verfassen, in der diese Berufskrankheiten im Einzelnen bezeichnet sind. Dieser Auflage kommt die Regierung mit der BVK nach. In dieser sind alle, von der Bundesregierung gem. §9 (1) SGB VII bezeichneten Berufskrankheiten erfasst. Die BVK wurde zuletzt am 11.06.2009 geändert und enthält zurzeit (Stand: August 2010) insgesamt 73 Berufskrankheiten (vgl. Anlage 1, BVK).

- Die Bildschirmarbeitsverordnung (BildscharbV) von 1996

  Die BildscharbV dient, wie die Abb. 4 bereits zeigte, in Verbindung mit dem Arbeitsschutzgesetz, der Umsetzung der „(...) Richtlinie 90/270/EWG des Rates vom 29. Mai 1990 über die Mindestvorschriften bezüglich der Sicherheit und des Gesundheitsschutzes bei der Arbeit an Bildschirmgeräten (...)" (vgl. BildscharbV). Mit der Verordnung wird der Arbeitgeber verpflichtet, entsprechende Maßnahmen zu veranlassen, um den Anforderungen dieser Verordnung (vgl. Anhang über an Bildschirmarbeitsplätze zu stellende Anforderungen BildscharbV) gerecht zu werden.

5.2.3 Vorschriften der Gesetzlichen Unfallversicherung – GUV (Auswahl)

- GUV-V A 1 - Unfallverhütungsvorschrift „Grundsätze der Prävention"

Die Unfallverhütungsvorschrift GUV-V A 1 bildet die Grundlage zur Anwendung des staatlichen Arbeitsschutzrechtes in Vorschriften der Unfallversicherungsträger, auf die sie auch entsprechend verweist (vgl. § 2 (1) GUV-V A 1). Die im Arbeitschutzgesetz (s.o.) oder im SGB VII enthaltenen allgemeinen gesetzlichen Vorgaben, werden durch diese GUV-V A1 konkretisiert. Z.B. sind Unternehmen mit mehr als 20 Versicherten gem. § 22 SGB VII verpflichtet, Sicherheitsbeauftragte zu bestellen. Die Anzahl kann je nach Art und Größe des Unternehmens abweichen. Hierzu findet sich in § 20 (1) Anlage 2 GUV-V A1 die zugehörige Konkretisierung, indem hier konkrete Zahlenangaben, je nach Betriebsgröße und Branchenzugehörigkeit gemacht werden. Neben den Grundpflichten des Unternehmers (vgl. § 2 GUV-V A 1) enthält die Vorschrift u.a. weitere Pflichten, wie das Beurteilen von Arbeitsbedingungen (vgl. §3 GUV-V A1) oder die Unterweisung der Mitarbeiter bei Gefährdungen (vgl. § 4 GUV-V A1). Sie enthält aber auch Pflichten der Versicherten, wie z.b. die, den Arbeitgeber bei Sicherheitsmaßnahmen durch verantwortungsbewusstes Handeln zu unterstützen (vgl. § 15 GUV-V A 1).

- GUV-V A 2 - Unfallverhütungsvorschrift „Betriebsärzte und Fachkräfte für Arbeitssicherheit"

Die GUV-V A 2 dient der Konkretisierung des Arbeitssicherheitsgesetzes (ASiG). Sie liegt in einer aktualisierten Form unter der Bezeichnung „DGUV Vorschrift 2" vor und ist am 01.11.2010 bundesweit in Kraft getreten.

5.2.4 Regeln der GUV (Auswahl)

- GUV-R A 1 - GUV-Regel „Grundsätze der Prävention"

Die GUV-R A1 erläutert und konkretisiert die GUV-V A1.

- GUV-R 206 - GUV-Regel „Desinfektionsarbeiten im Gesundheitsdienst"

Gem. § 5 ArbschG i.V.m. §3 GUV-V A 1 sind Arbeitgeber verpflichtet, Gefährdungsbeurteilungen durchzuführen. Diese Regel unterstützt dabei und hilft die notwendigen Maßnahmen zu treffen. Weiterhin wird der Umgang mit Desinfektionsmitteln bei unterschiedlichen Desinfektionsarten erläutert.

5.2.5 Informationen der GUV für den Bereich des Gesundheitswesens (Auswahl)

- GUV-I 8557 - Rückengerechtes Arbeiten in der Pflege und Betreuung

  Diese Information enthält praktische Hinweise zum rückengerechten Patiententransfer (z.B. Hilfsmittel, Qualifikation, etc.). Darüber hinaus enthält sie u.a. auch Empfehlungen für eine mitarbeitermotivierende Führungskultur (vgl. GUV-I 8557, S. 18).

- GUV-I 8599 Traumatisierende Ereignisse in Gesundheitsberufen

  Die Information enthält Anregungen, wie sich Angehörige der Gesundheitsberufe in Gewaltsituationen richtig verhalten können, wie sie solchen Situationen vorbeugen können und was getan werden kann, wenn es zu einem solchen Ereignis gekommen ist.

- GUV-I 650 - Bildschirm- und Büroarbeitsplätze – Leitfaden für die Gestaltung

  Diese Information ist die Konkretisierung der BildscharbV (s.o.) und beschreibt, wie die eher allgemein gehaltenen Ziele der Verordnung praktisch umgesetzt werden können. Sie enthält daher detaillierte Anleitungen (Geräteeinstellungen, Sitzergonomie, etc.) und praktische Hilfen zur Gestaltung von Büro- und Bildschirmarbeitsplätzen, gilt damit also gleichzeitig auch für Büroarbeitsplätze.

5.2.6 Weitere gesetzliche Grundlagen

Neben den aufgezeigten und speziell den Arbeits- und Gesundheitsschutz betreffenden gesetzlichen Regelungen, gibt es weitere, das BGM beeinflussende Rechtsnormen.

SGB V – Gesetzliche Krankenversicherung (GKV) von 1989

Im fünften Buch des Sozialgesetzbuches sind sämtliche Bereiche der GKV geregelt. U.a. die Versicherungspflicht, die Leistungen der Krankenversicherungen (z.B. Leistungen zur Verhütung, zur Früherkennung und zur Behandlung von Krankheiten), die Beziehungen der Krankenkassen zu den Leistungserbringern (z.B. zu Krankenhäusern, Ärzten, etc.), die Organisation der Krankenkassen (z.B. in BKK, IKK, etc.), die Finanzierung der Krankenkassen (z.B. Beitragssatzhöhen, Verwendung der Mittel, etc.) und die Organisation des Medizinischen Dienstes der Krankenversicherung. Einen direkten Bezug zum BGM nimmt im SGB V der 3. Abschnitt des 3. Kapitels. Hier sind in den §§ 20, 20a und 20b die Leistungen zur BGF und Prävention arbeitsbedingter Gefahren geregelt.

- **§ 20 SGB V - Prävention und Selbsthilfe (Auszug)**

„(1) Die Krankenkasse soll in der Satzung Leistungen zur primären Prävention vorsehen, die die in den Sätzen 2 und 3 genannten Anforderungen erfüllen. Leistungen zur Primärprävention sollen den allgemeinen Gesundheitszustand verbessern und insbesondere einen Beitrag zur Verminderung sozial bedingter Ungleichheit von Gesundheitschancen erbringen. Der Spitzenverband Bund der Krankenkassen beschließt gemeinsam und einheitlich unter Einbeziehung unabhängigen Sachverstandes prioritäre Handlungsfelder und Kriterien für Leistungen nach Satz 1, insbesondere hinsichtlich Bedarf, Zielgruppen, Zugangswegen, Inhalten und Methodik.

(2) Die Ausgaben der Krankenkassen für die Wahrnehmung ihrer Aufgaben nach Absatz 1 und nach den §§ 20a und 20b sollen insgesamt im Jahr 2006 für jeden ihrer Versicherten einen Betrag von 2,74 Euro umfassen; sie sind in den Folgejahren entsprechend der prozentualen Veränderung der monatlichen Bezugsgröße nach § 18 Abs. 1 des Vierten Buches anzupassen. (…)"

- **§ 20a SGV 5 - Betriebliche Gesundheitsförderung (Auszug)**

„(1) Die Krankenkassen erbringen Leistungen zur Gesundheitsförderung in Betrieben (betriebliche Gesundheitsförderung), um unter Beteiligung der Versicherten und der Verantwortlichen für den Betrieb die gesundheitliche Situation einschließlich ihrer Risiken und Potenziale zu erheben und Vorschläge zur Verbesserung der gesundheitlichen Situation sowie zur Stärkung der gesundheitlichen Ressourcen und Fähigkeiten zu entwickeln und deren Umsetzung zu unterstützen. § 20 Abs. 1 Satz 3 gilt entsprechend.

(2) Bei der Wahrnehmung von Aufgaben nach Absatz 1 arbeiten die Krankenkassen mit dem zuständigen Unfallversicherungsträger zusammen. (…)"

Zur **Umsetzung der §§ 20 und 20a SGB V** wurden, gem. § 20 (1) Satz 3 und § 20a (1) Satz 2 SGB V, von den Spitzenverbänden der Krankenkassen „prioritäre Handlungsfelder und Kriterien für Leistungen der primären Prävention und der betrieblichen Gesundheitsförderung" aufgestellt und im „Leitfaden Prävention" festgehalten.

An dieser Stelle ein kleiner Exkurs zum Leitfaden:

Die genaue Bezeichnung des „Leitfadens" lautet: „Gemeinsame und einheitliche Handlungsfelder und Kriterien der Spitzenverbände der Krankenkassen zur Umsetzung von §§ 20 und 20a SGB V vom 21. Juni 2000 in der Fassung vom 2. Juni 2008" (Arbeitsgemeinschaft der Spitzenverbände der Krankenkassen, 2008).

„Mit diesem Leitfaden haben die Spitzenverbände der Krankenkassen (…) prioritäre Handlungs-felder und Kriterien festgelegt, die für Maßnahmen der Primärprävention und der betrieblichen Ge-sundheitsförderung durch die Krankenkassen verbindlich gelten." (ebd., S. 4). Der Leitfaden enthält, sämtliche Maßnahmen der betrieblichen Gesundheitsförderung und Prävention, die gem. §§ 20 und 20a gefördert werden können. So ist z.B. geregelt, unter welchen Umständen Präventions-Kurse von den gesetzlichen Krankenkassen bezuschusst werden, wobei neben dem Kursinhalt, die Qualifikation des Kursleiters ein ganz entscheidendes Förderkriterium darstellt. Hervorzuheben ist, der im Leitfa-den enthaltene und empfohlene Setting-Ansatz, mit dem der Leitfaden den Setting-Empfehlungen der WHO folgt (vgl. ebd., S. 8). Dem betrieblichen Setting-Ansatz ist dabei ein eigenes Kapitel im Leit-faden gewidmet, indem spezielle Handlungsfelder (z.B. körperliche Belastung, Betriebsverpflegung, Stress, etc.) enthalten sind.

- § 20b SGB V - Prävention arbeitsbedingter Gesundheitsgefahren

Dieser Paragraph enthält die Verpflichtung der Krankenkassen, „(…) die Träger der gesetzlichen Unfallversicherung bei ihren Aufgaben zur Verhütung arbeitsbedingter Gesundheitsgefahren." (§20b (1) SGB V) zu unterstützen und eng mit ihnen zusam-menzuarbeiten (vgl. §20b (2) SGB V).

Die **Umsetzung** dieser beiden gesetzlichen Forderungen aus dem § **20b SGB V** findet sich wieder, in der „Rahmenvereinbarung der Spitzenverbände der Krankenkassen und der Träger der gesetzlichen Unfallversicherung zur Zusammenarbeit bei der Verhütung arbeitsbedingter Gesundheitsgefahren" vom 28.10.1997 (vgl. http://www.dguv.de/ inhalt/praevention/aus_weiter/aufsichtsperson/rahmenver.pdf , 09.09.10) und der zu-gehörigen „Ergänzung der Rahmenvereinbarung der Spitzenverbände der Krankenkas-sen und der Träger der gesetzlichen Unfallversicherung zur Zusammenarbeit bei der Verhütung arbeitsbedingter Gesundheitsgefahren vom 28. Oktober 1997" (http://www.dguv.de/inhalt/praevention/aus_weiter/aufsichtsperson/ergaenz_rahmen .pdf , 09.09.10).

5.3 Steuerliche und finanzielle Aspekte

- § 3 Nr. 34 EStG - Steuerfreiheit von Maßnahmen der betrieblichen Gesundheitsför-derung

Mit dem Jahressteuergesetz 2009 (JStG 2009) vom 19.12.2008 wurde der § 3 Nr. 34 Einkommensteuergesetz eingeführt. Danach besteht Steuerfreiheit für „(…) zusätzlich zum ohnehin geschuldeten Arbeitslohn erbrachte Leistungen des Arbeitgebers zur Verbesserung des allgemeinen Gesundheitszustands und der betrieblichen Gesundheitsförderung, die hinsichtlich Qualität, Zweckbindung und Zielgerichtetheit den Anforderungen der §§ 20 und 20a des Fünften Buches Sozialgesetzbuch genügen, soweit sie 500 Euro im Kalenderjahr nicht übersteigen; (…) " (§ 3 Nr. 34 EStG). Die Unternehmen können damit pro Mitarbeiter bis zu 500,- Euro pro Jahr einkommensteuer- und sozialabgabenfrei für gesundheitsfördernde und präventive Maßnahmen anbieten, da solche Zuwendungen nicht als sog. „geldwerter Vorteil" betrachtet werden. Voraussetzung für diese Vergünstigung ist, dass diese Maßnahmen zu den förderfähigen Maßnahmen gem. §§ 20 und 20a SGB V gehören. Dies sind insbesondere die Maßnahmen, die im Leitfaden Prävention (s.o.) enthalten sind (vgl. http://www. bmg.bund.de/cln_178/nn_1168248/SharedDocs/Standardartikel/DE/AZ/B/Gloss arbegriff-Betriebliche-Gesundheitsfoerderung.html#doc1183600bodyText2, 09.09.10).

- § 65a SGB V - Bonus für gesundheitsbewusstes Verhalten

Nach § 65a (2) SGB V können Krankenkassen in ihren Satzungen „(…) vorsehen, dass bei Maßnahmen der betrieblichen Gesundheitsförderung durch Arbeitgeber sowohl der Arbeitgeber als auch die teilnehmenden Versicherten einen Bonus erhalten." Jede Krankenkasse kann damit eigene Regularien aufstellen, bzw. auch darauf verzichten. Unternehmen sind angehalten, sich mit den Krankenkassen in Verbindung zu setzen, deren Mitglieder ihre Arbeitnehmer sind.

5.4 Internationale und nationale Grundsatzdokumente

Die folgende Zusammenstellung enthält, stichpunktartig dargestellt, die Inhaltsauszüge ausgewählter internationaler und nationaler Grundsatzdokumente, die für das BGM von besonderer Bedeutung sind. In Kapitel 4 wurden einige dieser Dokumente und speziell auch die, die für das BGM in Krankenhäusern am bedeutsamsten sind, bereits hinsichtlich ihrer historischen Hintergründe und Ziele beschrieben und interpretiert.

- **Ottawa-Charta zur Gesundheitsförderung (WHO, November 1986)**

Der Ottawa-Charta darf man die Initialfunktion für alle weiteren Entwicklungen der BGF und des BGM zusprechen. So enthält sie neben der viel zitierten Definition der Gesundheitsförderung auch die Grundvorraussetzungen für Gesundheit. Darüber hinaus sind die Ziele und Voraussetzungen (Strategien) für gesundheitsförderliches Handeln formuliert (siehe Tab. 8).

Definition Gesundheitsförderung:

„Gesundheitsförderung zielt auf einen Prozess, allen Menschen ein höheres Maß an Selbstbestimmung über ihre Gesundheit zu ermöglichen und sie damit zur Stärkung ihrer Gesundheit zu befähigen." (WHO, 1986, S. 1).

Grundvoraussetzungen für die Gesundheit:

„Grundlegende Bedingungen und konstituierende Momente von Gesundheit sind Frieden, angemessene Wohnbedingungen, Bildung, Ernährung, Einkommen, ein stabiles Öko-System, eine sorgfältige Verwendung vorhandener Naturressourcen, soziale Gerechtigkeit und Chancengleichheit." (ebd.).

Ziele und Voraussetzungen gesundheitsförderlichen Handelns:

Ziele gesundheitsförderlichen Handelns:	Voraussetzungen (Strategien) für gesundheitsförderliches Handeln:
• Interessen vertreten • Befähigen und ermöglichen • Vermitteln und Vernetzen	• Entwicklung einer gesundheitsfördernden Gesamtpolitik • Gesundheitsförderliche Lebenswelten schaffen • Gesundheitsbezogene Gemeinschaftsaktionen unterstützen • Persönliche Kompetenz entwickeln • Die Gesundheitsdienste neu orientieren

Tab. 8 – Ziele und Voraussetzungen gesundheitsförderlichen Handelns (Eigene Zusammenstellung nach: WHO, 1986, S. 2ff)

- **Budapester Deklaration Gesundheitsfördernder Krankenhäuser (WHO, Mai 1991)**

Die Budapester Erklärung enthält insgesamt 17 Punkte, die ein „Gesundheitsförderndes Krankenhaus" charakterisieren. Z.B. soll ein „Gesundheitsförderndes Krankenhaus":

- „(...) eine (...) Unternehmensphilosophie innerhalb des Krankenhauses entwickeln, welche die Ziele des Gesundheitsfördernden Krankenhauses umfasst; (...)" (WHO, 1991, S. 1f)
- „(...)gesunde Arbeitsbedingungen für alle MitarbeiterInnen (...) schaffen; (...)" (ebd.)

- „(…) spezifische Zielgruppen (…) innerhalb des Krankenhauses identifizieren und ihre besonderen gesundheitlichen Bedürfnisse anerkennen; (…)" (a.a.O.)

- „(…) die Unterschiede in den Wertesystemen, Bedürfnissen, und kulturellen Bedingungen von Individuen und verschiedenen Bevölkerungsgruppen anerkennen; (…)" (a.a.O.)

- „(…) die gesundheitsfördernde Qualität und Vielfalt der Ernährungsangebote im Krankenhaus für PatientInnen und Belegschaft verbessern; (…)"(a.a.O.)

- „(…) im Krankenhaus eine epidemiologische, speziell auf Verhütung von Krankheiten und Unfällen bezogene Datenbasis entwickeln und diese Informationen an öffentliche Entscheidungsträger und andere Institutionen in der Gemeinde weitergeben. (…)"(a.a.O.)

- **Chiemsee Erklärung (DNGfK, Februar 1996)**

Die Chiemsee-Erklärung stellt das Leitbild des Deutschen Netzes Gesundheitsfördernder Krankenhäuser (DNGfK) dar. Sie enthält neben den Prinzipien des Netzwerkes auch Ergänzungen zur Charakterisierung des „Gesundheitsfördernden Krankenhauses", wie z.B.:

- Ganzheitliche Betrachtung des Menschen als unabdingbare Grundlage
- Motivation der Mitarbeiter zu einer gesundheitsförderlichen Lebenseinstellung
- Beständige Entwicklung der Organisation und eine Erweiterung des Unternehmensleitbildes
- Gesunde und lebensfrohe Mitarbeiter leisten zur Imageverbesserung und Patientenzufriedenheit einen entscheidenden Beitrag
- Anstreben eines überdurchschnittlich hohen Qualitätsniveaus in allen Bereichen (vgl. DNGfK, 1996, S. 1f)

- **Wiener Empfehlungen zu Gesundheitsfördernden Krankenhäusern (WHO, April 1997)**

In die Wiener Empfehlungen gehen die Erfahrungen aus dem WHO-Pilotprojekt „Gesundheitsförderndes Krankenhaus" ein. Die Empfehlungen der Budapester Erklärung werden mit den gewonnenen Erkenntnissen entsprechend ergänzt. Darüber hinaus wurden Strategien zur praktischen Umsetzung dieser Erfahrungen festgelegt. So z.B.:

- „Verbindliches Engagement für ein Gesundheitsförderndes Krankenhaus schaffen und Mitwirkungsmöglichkeiten stärken durch: (…)
  - o Schaffung gesunder Arbeitsbedingungen für alle Mitarbeiter des Krankenhauses; das schließt auch die Reduktion von krankenhausspezifischen Gesundheitsgefahren und von psychosozialen Risikofaktoren ein;
  - o Stärkung der Verpflichtung des Krankenhausmanagements hin zu einer am Gesundheitsgewinn orientierten Politik sowie Integration von Gesundheitsförderung als wesentliches Kriterium in alle alltäglichen Entscheidungsprozesse der Organisation Krankenhaus." (WHO, 1997a, S. 4)
- „Verbesserung der Kommunikation, Information und Ausbildung durch:
  - o Verbesserung der Kommunikation und Krankenhauskultur zur Förderung der Lebensqualität der Krankenhausmitarbeiter. (…)
  - o Integration der Grundsätze eines gesundheitsfördernden Krankenhauses in die Alltagsroutinen des Krankenhauses im Zuge der Entwicklung einer "Corporate Identity" im Krankenhaus; (…)" (ebd.)
- „Nutzung von Methoden und Techniken der Organisationsentwicklung und des Projektmanagements: (…)
  - o Ausbildung und Training des Krankenhauspersonals in den für die Gesundheitsförderung relevanten Bereichen wie Aufklärung, Kommunikation, psychosoziale Fähigkeiten und Fertigkeiten sowie Management (…)" (a.a.O.)
- „Aus Erfahrung lernen:
  - o durch Austausch von Erfahrungen mit der Umsetzung Gesundheitsfördernder Krankenhaus-Projekte auf nationaler und internationaler Ebene sollten die teilnehmenden Krankenhäuser unterstützt werden, von den unterschiedlichen Herangehensweisen zu Problemlösungen zu lernen; (…)" (a.a.O.)

- **Jakarta Erklärung zur Gesundheitsförderung für das 21. Jahrhundert (WHO, Juli 1997)**

In der Erklärung wird das Verständnis von Gesundheitsförderung und Gesundheitsvoraussetzungen, das auf die Ottawa-Charta (s.o.) zurückgeht, bestätigt und den neuen Herausforderungen für die Gesundheit durch das 21. Jahrhundert angepasst. Gesundheitsförderung wird als „Schlüsselinvestition" (WHO, 1997, S. 1) in die Zukunft bezeichnet. Als neue Herausforderungen werden z.B. die folgenden herausgestellt:

- „Demographische Trends wie Verstädterung, die steigende Zahl älterer Menschen und die hohe Prävalenz chronischer Krankheiten (…)" (WHO, 1997, S. 2)

- „(…) soziale, biologische und Verhaltensänderungen, wie z.b. zunehmende Bewegungsarmut, Resistenz gegen Antibiotika und andere weit verbreitete Medikamente, die Zunahme des Drogenmissbrauchs sowie Gewalt im öffentlichen und privaten Raum (…)" (ebd.)

- „(…) neue und wiederauftretende Infektionskrankheiten sowie die stärkere Beachtung psychischer Gesundheitsprobleme (…)" (a.a.O.)

Weiterhin wird die Wichtigkeit der fünf, in der Ottawa-Charta aufgezeigten Strategien (s.o.) für den Erfolg der Gesundheitsförderung bestätigt und um weitere wissenschaftliche Erkenntnisse ergänzt. So z.B.:

- Sind Ansätze zur Gesundheitsentwicklung dann am wirkungsvollsten, wenn sie auf einer Kombination der fünf Ottawa-Strategien basieren,

- Bieten Settings eine gute Möglichkeiten zur praktischen Umsetzung solcher Strategien,

- Sind Ansätze erst dann wirksam, wenn die Menschen im Mittelpunkt aller gesundheitsförderlicher Entscheidungsprozesse und Maßnahmen stehen

(vgl. WHO, 1997, S. 3)

- **Luxemburger Deklaration zur betrieblichen Gesundheitsförderung in der Europäischen Union (ENWHP, November 1997)**

In der Deklaration wird der, bis dato global verwendete, Begriff der „Gesundheitsförderung" um den Aspekt der **Betrieblichen** Gesundheitsförderung erweitert.

„Betriebliche Gesundheitsförderung (BGF) umfasst alle gemeinsamen Maßnahmen von Arbeitgebern, Arbeitnehmern und Gesellschaft zur Verbesserung von Gesundheit und Wohlbefinden am Arbeitsplatz. Dies kann durch eine Verknüpfung folgender Ansätze erreicht werden:

- Verbesserung der Arbeitsorganisation und der Arbeitsbedingungen

- Förderung einer aktiven Mitarbeiterbeteiligung

- Stärkung persönlicher Kompetenzen."

(ENWHP, 1997, S. 1)

In Anlehnung an die Jakarta-Erklärung wird BGF als „Investition in die Zukunft" (ENWHP, 1997, S. 3) beschrieben. „Zukünftiger Unternehmenserfolg hängt von gut qualifizierten, motivierten und gesunden Mitarbeitern ab. BGF spielt eine entscheidende Rolle dabei, Mitarbeiter und Unternehmen auf diese Herausforderungen vorzubereiten." (ebd.). In den festgehaltenen Herausforderungen des 21. Jahrhunderts lassen sich weitere Parallelen zur Jakarta-Erklärung erkennen. Allerdings steht hier nicht mehr primär die allgemeine Gesundheit, sondern insbesondere die Gesundheit in der Arbeitswelt im Focus. Solche Herausforderungen „(…) sind u.a.:

- Globalisierung
- Arbeitslosigkeit (…)
- Veränderungen der Beschäftigungsverhältnisse (…)
- älter werdende Belegschaften (…)
- Personalabbau (…)
- Kundenorientierung und Qualitätsmanagement." (a.a.O.)

Unter dem Motto „Gesunde Mitarbeiter in gesunden Unternehmen" (ENWHP, 1997, S. 4) werden die Eigenschaften, die ein „Gesundes Unternehmen" ausmachen und darüber hinaus die Leitlinien für erfolgreiche BGF (siehe Kap. 3.8, Tab. 5) formuliert.

Eigenschaften „Gesunder Unternehmen"

- „(…) Unternehmensgrundsätze und -leitlinien, die in den Beschäftigten einen wichtigen Erfolgsfaktor sehen und nicht nur einen Kostenfaktor
- eine Unternehmenskultur und entsprechende Führungsgrundsätze, in denen Mitarbeiterbeteiligung verankert ist, um so die Beschäftigten zur Übernahme von Verantwortung zu ermutigen
- eine Arbeitsorganisation, die den Beschäftigten ein ausgewogenes Verhältnis bietet zwischen Arbeitsanforderungen einerseits und andererseits eigenen Fähigkeiten, Einflussmöglichkeiten auf die eigene Arbeit und sozialer Unterstützung
- eine Personalpolitik, die aktiv Gesundheitsförderungsziele verfolgt
- ein integrierter Arbeits- und Gesundheitsschutz." (ENWHP, 1997, S. 4)

- **Homburger Leitlinien (DNGfK, August 1999)**

In den Homburger Leitlinien wurde das, in der Chiemsee-Erklärung entwickelte Leitbild des DNGfK weiterentwickelt. So z.B. will sich das Netzwerk stärker in die Entwicklungen und Veränderungen im Gesundheitswesen sowie bei Gesundheitsreformen einbringen (vgl. DNGfK, 1999, S. 5). Von immer entscheidenderer Bedeutung für die Krankenhäuser wird dabei die Unterstützung der Häuser bei der Einführung eines Qualitätsmanagementsystems sein (vgl. DNGfK, 1999, S. 6). Des Weiteren wurden die „Leitlinien für Gesundheitsfördernde Krankenhäuser" umfangreich überarbeitet und als allgemeine Qualitätsziele für die Bewertung von gesundheitsfördernden Krankenhäusern festgelegt. Die Leitlinien umfassen die Bereiche Gesundheitsgewinn, Patientenorientierung, Mitarbeiterorientierung, Partnerschaften und Gemeindeorientierung, Ökologie und Wirtschaftlichkeit (vgl. DNGfK, 1999, S. 2ff).

5.5 Europäische Richtlinien, Strategien und Programme (Auswahl)

Für den interessierten Leser enthält die folgende Zusammenstellung eine kleine Linksammlung von europäischen Richtlinien, Strategien und Programmen, die den, in diesem Kapitel behandelten Sachverhalt thematisch auf europäischer Ebene abrunden.

- **Gemeinschaftsprogramm im Bereich Sicherheit, Arbeitshygiene und Gesundheitsschutz am Arbeitsplatz (1996 - 2000)**
  (vgl. http://europa.eu/legislation_summaries/other/c11908_de.htm , 12.09.10)

- **Entwicklung der Gemeinschaftspolitik im Bereich der öffentlichen Gesundheit (15.04.1998)**
  Mitteilung der Kommission vom 15. April 1998 über die Entwicklung der Gemeinschaftspolitik im Bereich der öffentlichen Gesundheit (vgl. http://europa.eu/legislation_summaries/other/c11560_de.htm , 12.09.10)

- **Arbeitszeitgestaltung (grundlegende Richtlinie)**
  Richtlinie 93/104/EG des Rates vom 23. November 1993 über bestimmte Aspekte der Arbeitszeitgestaltung. Geändert durch die Richtlinie 2000/34/EG des Europäischen Parlaments und des Rates vom 22. Juni 2000. (vgl. http://europa.eu/legislation_summaries/other/c10405_de.htm , 12.09.10)

- **Die gesundheitspolitische Strategie der Europäischen Gemeinschaft (16.05.2000)**
  Mitteilung der Kommission vom 16. Mai 2000 an den Rat, das Europäische Parlament, den Wirtschafts- und Sozialausschuss und den Ausschuss der Regionen über die gesundheitspolitische Strategie der Europäischen Gemeinschaft (vgl. http://europa.eu/legislation_summaries/public_health/european_health_strategy/c11563_de.htm , 12.09.10)

- **Gemeinschaftsstrategie für Gesundheit und Sicherheit am Arbeitsplatz (2007 - 2012)**
  Mitteilung der Kommission an das Europäische Parlament, den Rat, den Europäischen Wirtschafts- und Sozialausschuss und den Ausschuss der Regionen vom 21. Februar 2007 - Die Arbeitsplatzqualität verbessern und die Arbeitsproduktivität steigern: Gemeinschaftsstrategie für Gesundheit und Sicherheit am Arbeitsplatz 2007 - 2012 (vgl. http://europa.eu/legislation_summaries/employment_and_social_policy/health_hygiene_safety_at_work/l10114_de.htm , 12.09.10)

- **Rahmenstrategie der Gemeinschaft zur Förderung der Gleichstellung von Frauen und Männern (2001 - 2005)**

  Mitteilung der Kommission vom 7. Juni 2000 - Für eine Rahmenstrategie der Gemeinschaft zur Förderung der Gleichstellung von Frauen und Männern (2001 - 2005) (vgl. http://europa.eu/legislation_summaries/other/c10932_de.htm , 12.09.10)

- **Fünftes Aktionsprogramm der Gemeinschaft für die Gleichstellung von Frauen und Männern (2001 - 2006)**

  Entscheidung 2001/51/EG des Rates vom 20. Dezember 2000 über ein Aktionsprogramm der Gemeinschaft betreffend die Gemeinschaftsstrategie für die Gleichstellung von Frauen und Männern (2001 - 2006) (vgl. http://europa.eu/legislation_summaries/employment _and_social_policy/equality_between_men_and_women/c10904_de.htm , 12.09.10)

- **Aktionsprogramm der Gemeinschaft im Bereich der öffentlichen Gesundheit (2003 - 2008)**

  (vgl. http://europa.eu/legislation_summaries/public_health/european_health_strategy/c11 503b_de.htm , 12.09.10)

- **Zweites Aktionsprogramm der Gemeinschaft im Bereich der Gesundheit (2008 -2013)**

  (vgl. http://europa.eu/legislation_summaries/consumers/consumer_safety/c11503c_de. htm, 12.09.10)

- **Gleichbehandlung ohne Unterschied der Rasse oder der ethnischen Herkunft**

  Richtlinie des Rates vom 29. Juni 2000 zur Anwendung des Gleichbehandlungsgrundsatzes ohne Unterschied der Rasse oder der ethnischen Herkunft. (vgl. http://europa.eu/ legislation_summaries/justice_freedom_security/combating_discrimination/l33114_de.htm , 12.09.10)

- **Übergewicht, Ernährung und körperliche Bewegung**

  Schlussfolgerungen des Rates „Beschäftigung, Sozialpolitik, Gesundheit und Verbraucher-schutz" vom 3. Juni 2005, „Übergewicht, Ernährung und körperliche Bewegung" (vgl. http://europa.eu/legislation_summaries/public_health/health_determinants_lifestyle/c115 42a_de.htm , 12.09.10)

  in Verbindung mit:
  Grünbuch zum Thema „Förderung gesunder Ernährung und körperlicher Bewegung"
  Grünbuch „ Förderung gesunder Ernährung und körperlicher Bewegung: eine europäische Dimension zur Verhinderung von Übergewicht, Adipositas und chronischen Krankheiten" (Hrsg. Kommission der Europäischen Gemeinschaft, 08.12.2005) (vgl. http://eur-lex.europa.eu/LexUriServ/LexUriServ.do?uri=COM:2005:0637:FIN:DE:PDF , 12.09.10, S. 11)

- **Bekämpfung von stress- und depressionsbedingten Problemen**

  Schlussfolgerungen des Rates vom 15. November 2001 zur Bekämpfung von stress- und de-pressionsbedingten Problemen (vgl. http://europa.eu/legislation_summaries/public_health/ health_determinants_lifestyle/c11570a_de.htm , 12.09.10)

- **Chancengleichheit und Gleichbehandlung von Männern und Frauen in Arbeits- und Beschäftigungsfragen**

  Richtlinie 2006/54/EG des Europäischen Parlaments und des Rates vom 5. Juli 2006 zur Verwirklichung des Grundsatzes der Chancengleichheit und Gleichbehandlung von Männern und Frauen in Arbeits- und Beschäftigungsfragen (Neufassung) (vgl. http://europa.eu/legislation_summaries/employment_and_social_policy/equality_between _men_and_women/c10940_de.htm , 12.09.10)

- **Gesundheit der Frauen**

  Bericht der Kommission vom 22. Mai 1997 zur gesundheitlichen Situation der Frauen in der Europäischen Gemeinschaft (vgl. http://europa.eu/legislation_summaries/public_health/ health_determinants_environment/c11558_de.htm , 12.09.10)

- **Europäische Liste der Berufskrankheiten**

  Empfehlung 90/326/EWG der Kommission vom 22. Mai 1990 betreffend die Annahme einer Europäischen Liste der Berufskrankheiten. (vgl. http://europa.eu/legis lation_summaries/employment_and_social_policy/health_hygiene_safety_at_work/c11112 _de.htm , 12.09.10)

  in Verbindung mit

  Mitteilung der Kommission über die europäische Liste der Berufskrankheiten (vgl. http://eur-lex.europa.eu/LexUriServ/LexUriServ.do?uri=COM:1996:0454:FIN:DE: PDF , 12.09.10)

6. Wirtschaftliche Aspekte und ihre Bedeutung für die Einführung eines BGM

Innerhalb des folgenden Kapitels sollen wirtschaftliche Aspekte und hier im Speziellen die wirtschaftlichen Auswirkungen von krankheitsbedingten Fehlzeiten auf verschiedenen volkswirtschaftlichen Ebenen analysiert werden. Insbesondere werden dabei die Fehlzeiten betrachtet, die auf arbeitsbedingte Ursachen zurückzuführen sind. Ein sehr interessanter Aspekt im Rahmen dieser Kostenbetrachtung wird die Beurteilung des Präsentismus-Phänomens sein.

Bevor allerdings der Einstieg in die Betrachtungen der Fehlzeitenentwicklung und deren volkswirtschaftliche Auswirkung erfolgt, soll zunächst erläutert werden, was die Ursachen von Arbeitsunfähigkeit sein können und wie diese, begrifflich und inhaltlich voneinander abzugrenzen sind. Warum fehlen Menschen am Arbeitsplatz? Die Gründe hierfür können Berufskrankheiten, Arbeits- und Wegeunfälle, arbeitsbedingte Erkrankungen oder andere gesundheitliche Beschwerden sein.

6.1 Begriffliche Abgrenzungen: Berufskrankheiten/Gesundheitliche Beschwerden/arbeitsbedingte Erkrankungen

6.1.1 Berufskrankheiten

Berufskrankheiten (BK´n) werden per Rechtsverordnung von der Bundesregierung mit Zustimmung des Bundesrats festgelegt. Dabei ist eine Berufskrankheit (BK) eine Krankheit, die ein Beschäftigter infolge der Ausübung seiner versicherten Tätigkeit erleidet.

Auszug aus § 9 SGB VII:

„ (...) Berufskrankheiten sind Krankheiten, die die Bundesregierung durch Rechtsverordnung mit Zustimmung des Bundesrates als Berufskrankheiten bezeichnet und die Versicherte infolge einer den Versicherungsschutz nach § 2, 3 oder 6 begründenden Tätigkeit erleiden. Die Bundesregierung wird ermächtigt, in der Rechtsverordnung solche Krankheiten als Berufskrankheiten zu bezeichnen, die nach den Erkenntnissen der medizinischen Wissenschaft durch besondere Einwirkungen verursacht sind, denen bestimmte Personengruppen durch ihre versicherte Tätigkeit in erheblich höherem Grade als die übrige Bevölkerung ausgesetzt sind; (...)" (§9 (1) SGB VII).

Weiteres regelt die Berufskrankheiten-Verordnung (BKV). Die Anlage 1 der BVK ist eine Liste der anerkannten Berufskrankheiten, die ständig gemäß dem medizinischen Wissensstand aktualisiert wird und aktuell (Stand: August 2010) 73 BK´n enthält.

Nun erhebt sich aber aufgrund der Existenz bzw. der Meldung einer Erkrankung nicht zwingend ein sofortiger Rechtsanspruch für den erkrankten Mitarbeiter. Die Erkrankung und die Anerkennung der Erkrankung sind zwei voneinander zu trennende Sachverhalte. „Es wird zwischen dem Anzeigen eines Verdachtes auf das Vorliegen, der Anerkennung und der Entschädigung einer BK in Form von Renten oder anderer Leistungen unterschieden." (Zimolong; Elke, 2005, S. 21). Nicht jeder der gemeldeten Krankheitsfälle stellt sich nach genauer Diagnose als anerkannte BK heraus. „Die Anerkennung als BK setzt den Nachweis voraus, dass die versicherte Tätigkeit die Ursache für die schädigende Einwirkung war, die zur Erkrankung geführt hat." (ebd.). Abb. 5 zeigt, wie viele Verdachtsanzeigen es 2008 in Bezug auf BK´n gegeben hat.

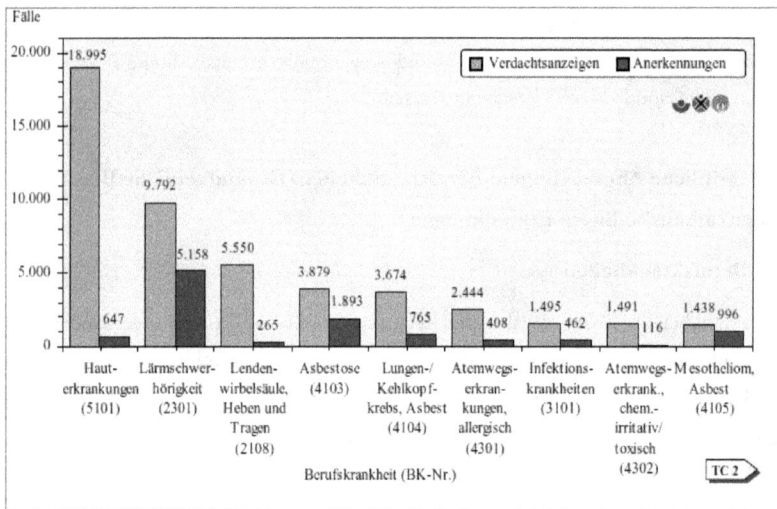

Abb. 5 - Am häufigsten angezeigte BK´n und Anerkennungen 2008 (BMAS , 2008, S. 24)

Danach gehören die Hautkrankheiten zu den am häufigsten gemeldeten BK´n. Gleichzeitig erkennt man, dass trotz der enorm hohen Zahl an Meldungen, die Hautkrankheiten nicht zu den am häufigsten anerkannten BK´n gehören. Die am häufigsten anerkannte BK bei Vollzeitbeschäftigten in Deutschland ist, branchenübergreifend, die Lärmschwerhörigkeit.

Abb. 6 (auf der folgenden Seite) ordnet die zehn am häufigsten anerkannten BK´n. Die Lärmschwerhörigkeit wird in dieser Darstellung als die häufigste BK bestätigt.

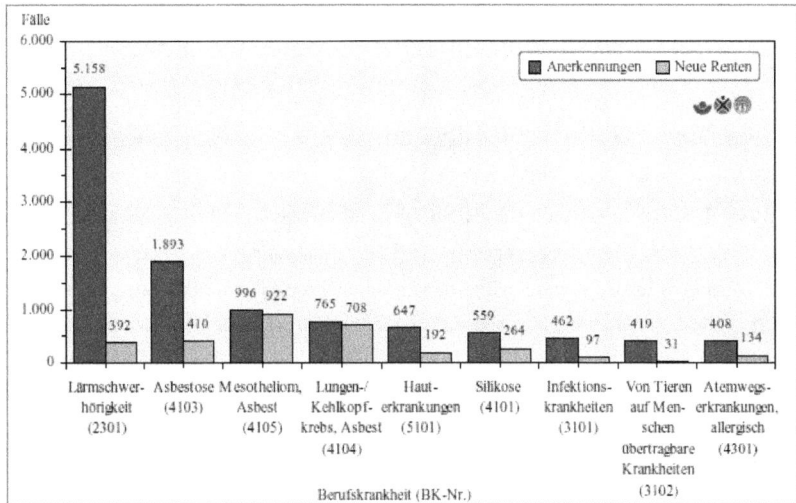

Abb. 6 - Am häufigsten angezeigte BK´n 2008 (BMAS, 2008, S. 24)

Besonders interessant an beiden Abbildungen ist dabei, dass die BK 2108 Bandscheibenbedingte Erkrankungen der Lendenwirbelsäule) nicht zu den am häufigsten anerkannten BK´n zählt, obwohl sie in Abb. 5 noch Platz 3 bei der Anzahl der Verdachtsanzeigen belegt. Hier liegt die Vermutung nahe, dass diese Erkrankungen nicht vordergründig auf die berufliche Tätigkeit zurückzuführen sind, sondern dass deren Auslöser eher im privaten Bereich bzw. im individuellen Gesundheitsverhalten liegen.

6.1.1.1 Relevanz für das Gesundheitswesen

Zu den in Abb. 6 dargestellten BK´n ist anzumerken, dass nicht alle dieser Erkrankungen im Bereich des Gesundheitswesen, insbesondere im Krankenhaus von Relevanz sind (s.u.). Hier spielen insbesondere die folgenden Erkrankungen eine besondere Rolle:

- Infektionskrankheiten (BK-Nr. 3101 - Tätigkeit mit besonderer Infektionsgefahr)

  Hierbei handelt es sich um von Mensch zu Mensch übertragbare Infektionskrankheiten. Besonders gefährdet ist hier medizinisches Personal mit direktem und engem Patientenkontakt. Ärzte und Pflegepersonal können sich durch den Kontakt mit Blut oder anderen Körperflüssigkeiten infizieren. Mögliche Krankheitsbilder sind Hepatitis, Tuberkulose und HIV-Infektion/AIDS. Die Einhaltung von Hygienevorschriften ist entscheidend (vgl. http://www.dgaum.de/index.php/recht/berufskrankheiten-verordnung/merkblaetter/201-merkblatt3101infektionsgefahr , 10.10.10).

- Erkrankung der Lendenwirbelsäule (BK-Nr. 2108 – Bandscheibenbedingte Erkrankungen der Lendenwirbelsäule durch langjähriges Heben oder Tragen schwerer Lasten (...))

Wesentliche Ursachen sind u.a. das fortgesetzte Heben oder Tragen schwerer Lasten. Je nachdem, wie eine Last umgesetzt wird (Hebetechniken), entstehen entsprechende Belastungen auf die Lendenwirbelsäule. Neben körperlich stark beanspruchten Berufsbildern, wie z.b. im Bergbau, im Stahlbetonbau oder im Maurerhandwerk, werden hier explizit auch die Beschäftigten in der Kranken-, Alten- und Behindertenpflege erwähnt, die im Rahmen des Patiententransfers sehr häufig erhebliche Lasten zu bewegen haben (vgl. DAK/ BGW, 2005, S. 29). Die Betroffenen leiden u.a. unter Schmerzen in der Kreuz-Lendengegend, Schmerzen in den Beinen oder Sensibilitätsstörungen. Die Beurteilung, ob die Erkrankung tatsächlich auf arbeitsbedingte Belastungen zurückzuführen ist, gestaltet sich als sehr schwierig und erfordert eine umfangreiche Befundaufnahme (vgl. http://www.baua.de/cae/servlet/contentblob/672186/publicationFile/48770/Merkblatt-2108.pdf , 10.10.10).

- Hauterkrankungen (BK-Nr. 5101 - Schwere oder wiederholt rückfällige Hauterkrankungen)

Besonders gefährdet sind Menschen, die mit Chemikalien umgehen (z. B. Frisöre) oder Menschen, die zur eigenen Sicherheit quasi ständig Schutzhandschuhe tragen müssen und vermehrten Umgang mit Desinfektionsmitteln haben (z. B. Heil- und Pflegeberufe). Betroffene Personen leiden u.a. unter allergischen Erscheinungen wie Rötungen, Bläschen oder Juckreiz. Zur Vorbeugung sollten reizende Stoffe vermieden und individuell geeignete Schutzmaßnahmen ergriffen werden (vgl. http://www.dgaum.de/index.php/recht/berufskrankheiten-verordnung/merkblaetter/222-merkblatt5101rueckfaelligehauterkrankungen , 10.10.10).

- Allergische Atemwegserkrankungen (BK-Nr. 4301 - Durch allergisierende Stoffe verursachte Atemwegserkrankung)

Sie werden überwiegend durch das Einatmen von beruflichen Allergenen (pflanzliche, tierische oder sonstige Allergene) ausgelöst. Zu sonstigen Allergenen zählen auch Arzneimittel wie z.b. Antibiotika, weswegen dieses Krankheitsbild für die Heil- und Pflegeberufe eine gewisse Relevanz hat. Vorwiegend leiden aber eher Bäcker, Müller, Frisöre, Tischler oder Floristen unter diesem Krankheitsbild. U.a. können

Augenreizungen, Nasenschleimhautschwellungen oder Einengung der Bronchien die Folge sein. Unbehandelt können sich chronische Erkrankungen manifestieren (vgl. http://www.dgaum.de/index.php/recht/berufskrankheiten-verordnung/merkbla etter/220-merkblatt4301allergien , 10.10.10).

6.1.1.2 Zahlen zum Thema aus dem Gesundheitswesen

Anerkannte BK`n im Wirtschaftszweig „Gesundheitswesen"

In 2008 gab es im Gesundheitswesen insgesamt 355 anerkannte BK`n. Davon entfielen 56 auf Männer und 299 auf Frauen (vgl. BMAS, 2010, S. 99). Der prozentuale Anteil der Frauen beträgt damit ca. 84,2%. Dieser hohe Anteil ist mit dem Anteil an Frauen insgesamt unter den Gesundheitsberufen begründet[13].

Die am häufigsten anerkannten BK`n im Berufsbild „Krankenschwester/ -pfleger"

Zu den am häufigsten anerkannten BK´n bei den Krankenschwestern und –pflegern gehörten z.b. in 2003 Infektionskrankheiten, Hauterkrankungen, Erkrankungen der Lendenwirbelsäule und allergische Atemwegserkrankungen (vgl. BMAS, 2005a, S. 47).

Allgemeiner Trend bei den anerkannten BK`n

Allgemein (d.h. branchenübergreifend) betrachtet, ist insgesamt (d.h. über alle BK`n) ein Rückgang der anerkannten BK`n zu verzeichnen. Damit folgt man einem Trend der bereits Mitte der 90iger Jahre einsetzte. Waren es in 2006 noch 14.732 anerkannte Fälle (vgl. BMAS, 2008, S.11), so sanken die Zahlen in 2007 auf 13.932 (vgl. BMAS, 2009, S. 11) und in 2008 auf 13.546 (vgl. BMAS, 2010, S.11). Angesichts einer Erwerbstätigenanzahl von ca. 40,3 Mio. (vgl. ebd.) ist dieses Ergebnis ein Beleg für das hohe Niveau der Arbeits- und Gesundheitsschutzmaßnahmen in Deutschland.

Anzeigen auf Verdacht im Gesundheitsdienst

Die hier angeführten Zahlen gehen auf Statistiken der Berufsgenossenschaft für Gesundheitswesen und Wohlfahrtspflege (BGW[14]) zurück. Die BGW zählte in 2008 ca. 6,95 Mio. Versicherte (vgl. BGW, 2009, S. 12). Darunter waren ca. 2,02 Mio. in Kliniken und Heimen beschäftigt (vgl. ebd., S. 46f). Insofern sind die Angaben durchaus repräsentativ für das BK-Geschehen im Gesundheitswesen.

---

[13] 2008 gab es in Deutschland 4,616 Mio. Beschäftigte im Gesundheitswesen, darunter 3,387 Mio. Frauen. Dies entspricht einem prozentualen Anteil von ca. 73,4% (vgl. BMG, 2010, S. 99).
[14] Die BGW ist die gesetzliche Unfallversicherung für nichtstaatliche Einrichtungen im Gesundheitsdienst (z.B. frei gemeinnützige und private Krankenhäuser, Praxen, Apotheken und Heimen) und in der Wohlfahrtspflege.

Die am häufigsten angezeigten BK`n im Gesundheitsdienst

In 2008 gab es insgesamt in der BGW 8892 Anzeigen auf Verdacht einer Berufskrankheit. Davon waren 4824 Anzeigen von Hauterkrankungen (54%), 1852 von Wirbelsäulenerkrankungen (21%), 954 von Infektionskrankheiten (11%), 430 von Atemwegserkrankungen (5%) und 832 Sonstige Anzeigen (9%). Hauterkrankungen und Rückenleiden stehen also mit Abstand weit oben auf der Liste. In beiden Fallgruppen ist auch ein Anstieg im Vergleich zum Vorjahr zu verzeichnen (2007 - 4656 Fälle (Haut), 1678 Fälle (Wirbelsäule/ Rücken)) (vgl. BGW, 2009, S. 14). Aus Kliniken und Heimen stammen dabei 4005 Anzeigen (vgl. ebd., S. 46f). Insbesondere sind Pflegekräfte von Erkrankungen der Wirbelsäule betroffen und auch bei den Hauterkrankungen ist die Zahl der Betroffenen aus Gesundheitsberufen, aufgrund häufigen Kontaktes mit Wasser und Desinfektionsmitteln bzw. des Tragens von Handschuhen, sehr groß. Grund genug für weitere präventive Maßnahmen (vgl. a.a.O., S. 26).

6.1.2 Arbeits- und Wegeunfälle

Zunächst soll eine kurze begriffliche Erklärung der maßgeblichen Begriffe, anhand der entsprechenden Gesetzestexte erfolgen. Im Anschluss wird das Arbeits- und Wegeunfallgeschehen im Gesundheitswesen dargestellt.

Arbeitsunfall

„Ein Arbeitsunfall ist ein Unfall, den eine versicherte Person infolge der Ausübung einer versicherten Tätigkeit innerhalb und außerhalb der Arbeitsstätte erleidet (...)" (BMAS, 2010, S. 12).

Wegeunfall

„Als Wegeunfall wird jeder Unfall bezeichnet, den eine versicherte Person auf dem Weg zum oder vom Ort der versicherten Tätigkeit erleidet. Dabei handelt es sich schwerpunktmäßig um Straßenverkehrsunfälle, diese stellen mehr als die Hälfte der Wegeunfälle. Wegeunfälle sind gemäß § 8 Abs. 2 Nr. 1 bis 4 SGB VII den Arbeitsunfällen gleichgestellt." (ebd.)

Meldepflichtiger Unfall

„Ein Unfall ist gemäß § 193 SGB VII meldepflichtig, wenn eine versicherte Person durch einen Unfall getötet oder so verletzt wird, dass sie mehr als drei Tage arbeitsunfähig ist." (a.a.O.)

6.1.2.1 Arbeitsunfallgeschehen im Gesundheitswesen

Berichts-jahr	Bereich	1000er-Quote[15]	Hauptunfallursache	Hauptunfallfolge	Quellenangaben
2003	Kranken- und Altenpflege	k. A.	Stolpern, Umknicken, Hinfallen auf Wegen, Plätzen, Treppen	Hand-, Knie-, Unterschenkel- und Fußverletzungen	vgl. BMAS, 2005, S. 20, S. 42 - 46
	Wirtschaftzweig Gesundheitsdienst	12,0	k. A.	k. A.	
2003	Allgemeinkrankenhäuser	14,2	sog. „Stolper-, Sturz- und Rutschunfälle" auf Wegen und Plätzen	Finger- und Fußverletzungen	vgl. DAK; BGW, 2005, S. 83f
	Fachkrankenhäuser	12,0			
2007	Wirtschaftzweig Gesundheitsdienst	15,0	k. A.	k. A.	vgl. BMAS, 2009, S.19
2008	Wirtschaftzweig Gesundheitsdienst	15,0	k. A.	k. A.	vgl. BMAS, 2010, S.20
2008	BG Gesundheitsdienst	14,8	k. A.	k. A.	vgl. BGW, 2009, S. 44
2008	Branche Gesundheitswesen (401 Tsd. BKK-Versicherte)	14,3	k. A.	Hand- und Fußverletzungen	vgl. BKK-BV, 2009a, S. 52, S. 58, S. 63

Tab. 9 – Arbeitsunfallgeschehen im Gesundheitswesen (Eigene Zusammenstellung)

Tab. 9 zeigt innerhalb der betrachteten Jahre zwischen 2003 und 2008 ein sehr ausgeglichenes Ergebnis der Arbeitsunfallquote pro 1000 vollbeschäftigten Mitarbeiter (x/1000). Die Quote lag durchschnittlich 14/1000. Damit weicht die Branche „Gesundheitswesen" stark ab vom gesamtdeutschen Bundesdurchschnitt (über alle Branchen), der z.B. in 2008 bei 28,3/1000 (vgl. BMAS, 2010, S.19) lag. Insofern kann man von einem positiven Ergebnis innerhalb dieser Branche sprechen, da hier weniger Unfälle passieren. Es gibt dafür eine entsprechende Anzahl von Gründen, z.B. besteht in der Schwerindustrie ein völlig anderes Gefährdungsrisiko als im Krankenhaus Allerdings sollen die einzelnen Gründe an dieser Stelle nicht vertieft werden. Wichtig sind die Zahlen für das Benchmarking des in Kapitel 10 exemplarisch betrachteten Krankenhauses.

---

[15] Arbeitsunfälle pro 1000 Vollkräfte

6.1.2.2 Wegeunfallgeschehen im Gesundheitswesen

Berichts-jahr	Bereich	1000er-Quote[16]	Hauptunfallursa-che	Hauptunfallfolge	Quellenan-gaben
2003	Allgemeinkran-kenhäuser	12,0	PKW-Unfälle	Wirbelsäulenverlet-zung	vgl. DAK; BGW, 2005, S. 83f
	Fachkranken-häuser	8,1			
2008	BG Gesund-heitsdienst	4,2	k. A.	k. A.	vgl. BGW, 2009, S. 44

Tab. 10 – Wegeunfallgeschehen im Gesundheitswesen (Eigene Zusammenstellung)

Die Zahlen der Tab. 10 sind im Gegensatz zur vorangegangenen Betrachtung der Arbeitsunfälle eher sehr inhomogen, lassen aber einen Trend erkennen. Man kann davon ausgehen, dass sich die Wegeunfallquote (x/1000) in den Krankenhäusern in den Jahren 2003 bis 2008 ähnlich entwickelte, wie in der gesamten Branche „Gesundheitswesen" und in 2008 auch bei ca. 4/1000 lag. Im bundesdeutschen Vergleich, hier liegt der Durchschnitt über alle Branchen bei 3,95/1000 (vgl. BMAS, 2010, S. 22), ist eine vergleichbare Entwicklung zu erkennen. Da es sich bei den Wegeunfällen in der Masse um PKW-Unfälle auf dem Weg zur oder von der Arbeit handelt, ist in diesem Bereich die Branchenzugehörigkeit nicht maßgeblich für die Entwicklung der Quote.

6.1.3 Arbeitsbedingte Erkrankungen / Gesundheitliche Beschwerden

Nicht jede arbeitsbedingte Erkrankung kann zu den Berufskrankheiten gezählt werden bzw. wird als solche anerkannt. Bei **arbeitsbedingten Erkrankungen**, handelt es sich allgemein „(...) um Gesundheitsstörungen, die durch Arbeitsbedingungen ganz oder teilweise verursacht sind, bzw. in ihrem Verlauf ungünstig beeinflusst werden können." (BKK-BV, 2008, S. 4). Eine genaue Zuordnung gestaltet sich allerdings schwierig, da es für arbeitsbedingte Erkrankungen keine exakte Spezifizierung gibt (vgl. ebd.). Es gibt Erkrankungen, die nicht eindeutig auf berufliche Ursachen zurückzuführen sind, sondern unter Umständen ihren Ursprung in den individuellen Lebensumständen und der Lebensweise der Betroffenen haben. Grundsätzlich können daher alle **gesundheitlichen Beschwerden** sowohl einen berufs- bzw. arbeitsplatzbedingten, als auch einen privatbedingten Anteil haben. Insofern handelt es sich bei **arbeitsbedingten Erkrankungen** insbesondere um „(...) Erkrankungsrisiken, für die eine erhebliche Mitverursa-

---

[16] Wegeunfälle pro 1000 Vollkräfte

chung durch die Arbeit angenommen werden muss und die in bestimmten Berufsgruppen oder Branchen mit überzufälliger Häufigkeit auftreten (…)." (Zimolong; Elke, 2005, S. 22). Wenn man sich die **gesundheitlichen Beschwerden** der deutschen Arbeitnehmer (Hier: männlich, vollzeitbeschäftigt, siehe Tab. 11) betrachtet, stellt man u.a. fest, dass nahezu jeder zweite deutsche Arbeitnehmer wegen Depressionen, Husten oder Kniebeschwerden ärztliche Behandlung in Anspruch nimmt. Über zwei Drittel suchen wegen Rückenschmerzen, ca. 2/3 wegen Atemnot und rund 62 Prozent wegen Herzleiden den Arzt auf. Insgesamt erkennt man ein starkes Übergewicht der Muskel- und Skeletterkrankungen (Schwerpunkt: Rücken, Nacken, Hüfte), weswegen es nicht verwundert, dass dieses Erkrankungsspektrum auch bei der Arbeitsunfähigkeit eine besondere Rolle spielt (siehe Kap. 6.3).

Die häufigsten gesundheitlichen Beschwerden 2008:

Krankheit	Betroffene (in %)	Krankheit	Betroffene (in %)
Rückenschmerzen	70,0	Husten	49,7
Atemnot	64,6	Ohrgeräusche	49,9
Herzschmerzen	61,6	Hautreizungen	45,9
Magenbeschwerden	60,9	Schmerzen Arme/Hände	44,5
Nackenschmerzen	60,6	Augenbeschwerden	46,4
Hüftprobleme	59,7	Schwindelgefühle	47,5
Knieschmerzen	53,6	Schmerzen Beine/Füße	35,7
Depressionen	49,3		

Tab. 11 – Gesundheitliche Beschwerden, BUND, Arbeitnehmer, männlich, Vollzeit (Eigene Darstellung nach: BMAS, 2010, S. 51)

Gesundheitliche Beschwerden in der Krankenpflege

Angehörige der Krankenpflegeberufe leiden vorrangig unter Schmerzen im unteren Rücken, im Nacken- und Schulterbereich sowie in Beinen und Füßen. Darüber hinaus klagen sie über allgemeine Müdigkeit, Mattigkeit und Erschöpfung (vgl. BMAS, 2005a, S. 55).

6.1.4 Arbeitsbedingte Belastungen

Je nach beruflicher Tätigkeit und individuellem Empfinden gibt es am Arbeitsplatz Bedingungen, die mehr oder weniger belastend sind bzw. als mehr oder weniger belastend empfunden werden. Arbeitsbedingte Belastungen lassen sich allgemein unterteilen in körperliche (z.b. häufiges Heben/Tragen schwerer Lasten, Zwangshaltungen, Zugluft, etc.) und psychosoziale Belastungen (z.b. schlechte Führungsqualität, fehlende Mitwirkungsmöglichkeiten, Unter-/Überforderung, etc.). Tab. 12 enthält hierzu eine umfangreiche Zusammenstellung weiterer Belastungsarten in beiden Bereichen.

Körperliche Belastungen, wie z.B.:	Psychosoziale Belastungen, wie z.B.:
• häufiges Heben, Tragen von schweren Lasten • einseitiges Arbeiten im Stehen bzw. Sitzen • Arbeiten im Freien bei jeder Witterung • große Lärmbelastung • schlechte Beleuchtung bzw. grelles Licht am Arbeitsplatz • Hitze, Kälte, Nässe, Zugluft • Umgang mit gefährlichen Stoffen	• kein Gemeinschaftsgefühl (Gefühl des Ausgegrenzt sein) • keine Unterstützung von Kollegen • keine Unterstützung von Vorgesetzten (allg. Mängel in der Führungskultur) • schlechte Kommunikation untereinander • fehlende Handlungsspielräume (Arbeit und Arbeitsumfang selbst planen, Entscheidungen selbst treffen) • fehlende Mitwirkungs- und Kooperationsmöglichkeiten • starker Leistungs- und Termindruck • Arbeiten an der Grenze der Leistungsfähigkeit (Überforderung) • Unterforderung • hohe Verantwortung • schlechter Umgang mit Fehlern • ständige Arbeitsunterbrechungen • schlechter Informationsaustausch • mangelhafte Führungsqualität (fehlende soziale Kompetenzen) • unwürdige Behandlung • schlechte Bezahlung

Tab. 12 – Arbeitsbedingte Belastungen (Eigene Zusammenstellung nach: BMAS, 2009, S. 31ff; BMAS, 2010, S. 48ff; Bungart, 2010, S. 222; Fuchs, 2008, S. 28 u. S. 41ff)

Spezifische Arbeitsbedingte Belastungen in der Krankenhaus-Pflege

Da das Gesundheitswesen im Allgemeinen[17] und der Pflegeberuf[18] im Speziellen weiblich dominiert sind (vgl. Höppner, 2004, S. 10), werden im Folgenden Belastungen aufgeführt, die z.T. eher für Frauen „typisch" sind. Die erneute Konzentration auf die Gruppe der Pflegekräfte soll nicht als Ausgrenzung der anderen Berufsgruppen gelten, sondern ist der Tatsache geschuldet, dass diese Berufsgruppe im Krankenhaus die zahlenmäßig Größte[19] ist (vgl. Höppner, 2004, S. 29). Allerdings dürfen, trotz der an dieser Stelle vollzogenen Konzentration auf weibliche Mitarbeiter, die Probleme der männlichen Mitarbeiter, ganz im Sinne der Geschlechtergerechtigkeit (siehe Kap. 8.2), nicht außer Acht gelassen werden.

Beispiele für spezifische Arbeitsbedingte Belastungen in der Krankenhaus-Pflege:

- Kommunikation zwischen Ärzte und Pflegekräften (Pflegekräfte werden nicht als gleichwertige Partner gesehen)
- Schlechte Führungsqualität der ärztlichen Führungskräfte
- Unflexible Arbeitszeitmodelle (Schichtdienst, 3-Schichtsystem)
- Hohe Arbeitsintensität (wenige Ruhephasen, zusätzliche Wochenenddienste, Überstunden)
- Schwere körperliche Belastungen (langes Stehen, Heben schwerer Lasten (Patiententransfer))
- Starker Termin- und Leistungsdruck
- Hoher emotionaler Druck
- Ständig wiederkehrende Arbeitsvorgänge (Monotonie)
- Ständige Arbeitsunterbrechungen
- Verschiedenartige Arbeiten gleichzeitig betreuen
- Wenig selbstbestimmtes Handeln (viele Vorschriften)
- Angestrengte Konzentration auf einzelne Vorgänge
- Doppelbelastung für Frauen (Vereinbarkeit von Familie und Beruf)
- Unzureichende Einkommensverhältnisse

(Eigene Zusammenstellung nach: Müller et al., 1997, S. 109; Badura et al.; 1999, S. 163; Kolip; Altgeld, 2006, S. 237f; Amon-Glassl, 2003, S. 107; BMAS, 2005a, S. 53; dip, 2010, S. 54; DBfK, 2010, S. 11; DBfK, 2010a, S. 1f; Wildeboer, 2008, S. 233)

---

[17] Von ca. 4,6 Mio. Beschäftigten im Gesundheitswesen, waren in 2008 ca. 3,4 Mio. Frauen (vgl. Statistisches Bundesamt, 2010, S.13ff).
[18] Von den ca. 1 Mio. als Gesundheits- und Krankenpfleger und Gesundheits- und Krankenpflegehelfer in 2008 angestellten Mitarbeitern, waren ca. 840 Tsd. Frauen (vgl. Statistisches Bundesamt, 2010, S.13ff).
[19] Knapp über 50% der vollzeit- bzw. teilzeitbeschäftigten Mitarbeiter in den Krankenhäusern sind 2008 im Pflegedienst als Gesundheits- und Krankenpfleger und Gesundheits- und Krankenpflegehelfer angestellt (vgl. Statistisches Bundesamt, 2010, S. 41f und S. 59f).

6.2 Fehlzeitenentwicklung in Deutschland

Bei der Darstellung der Entwicklung der Fehlzeiten in Deutschland, sollen zunächst Zahlen der Krankenstands- und Arbeitsunfähigkeitsentwicklung bundesweit betrachtet werden, um sie anschließend mit Zahlen aus dem Gesundheitswesen zu vergleichen.

6.2.1 Entwicklung des Krankenstandes in Deutschland

Die Tabelle 13 gibt einen Überblick über die Entwicklung der Krankenstände. Man erkennt, dass es je nach Zusammensetzung der Versichertengemeinschaft Abweichungen im Krankenstand gibt. Insofern sind die Zahlen nicht für einen Vergleich geeignet, dienen aber der Dokumentation eines Trends. Danach ist anhand dieser Zahlen ein deutlich sichtbarer Anstieg des Krankenstandes, unabhängig von der betrachteten Datenbasis zu verzeichnen.

Datenbasis	2006	2007	2008	2009	Quellenangaben
GKV (alle Pflichtversicherte ohne Rentner)	3,31%	3,22%	3,37%	3,40%	vgl. BMG, 2010, S. 21 (2.1)
AOK (alle ohne Rentner)	3,55%	3,61%	3,72%	3,66%	
BKK (alle ohne Rentner)	2,93%	2,88%	3,02%	3,01%	
AOK (Beschäftigte)	4,20%	4,50%	4,60%	4,80%	vgl. Macco; Stallauke, 2010, S. 277
BKK (Beschäftigte)	3,40%	3,50%	3,70%	k. A.	eig. Berechnung aus Daten Tab. 14

Tab. 13 - Entwicklung Krankenstand in Deutschland (Eigene Zusammenstellung)

6.2.2 Entwicklung der Arbeitsunfähigkeitstage (AU-Tage) in Deutschland

Tabelle 14 (auf der folgenden Seite) gibt einen kurzen Überblick über die Entwicklung der AU-Tage. Auch hier wird eine unterschiedliche Entwicklung je nach Zusammensetzung der Versichertengemeinschaft deutlich. Entsprechend der Krankenstandsentwicklung erkennt man auch hier, als Trend der letzten Jahre, eine deutliche Zunahme der Anzahl an AU-Tagen pro versichertem Mitglied und Jahr.

Datenbasis	2006	2007	2008	Quellenangaben
GKV (Gesamt)	13,8	14,3	15,1	vgl. BMG, 2009, S. 1, S. 11, S. 21
AOK (Gesamt)	15,2	16,0	16,8	
BKK-BV (Gesamt)	12,8	13,2	13,8	vgl. BKK-BV, 2009, S. 13
GKV (Beschäftigte)	11,6	12,4	12,7	vgl. BMAS, 2008, S. 28; BMAS, 2009, S. 30; BMAS, 2010, S. 38
AOK (Beschäftigte)	15,4	16,4	16,9	vgl. Macco; Schmidt, 2010, S. 280; Heyde et al., 2009, S. 209, Küsgens et al., 2008, S. 268
BKK-BV (Beschäftigte)	12,4	12,8	13,4	vgl. BKK-BV, 2009a, S. 12; BKK-BV, 2008b, S.12; BKK-BV, 2007, S. 148

Tab. 14 - Entwicklung AU-Tage in Deutschland (Eigene Zusammenstellung)

6.2.3 Benchmark - Entwicklung des Krankenstandes im Gesundheitswesen

Bei der Recherche nach geeignetem Datenmaterial für die Analyse der Krankenstandsentwicklung im Gesundheitswesen ist festzustellen, dass es leider nur eine sehr begrenzte Anzahl an auswertbaren Daten gibt. Hier ist die Wissenschaft gefordert, weitere Untersuchungen und Analysen speziell in diesem Bereich vorzunehmen. Insbesondere wäre dabei die Unterscheidung bei den Krankenhäusern nach den jeweiligen Krankenhaustypen zwingend erforderlich. Nur so lassen sich belastbare Prognosen für unterschiedliche Belastungsszenarien aufstellen.

Krankenstand im Gesundheitswesen

Berichts-jahr	Bereich	Berufsgruppe	Kranken-stand	AU-Tage	Bemerkungen/ Quellenangaben
2003	AOK-Gesamt	alle	4,86%	17,7	**Basis:** 298.881 in Krankenhäusern beschäftigte AOK-Mitglieder in 2003 **Darunter:** 115.025 Krankenpfleger,- schwestern, Hebammen 22.720 Krankenpflegehelfer (vgl. Vetter, 2005, S. 66ff)
	beschäftigte AOK-Versicherte in Krankenhäusern	KH-Beschäftigte insgesamt	5,3%	19,1	
		KH-Beschäftigte insgesamt (Häuser mit mehr als 1000 MA)	5,9%	21,5	
		Krankenschwestern und – pfleger	4,4%	15,2	
		Krankenpflegehelfer	5,9%	21,5	

2003	DAK-Gesamt	alle	3,5%	12,6	**Basis:** 118.000 DAK-Versicherte in der stat. Pflege (vgl. DAK; BGW, 2005, S. 123)
	beschäftigte DAK-Versicherte in der stat. Pflege	Krankenschwestern und –pfleger	3,9%	14,3	
2009	Branche "Gesundheitswesen"	alle	3,7%	13,5	2009, war die Branche „Gesundheitswesen" die Branche mit dem höchsten Krankenstand (vgl. DAK, 2009, S. 91)
2009	AOK-Gesamt	alle	4,8%	17,3	(vgl. Macco; Stallauke, 2010, S. 272, S. 336ff)
	Branche "Gesundheits- und Sozialwesen"	alle	4,9%	17,9	
	beschäftigte AOK-Versicherte in Krankenhäuser	KH-Beschäftigte insgesamt (Häuser mit mehr als 1000 MA)	5,1%	18,6	
		Krankenschwestern und –pfleger	4,6%	17,0	
		Krankenpflegehelfer	6,8%	24,9	

Tab. 15 – Entwicklung der Krankenstände im Gesundheitswesen (Eigene Zusammenstellung)

Bei der Betrachtung der Zahlen in Tab. 15 wird deutlich, dass die Beschäftigten im Gesundheitswesen insgesamt einen höheren Krankenstand aufweisen, als der Rest der jeweiligen Versichertengemeinschaft. Das lässt auf allgemein höhere Arbeitsbelastungen schließen. Innerhalb der Branche „Gesundheitswesen" liegen dabei wiederum die Krankenstände des Pflegepersonals in den Krankenhäusern insgesamt deutlich über dem Branchendurchschnitt, was ein Beleg für die vergleichsweise hohen Belastungen speziell in der stationären Krankenhauspflege ist.

6.3 Die häufigsten Erkrankungsarten in Deutschland

Nachdem im vorangegangen Abschnitt die Fehlzeiten betrachtet wurden, soll der folgende Abschnitt Aufschluss darüber geben, auf welche Erkrankungen die Fehlzeitenentwicklung maßgeblich zurückzuführen sind.

Entwicklung am Beispiel des BKK-BV

In Abb. 7 und 8 ist jeweils die Verteilung der häufigsten Erkrankungsarten in 2006 bzw. 2008 und deren Anteil an den AU-Tagen dargestellt. Man erkennt bei der Betrachtung der Entwicklung der häufigsten Erkrankungen eine Zunahme der Atemwegsystem- sowie der Muskel/ Skeletterkrankungen. Besonders deutlich ist das Anwachsen der psychischen Störungen um ca. 20% bezogen auf die Anzahl Tage je 100 beschäftigte Mitglieder. Dieser Anstieg wird auch im aktuellen Fehlzeitenreport 2010 in der Rückschau auf die Jahre 2006 bis 2008 bestätigt. Darüber hinaus wird festgestellt, dass dieser Trend leider auch über das Jahr 2008 hinaus anhält. So gab es von 2008 auf 2009 einen weiteren Anstieg um ca. 8% (vgl. Macco; Stallauke, 2010, S. 296).

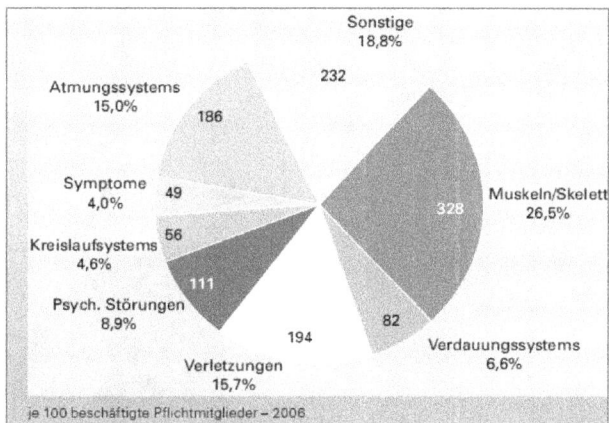

Abb. 7 - Anteil/Anzahl an den AU-Tagen der häufigsten Krankheitsarten 2006 (vgl. BKK-BV, 2007, S. 12)

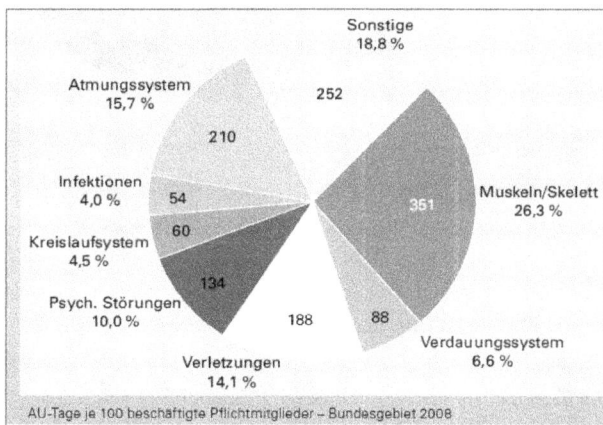

Abb. 8 - Anteil/Anzahl an den AU-Tagen der häufigsten Krankheitsarten 2008 (vgl. BKK-BV, 2009, S. 12)

6.3.1 Die häufigsten Erkrankungsarten im Krankenhaus

Im Vergleich zu den branchenübergreifenden Übersichten (s.o.), zeigt die Abb. 9, wie sich die Verteilung der häufigsten Erkrankungen und deren Anteilen an den AU-Tagen im Krankenhaus darstellt.

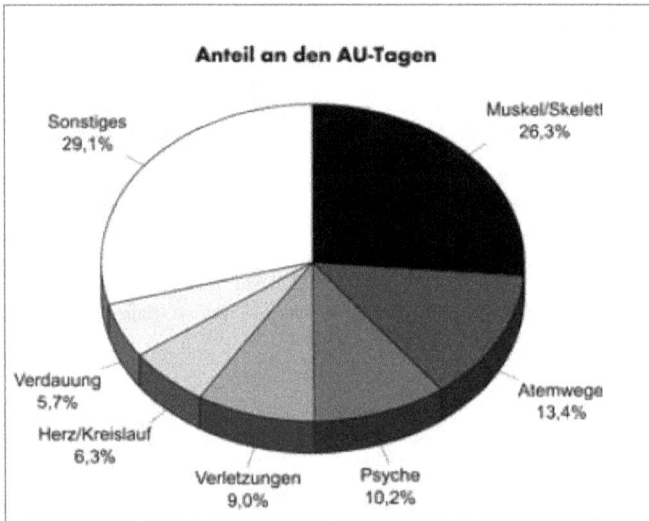

Anteil an den AU-Tagen

Sonstiges 29,1%
Muskel/Skelett 26,3%
Verdauung 5,7%
Herz/Kreislauf 6,3%
Verletzungen 9,0%
Psyche 10,2%
Atemwege 13,4%

Abb. 9 - Die häufigsten Krankheitsarten im Krankenhaus 2003 (vgl. Vetter, 2005, S. 75)

Dabei wird deutlich, dass die Verteilung der Erkrankungen und deren Anteilen an den AU-Tagen, den Angaben in der branchenübergreifenden Darstellung des BKK-BV (s.o.) ähnelt. Auch im DAK-BGW Gesundheitsreport 2005, der auf AU-Daten der DAK-Versicherten von 2003 zurückgreift, wurden nahezu die gleichen Verteilungen für den Krankenhausbereich ermittelt (vgl. DAK; BGW, 2005, S. 147). Wenn man nun davon ausgeht, dass die Daten der beiden zuletzt genannten Quellen aus dem Jahr 2003 stammen und man unterstellt hierzu im Krankenhausbereich eine ähnliche Krankheitsentwicklung, wie in der o.a. branchenübergreifenden Betrachtung des BKK-BV, dann kann erwartet werden, dass insbesondere die psychischen Erkrankungen, die bereits 2003 einen Anteil von 10% hatten, weiter ansteigen. Ein Blick auf die Verteilung im Jahr 2006 (siehe Abb. 10 auf der folgenden Seite), wiederum auf der Basis einer Erhebung des BKK-BV bestätigt diese Erwartung und macht diesen Aufwärtstrend (Psyche 12%) exemplarisch für die Berufsgruppe der Krankenpflegehelfer deutlich.

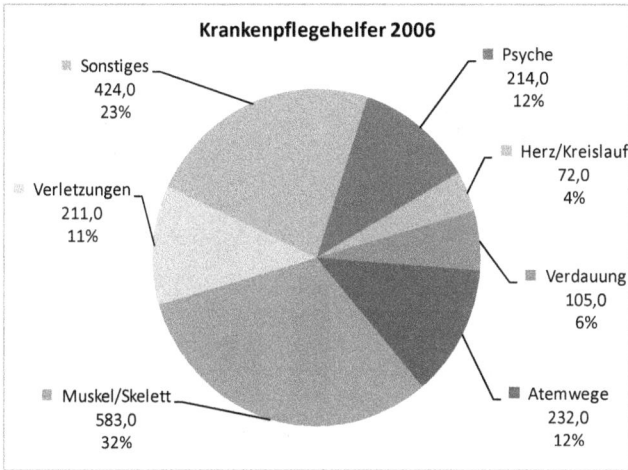

Krankenpflegehelfer 2006

Sonstiges 424,0 23%

Psyche 214,0 12%

Herz/Kreislauf 72,0 4%

Verletzungen 211,0 11%

Verdauung 105,0 6%

Muskel/Skelett 583,0 32%

Atemwege 232,0 12%

Abb. 10 - Häufigste Erkrankungen Krankenpflegehelfer 2006 (Eigene Darstellung nach: BKK-BV, 2008, S. 13)

Werfen wir nun im Rahmen dieser branchenspezifischen Betrachtung einen Blick auf das AU-Geschehen ausgewählter Berufsgruppen im Krankenhaus. Man kann hierzu in Abb. 11 (auf der folgenden Seite) Unterschiede zwischen den einzelnen Berufsgruppen erkennen. Insbesondere wird die hohe Belastung des Krankenpflegepersonals, über alle Krankheitsarten hinweg, z.B. im Vergleich zu den Ärzten deutlich. Auch innerhalb der pflegerischen Berufe (Hier: Pfleger/Schwester vs. Pflegehelfer) wird sichtbar, dass Krankenpflegehelfer schwerpunktmäßig im Bereich „Muskel/Skelett" besonderen Belastungen ausgesetzt sind und entsprechend häufig erkranken. Die Daten, auf denen die Darstellung[20] in Abb. 11 beruht, stammen aus dem Jahr 2003. Man könnte hierbei die Meinung vertreten, dass diese Datenbasis zu alt und in ihrer Aussagekraft überholt sein könnte. Aber dem ist nicht so.

Die damals (in 2003, siehe Abb. 11) schon vergleichsweise hohen Belastungen des Krankenpflegepersonals werden auch aktuell durch die Krankenstandsdaten in jüngeren Erhebungen (siehe Kap. 6.2.3, Tab. 15) bestätigt. Auch der große Unterschied zwischen den Berufsgruppen Krankenpfleger und Krankenpflegehelfer ist aktuell immer noch erheblich.

---

[20] Die relativ geringen Werte bei den Krankenschwestern und Hebammen, werden mit dem geringen Durchschnittsalter dieser Berufsgruppe im Vergleich zur AOK-Gesamtgruppe zum Stichtag begründet (vgl. Vetter, 2005, S. 75). Mit zunehmendem Alter steigt die Krankheitshäufigkeit und die Anzahl AU-Tage signifikant an (siehe Kap. 8.1.2, Abb. 19).

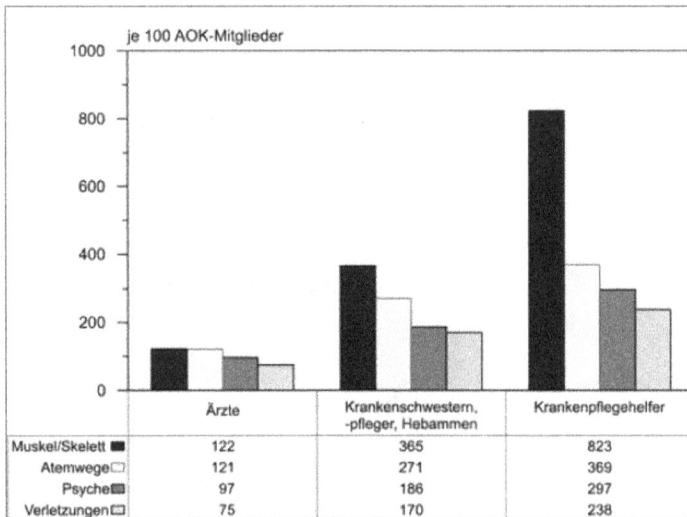

	je 100 AOK-Mitglieder		
	Ärzte	Krankenschwestern, -pfleger, Hebammen	Krankenpflegehelfer
Muskel/Skelett ■	122	365	823
Atemwege □	121	271	369
Psyche ▩	97	186	297
Verletzungen □	75	170	238

Abb. 11 - AU-Tage in Krankenhäusern nach Krankheitsarten und Berufsgruppen 2003 (vgl. Vetter, 2005, S. 75)

In 2009 haben Krankenpflegehelfer, im Vergleich zu Krankenpflegern, eine deutlich höhere AU-Häufigkeit, was ein Indiz für die hohe Belastung am Arbeitsplatz ist. Danach sind Krankenpflegehelfer ca. 20% häufiger und darüber hinaus auch 8 Tage länger pro Jahr krank, als Krankenpfleger (vgl. Macco; Stallauke, 2010, S. 337).

6.4 Fazit

Die bundesweite und branchenübergreifende Entwicklung der Fehlzeiten (Krankenstand, AU-Tage) und der Erkrankungsarten ist insgesamt alarmierend. Insbesondere verweisen dabei die Ergebnisse aus dem Bereich des Gesundheitswesens (speziell: Krankenhaussektor) auf die zwingende Notwendigkeit, umgehend geeignete BGM-Maßnahmen in den Unternehmen umzusetzen.

6.5 Kosten für die Sozialversicherungsträger und Unternehmen

Im folgenden Abschnitt sollen die Kosten bzw. Folgekosten krankheitsbedingter Arbeitsunfähigkeit, die den Sozialversicherungsträgern und den Unternehmen entstehen, näher betrachtet werden.

6.5.1 Die Gesetzliche Rentenversicherung (GRV) - Folgekosten arbeitsbedingter Frühberentung

„Arbeitnehmer, die durch gesundheitliche Schäden in ihrer Erwerbsfähigkeit beeinträchtigt sind, scheiden – zeitweilig oder auf Dauer – aus dem Erwerbsleben aus." (RKI, 2006a, S. 18). Die Einschränkung oder der Verlust der Fähigkeit, den Lebensunterhalt durch Erwerbstätigkeit verdienen zu können, wird als Minderung der Erwerbsfähigkeit bezeichnet. Um die finanziellen Folgen auszugleichen, werden Geldleistungen in Form einer Erwerbsminderungsrente gezahlt. Man spricht hierbei von Frühberentung. Hauptursachen von Frühberentung sind im Allgemeinen chronische Krankheiten (vgl. ebd. S. 14), insbesondere dabei Krankheiten des Skeletts, der Muskeln und des Bindegewebes, Krankheiten des Kreislaufsystems und Krebserkrankungen (vgl. a.a.O., S. 15). Eine immer bedeutendere Rolle spielen psychische Krankheiten, da sich diese zwischenzeitlich bei Frauen und Männern zur häufigsten Erkrankungsart für Frühberentung entwickelt haben. Bereits im Jahr 2003 betrugen die Anteile bei Frauen 35,5 % und bei Männern 24,5% aller Fälle (vgl. a.a.O., S. 15). Der Umstand der Frühberentung wird durch eine Reihe von Faktoren beeinflusst. Zum Einen auf der gesellschaftlichen Ebene, durch gesetzliche Regelungen, demographische Entwicklungen und wirtschaftliche Faktoren. Zum Anderen auf der individuellen Ebene, durch den Gesundheitszustand, das Alter, das Geschlecht, die berufliche Tätigkeit und die Arbeitsplatzsituation (vgl. a.a.O., S. 13). Der BKK Bundesverband beziffert die Ausgaben der GRV allein für arbeitsbedingte Frühberentung auf jährlich mind. 3 Mrd. Euro. Bei den Kostenverursachern dominieren die psychischen Krankungen und die Erkrankungen des Muskel-Skelett-Systems (siehe Abb. 12 auf der folgenden Seite).

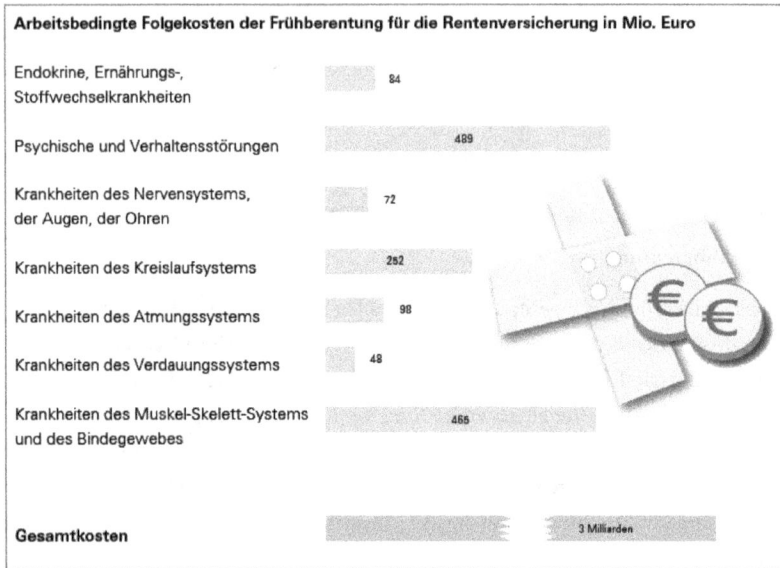

Abb. 12 - Folgekosten arbeitsbedingter Frühberentung für die GRV (vgl. BKK-BV, 2008, S. 9)

6.5.2 Die Gesetzliche Krankenversicherung (GKV) - Kosten für arbeitsbedingte Krankengeldleistungen

Im Falle der Erkrankung eines Arbeitnehmers ist zunächst der Arbeitgeber gem. §§ 3 und 4 EntgFG verpflichtet, bis zu sechs Wochen eine volle Lohnfortzahlung zu leisten. Nach dieser Zeit werden die Krankengeldzahlungen von der GKV übernommen. Die Höhe des Krankengeldes berechnet sich gem. § 47 SGB V und es wird gem. § 48 SGB V bis zu maximal 78 Wochen gezahlt. Insgesamt wurden im Jahr 2009 7,3 Mrd. Euro Krankengeld an die Versicherten bezahlt (vgl. Macco; Stallauke, 2010, S. 272). Im Vergleich zum Vorjahr (insgesamt: 6,6 Mrd. (vgl. BMG, 2010, S. 137) waren es rund 700 Tsd. Euro mehr, was u.a. durch einen Anstieg des Krankenstandes zu erklären ist (vgl. Macco; Stallauke, 2010, S. 272). Doch welchen Anteil haben die **arbeitsbedingt veranlassten** Krankengeldzahlungen an diesem Gesamtvolumen?

Ein Forschungsprojekt des BKK Bundesverbandes, welches von der Bundesanstalt für Arbeitsschutz und Arbeitssicherheit (BauA) gefördert wurde, hatte die Schätzung von Folgekosten für Krankenversicherung und Rentenversicherung, speziell aufgrund von arbeitsbedingten Erkrankungen zum Ziel. Danach wurden die Kosten der Gesetzlichen

Krankenversicherung allein für arbeitsbedingt veranlasste Krankengeldleistungen auf jährlich rund zwei Milliarden Euro geschätzt.

Die höchsten Krankengeldzahlungen entfallen dabei auf:

- Krankheiten des Muskel-Skelett-Systems und des Bindegewebes (757 Mio. Euro)
- Psychische und Verhaltensstörungen (300 Mio. Euro)
- Krankheiten des Kreislaufsystems (121 Mio. Euro)
- Krankheiten des Atmungssystems (69 Mio. Euro)
- Krankheiten des Verdauungssystems (61 Mio. Euro)

(Eigene Zusammenstellung nach: BKK-BV, 2008, S. 8)

Die Autoren der Studie betonen dabei, dass es sich hierbei um eine Unterschätzung handeln dürfte und man von tatsächlich eher höheren Kosten ausgehen könne (vgl. BKK-BV, 2008, S. 15).

6.5.3 Die gesetzliche Unfallversicherung (GUV) - Kosten der gesetzlichen Unfallversicherungsträger

Im Falle von Arbeits- und Wegeunfällen sind die gesetzlichen Unfallversicherungsträger leistungspflichtig. Im Jahr 2008 wurden Leistungen von insgesamt 10,5 Mrd. Euro erbracht. Zu den größten Kostenblöcken zählen dabei u.a. Renten für Versicherte und Hinterbliebene (ca. 5,5 Mio. €), ambulante Heilbehandlung (ca. 1,02 Mio. €), Stationäre Behandlung und häusliche Pflege (ca. 900 Tsd. €), Abfindungen an Versicherte und Hinterbliebene (ca. 735 Tsd. €), Sonstige Heilbehandlungskosten (ca. 605 Tsd. €) sowie Verletztengelder und besondere Unterstützungen (ca. 544 Tsd. €) (vgl. BMAS, 2010, S. 26).

Diesbezüglich hat bspw. die bereits erwähnte BGW, als Beispiel eines Unfallversicherungsträgers[21], im Jahr 2008 allein insgesamt 376,2 Mio. Euro für Entschädigungsleistungen ausgegeben (vgl. BGW, 2009, S. 53).

Beachtenswert bei der Betrachtung der Ausgaben ist, dass die GUV auch aktiv in präventive Maßnahmen investiert. So wurden im Jahr 2008 allein 948,5 Mio. Euro für Prävention ausgegeben (vgl. BMAS, 2010, S. 26). Damit reiht sich dieser Ausgabenblock als drittgrößter in die obige Aufzählung der Kostenblöcke noch zusätzlich ein, was sehr beachtlich ist und verdeutlicht, welchen Stellenwert die GUV dieser Thematik einräumt.

---

[21] BGW - Unfallversicherungsträger für nichtstaatliche Einrichtungen im Gesundheitswesen und in der Wohlfahrt

Die umseitig erwähnten Präventionsleistungen beinhalten die folgenden Leistungen:

Art der Leistung (Kontenart)	Ausgaben in Mio. €			
	2008		2007	2006
	absolut	je Mio. Versicherte[1]	absolut	absolut
Herstellung von Unfallverhütungsvorschriften (590)	3,4	0,1	3,6	3,5
Überwachung und Beratung der Unternehmen (591)	564,6	9,3	519,3	511,4
Ausbildung (592)	137,2	2,3	138,0	136,1
Zahlungen an Verbände für Prävention (593)	86,1	1,4	73,8	72,7
Arbeitsmedizinische Dienste (594)	46,7	0,8	43,3	46,4
Sicherheitstechnische Dienste (596)	14,2	0,2	13,4	12,2
Sonstige Kosten Prävention (597)	67,1	1,1	64,5	63,1
Erste Hilfe (598)	29,2	0,5	25,9	24,4
Gesamt	948,5	15,6	881,8	869,7

[1] Anzahl der Versicherten (in Tsd.): 60.695,2 (2008), 59.928,6 (2007) und 59.157,2 (2006). Durch die Veränderung der Schätzung der Versichertenzahlen bei den landwirtschaftlichen Berufsgenossenschaften ab dem Jahr 2008 (vgl. Tabelle TA 10) kommt es zu erheblichen Veränderungen bei den Quoten. TK 2

Abb. 13 - Ausgaben der Unfallversicherungsträger für Prävention (vgl. BMAS, 2010, S. 27)

6.6 Kosten für die deutsche Wirtschaft

6.6.1 Kosten für Unternehmen durch Lohnfortzahlung bei krankheitsbedingter Abwesenheit

Wenn ein Arbeitnehmer erkrankt, ist der Arbeitgeber verpflichtet bis zu 6 Wochen das Gehalt in voller Höhe weiterzuzahlen. In 2008 mussten die Unternehmen in Deutschland 31 Mrd. Euro an Entgeltfortzahlungen im Krankheitsfall aufbringen (vgl. http://www.iwkoeln.de/tabID/122/ArticleID/23846/language/de-DE/Default.aspx , 20.09.10).

Volkswirtschaftliche Gesamtkosten durch Produktionsausfall

Neben den Lohnfortzahlungskosten, die im Unternehmen sofort im Sinne eines direkten Mittelabflusses zu spüren sind, ergibt sich als Folgeproblem, dass aus diesem Mitarbeiterausfall ein dementsprechender Produktivitätsausfall resultiert. Die Bundesanstalt für Arbeitsschutz und Arbeitsmedizin (BMAS) hat auf der Basis der Lohnkosten geschätzt, welche volkswirtschaftlichen Folgen sich aus der krankheitsbedingten Abwesenheit der

Arbeitnehmer für Deutschland ergeben. Danach verursachten 456,8 Mio. AU-Tage[22] in 2008 volkswirtschaftliche Produktionsausfälle in Höhe von 43 Mrd. bzw. 78 Mrd. Euro Ausfall an Bruttowertschöpfung (vgl. BMAS, 2010, S. 29). Die Berechnung beruht dabei auf einer durchschnittlichen AU-Dauer pro Arbeitnehmer von 12,7 AU-Tagen (vgl. ebd., S. 28). Im Vergleich zu 2007 (12,4 AU-Tage) und 2006 (11,6 AU-Tage) ist damit ein anhaltender Anstieg zu verzeichnen (vgl. BMAS, 2009, S. 28; BMAS, 2008, S. 28), was sich auch in einem Kostenanstieg niederschlägt. Im Vergleich zu den Vorjahren 2007 (40 Mrd. Prod.Ausfallkosten/73 Mrd. Bruttowertsch., vgl. BMAS, 2009, S. 27) und 2006 (36 Mrd. Prod.Ausfallkosten/65 Mrd. Bruttowertsch., vgl. BMAS 2008, S. 28) ergibt sich ein erneuter Kostenzuwachs, wenn auch nicht in dem Umfang, wie zwischen 2006 und 2007.

Die o.a. Kosten für das Jahr 2008 sind dabei hauptsächlich auf Erkrankungen des Muskel-und Skelett-Systems, des Atmungssystems und auf psychische Erkrankungen zurück zuführen (vgl. BMAS, 2010, S. 29). Abb. 14 zeigt hierzu eine Übersicht weiterer kostenverursachender Diagnosegruppen.

ICD 10	Diagnosegruppe	Arbeitsunfähigkeits-tage		Produktionsausfall-kosten		Ausfall an Brutto-wertschöpfung	
		Mio.	%	Mrd. €	vom Brutto-national-einkommen in %	Mrd. €	vom Brutto-national-einkommen in %
V	Psychische und Verhaltensstörungen	41,0	9,0	3,9	0,2	7,0	0,3
IX	Krankheiten des Kreislaufsystems	28,4	6,2	2,7	0,1	4,8	0,2
X	Krankheiten des Atmungssystems	61,2	13,4	5,8	0,2	10,4	0,4
XI	Krankheiten des Verdauungssystems	29,3	6,4	2,8	0,1	5,0	0,2
XIII	Krankheiten des Muskel-Skelett-Systems und des Bindegewebes	112,2	24,6	10,6	0,4	19,2	0,8
XIX	Verletzungen, Vergiftungen	61,9	13,6	5,8	0,2	10,6	0,4
alle anderen	Übrige Krankheiten	122,9	26,9	11,6	0,5	21,0	0,8
I - XXI	Alle Diagnosegruppen	456,8	100,0	43,0	1,7	78,0	3,1

Rundungsfehler

Abb. 14 - Produktionsausfallkosten und Ausfall Bruttowertschöpfung nach Diagnosegruppe 2008 (BMAS, 2010, S. 29)

---

[22] 456,8 Mio. AU-Tage = 35.845 Tsd. Arbeitnehmer x 12,7 AU-Tage (vgl. BMAS, 2010, S. 29)

Fazit

Die Höhe der hier aufgezeigten Kosten stellt aus volkswirtschaftlicher Sicht ein enormes Präventionspotential, sowie ein mögliches Nutzenpotential dar, können doch diese Kosten durch geeignete BGM-Maßnahmen gesenkt und damit die Produktivität gesteigert werden.

6.6.2 Kosten für Unternehmen durch verminderte Leistungsfähigkeit - Das Präsentismus-Phänomen

Während die o.a. Kosten durch Fehlzeiten (AU-Tage), also Abwesenheit verursacht werden, gibt es daneben ein meist vernachlässigtes Phänomen, welches in den Betrieben enorme Kosten verursacht. Nicht nur die Abwesenheit der Mitarbeiter ist mit hohen Kosten verbunden, sondern Kosten werden auch von Mitarbeitern verursacht, die zwar anwesend, aber aus unterschiedlichen Gründen nicht voll leistungsfähig sind. Man spricht in diesem Fall vom **Präsentismus**. Was können die Gründe (Ursachen) für eine solche verminderte Leistungsfähigkeit sein?

Ursachen der verminderten Leistungsfähigkeit (Auswahl):

Bereich	Ursachenbeispiele
Engagement	• **zu hohes Engagement** (z.B. aus Kollegialität (im Mitarbeiterteam) bzw. wegen zu hohem Leistungswillen (bei Führungskräften), unbedingt trotz Krankheit anwesend sein wollen)[23] • **fehlendes Engagement** (z.B. wegen geringer oder fehlender emotionaler Bindung an das Unternehmen → (siehe unten „Gallup-Studie")
Arbeitsbelastungen, Beschwerden und Probleme	• Belastungen am Arbeitsplatz (z.B. Arbeitsbedingungen, Über-/Unterforderung, Mehrarbeit) • Probleme am Arbeitsplatz (z.B. Konflikte mit Vorgesetzten oder Kollegen, Angst um Arbeitsplatz, fehlende Anerkennung) • psychische und soziale Probleme (z.B. Stress, Erschöpfung, Depressionen) • private oder familiäre Sorgen (z.B. finanziell, Familienangehörige) • körperliche Beschwerden (z.B. Schmerzen, Allergien, Erkältungen, Schlafstörungen) → (siehe unten „Fürstenberg-Studie")

Tab. 16 – Ursachen für Präsentismus (Eigene Zusammenstellung nach: Berger, 2010, S. 4ff; Nink, 2009, S.19f)

---

[23] Deutsche Studien kamen zu dem Ergebnis, das in 2007 ca. 71% der Deutschen mindestens einmal (vgl. http://www.bertelsmann-stiftung.de/cps/rde/xbcr/SID-B50D9DF7-E1079804/bst/2009-9%20 Vogt_Badura_Hollmann_abstr.pdf , 15.09.10) und sogar 46% der Befragten mehr als zweimal im Jahr in die Arbeit gegangen sind, obwohl sie sich richtig krank fühlten (vgl. Bödeker; Hüsing, 2008, S. 92).

Welche Kosten werden durch die verminderte Leistungsfähigkeit verursacht?

Im Rahmen einer Studie des Fürstenberg Instituts in Zusammenarbeit mit dem Meinungsforschungsinstitut forsa im November 2009 (**„Fürstenberg-Performance-Studie 2010"**), in der rund 1000 Arbeitnehmer aus verschiedenen Branchen bundesweit befragt wurden, gaben mehr als die Hälfte der Beschäftigten an, aufgrund unterschiedlicher Gründe (u.a. körperliche Beschwerden, psychosoziale Probleme, Probleme am Arbeitsplatz, siehe Tab. 16) in ihrer Leistungsfähigkeit um mindestens 15% eingeschränkt zu sein (vgl. Berger, 2010, S. 5ff). Bundesweit hochgerechnet, kosten die daraus resultierenden Produktivitätsverluste die Unternehmen in Deutschland jährlich 262 Mrd. Euro (vgl. ebd., S. 11). Zu diesem Ergebnis kam das Hamburgische WeltWirtschaftsinstitut[24], welches das Fürstenberg Institut bei der volkswirtschaftlichen Interpretation der Umfrageergebnisse unterstützte.

In der **Gallup-Studie „Engagement Index Deutschland 2008"** wird die emotionale Bindung der Beschäftigten an ihr Unternehmen gemessen. Hohe emotionale Bindung ist dabei ein Indikator für ein hohes Engagement der Arbeitnehmer. Je gebundener ein Arbeitnehmer ist, desto höher ist auch die Bereitschaft, sich für die Ziele des Arbeitgebers einzubringen. Der Erfolg eines Unternehmens ist demnach entscheidend davon abhängig, wie stark sich die Mitarbeiter mit dem Unternehmen verbunden fühlen (vgl. Nink, 2009, S. 2). Anders herum betrachtet, wirkt sich ein hoher Anteil an nicht oder nur wenig engagierten Mitarbeitern negativ auf das Unternehmensergebnis aus. In dieser 2008 durchgeführten repräsentativen Studie wurden knapp 2000 Arbeitnehmer in Deutschland befragt und entsprechend ihrer Antworten in drei Kategorien eingeteilt (vgl. ebd., S. 3f). Danach hatten nur 13% eine hohe emotionale Bindung (hohes Engagement), 67% eine geringe emotionale Bindung (produktiv, aber nur Dienst nach Vorschrift) und 20% keine emotionale Bindung (keine Engagement, Innere Kündigung) (vgl. a.a.O., S. 6). Die Folgen einer solchen Einstellung sind, neben dem Produktivitätsverlust, auch ein Anstieg der Fehlzeiten. Mitarbeiter mit geringer oder keiner emotionalen Bindung zum Arbeitsplatz, sind der Studie zu Folge bis zu doppelt so oft krank (vgl. a.a.O., S. 9). Die Gallup-Studie kommt insgesamt zu dem Ergebnis, dass der deutschen Wirtschaft durch fehlende oder nur geringe emotionale Bindung der Beschäftigten zu ihrem Unternehmen, allein aufgrund von Fehlzeiten, Kosten in Höhe von 16,2 Mrd. Euro im Jahr entstehen. Kosten, die vermeidbar sind und das insbesondere in der Personengruppe mit geringer emotionaler Bindung. Da diese <u>noch</u> produktiv ist, gibt es auch Ansatzpunkte,

---

[24] Weitere Informationen unter: http://www.fuerstenberg-institut.de/pdf/HINTERGRUNDPAPIER_ZUR_PM.pdf , (15.09.10)

um das vorhandene Produktivitätssteigerungspotential effektiv und kostensenkend zu nutzen. Für ein Unternehmen mit 500 Mitarbeitern kann sich hieraus ein Einsparpotential von ca. 245 Tsd. Euro ergeben (vgl. a.a.O., S. 10).

Fazit

Die Zahlen beider Studien belegen die Relevanz des „Präsentismus-Phänomens" und machen deutlich, wie wichtig es ist, dass sich die Unternehmen nicht nur um die **abwesenden** „Kranken", sondern mindestens genauso intensiv um die **anwesenden** „Gesunden" kümmern sollten. Ziel muss es dabei sein, eine hohe Bindung der Mitarbeiter an das Unternehmen zu erreichen. Diese Bindung ist u.a. auch abhängig von der Führungsqualität der Vorgesetzten (vgl. Nink, 2009, S. 19). Führung richtet sich primär an **„Anwesende"** und ist daher ein wichtiges Handlungsfeld und Aufgabenschwerpunkt im Kampf gegen den Präsentismus im Rahmen eines G-BGM.

7. Kosten-/Nutzen-Aspekte von BGM und eine Wirksamkeitsbetrachtung von BGM-Maßnahmen im Unternehmen

Während im vorangegangenen Kapitel eher gesamtwirtschaftliche Kostenaspekte betrachtet wurden, die auf krankheitsbedingte Fehlzeiten bzw. Präsentismus zurückzuführen sind, soll im vorliegenden Kapitel intensiver auf die Kosten-Nutzen-Aspekte eingegangen werden, die mit der Einführung eines BGM verbunden sind. Um die beschriebenen volkswirtschaftlichen Kosten zu senken und die Produktivität zu steigern, scheint eine Investition in ein BGM äußerst sinnvoll. Eine solche Investitionsentscheidung ist aber regelmäßig eine Unternehmensentscheidung, die abhängig ist vom zu erwartenden Aufwand und Ertrag des BGM und darüber hinaus, von der Überzeugtheit des Unternehmens von der Wirksamkeit der einzelnen BGM-Maßnahmen.

Bevor nun allerdings auf die einzelnen Kosten-, Nutzen- und Wirksamkeitsaspekte eingegangen wird, soll zunächst erörtert werden, warum sich Unternehmen allgemein für die Einführung eines BGM entschieden haben. Welche Gründe waren dabei ausschlaggebend für die Entscheidung?

Die hier zusammengetragenen Erwartungen der Unternehmen bilden den Ausgangspunkt für die daran anschließende Kosten-Nutzen-Betrachtungen. Geklärt wird dabei, ob die Erwartungen der Unternehmen theoretisch und praktisch erfüllt werden können.

Bei der Analyse des Nutzens von BGM ist es von entscheidender Bedeutung, wie wirksam einzelne Maßnahmen sind. Der Erfolg eines BGM und damit der Nutzen für das Unternehmen stellen sich erst ein, wenn die initiierten Maßnahmen in der praktischen Umsetzung entsprechend positive Wirkung erzielen und Erfolge zeigen. Daher schließt sich an die Kosten-Nutzen-Betrachtung eine Analyse der Wirksamkeit ausgewählter BGM-/BGF-Maßnahmen an. Dabei wird, um einen Bezug zum Gesundheitswesen herzustellen, u.a. ein Blick in die aktuelle Praxis einzelner Krankenhäuser geworfen.

Trotz aller positiven Effekte, die mit der Einführung eines BGM nachweislich einhergehen, ist die Einführungs- und Umsetzungsquote, wie bereits in der Einleitung beschrieben, in den deutschen Unternehmen sehr gering. Doch was hindert die Unternehmen daran ein BGM einzuführen? Für einen Versuch der Beantwortung dieser Frage werden die häufigsten Vorurteile und Hemmschwellen deutscher Unternehmen im Kapitel 7.6 zusammengestellt.

7.1 Gründe für die Einführung eines BGM aus Unternehmenssicht

Gute Gründe für die Einführung eines BGM in ein Unternehmen gibt es eine Vielzahl. Zunächst muss man hierzu die gesetzlichen Rahmenbedingungen (z.b. im Arbeits- und Gesundheitsschutz) zählen, die die Unternehmen verpflichten, sich mit der Thematik grundsätzlich auseinanderzusetzen (siehe Kap. 5). Neben diesen, eher standardisierten und für alle Unternehmen gleichermaßen geltenden „Gründen", gibt es in der realen Praxis eine Reihe von unternehmensindividuellen Motivationen, die den Ausschlag für die Einführung eines BGM geben. Im Folgenden werden einige dieser Motive benannt, ohne dass der Verfasser hierbei den Anspruch auf Vollständigkeit erhebt.

Die in der Literatur am häufigsten genannten Gründe haben dabei meist einen ökonomischen Hintergrund. So erhofft man sich vom BGM, eine Senkung der Fehlzeiten und des Krankenstandes, um damit die Personalkosten zu senken und die Produktivität zu steigern. Im Grunde geht es dabei in erster Linie um die Verbesserung des Betriebsergebnisses (vgl. Bödeker, 2010, S. 166). Diesbezüglich sehen moderne Unternehmen in der heutigen Zeit BGF bzw. BGM als wichtigen Bestandteil einer modernen Unternehmensstrategie (vgl. ebd.). Andere Unternehmen sehen sich, neben den ökonomischen Aspekten, immer stärker in der moralischen Verantwortung gegenüber den Mitarbeitern (vgl. a.a.O.). Für diese Unternehmen steht die Mitarbeitergesundheit und nicht nur der Mitarbeiter als Produktivitätsfaktor im Vordergrund. Diese Unternehmen gewichten die Fürsorgepflicht als Arbeitgeber sehr stark und orientieren sich primär am sozialen Nutzen von BGM (siehe Kap. 7.2.2). Die Erkenntnis der Notwendigkeit einer Unternehmenskultur, die den demographischen (alternde Belegschaft) und globalen (multikulturelle Belegschaft) Entwicklungen im Bereich der Personalentwicklung gerecht wird, veranlasst diese Unternehmen in ihr Personal in Form von BGM zu investieren. Eines der wichtigsten Hauptmotive auf der sozialen Ebene ist dabei der Wunsch der Unternehmen, eine Imageveränderung im Sinne einer Imageverbesserung zu bewirken. Gerade in Zeiten und Bereichen, in denen es immer schwerer wird, hochqualifizierte Mitarbeiter zu finden, kann ein positives Unternehmensimage ein entscheidender Wettbewerbsvorteil auf dem Bewerbermarkt sein.

In einer groß angelegten Studie der Initiative Gesundheit und Arbeit (iga) wurden im Jahr 2009 insgesamt 500 Betriebe befragt, was die Gründe für die Einführung eines BGM gewesen waren. Der überwiegende Teil (88%) nannte die soziale Verantwortung den Mitarbeitern gegenüber als Hauptmotiv. Als Nächstes (46%) wurde die Unterstützung durch die Krankenkasse genannt, weil sich mit deren Hilfe die BGM-Einführung einfacher gestaltet. Bemerkenswert dabei ist, dass die Einführung eines BGM nur in 30%

der Betriebe von Seiten der Krankenkasse angeregt wurde. Die Hauptinitiative ging meist von Management und Personalabteilung aus. Weiterhin war für 44% der Betriebe ein hohes Fehlzeitenniveau ein guter Grund dafür, ein BGM einzuführen (vgl. Bechmann et al., 2010, S. 14).

7.2 Kosten-Nutzen-Betrachtungen

7.2.1 Kostenaspekte

Zunächst soll betrachtet werden, welche Kosten im Rahmen der Einführung und der Umsetzung von BGM-Maßnahmen entstehen könnten. Dabei ist zu beachten, dass es hierbei betriebsindividuell zu Abweichungen kommen kann. Insofern stellt die folgende Auflistung nur eine Auswahl möglicher Kosten dar.

Die Kosten für BGM-Maßnahmen lassen sich für die folgenden **drei Ebenen** identifizieren.

1. Kosten auf der Mitarbeiterebene

- Erhöhte Aufmerksamkeit zur Unterstützung des BGM
- Erhöhter Zeitaufwand durch Teilnahme (Partizipation), insb. bei verantwortlichen Mitarbeitern
- Eigene Kostenbeteiligung bei bezuschussten Maßnahmen
- Temporäre Beeinträchtigung des persönlichen Befindens (z.B. Entzugserscheinungen während eines Raucherentwöhnungskurses)
- Temporäre körperliche Einschränkungen (durch Unfälle, Überlastungen, Konditionsschwächen, etc.)

2. Kosten auf Unternehmensebene

- Erhöhter Arbeits- und Planungsaufwand bei der Unternehmensleitung zur Einführung und Umsetzung von BGM (z.B. für Beschlussfassungen, Dienstvereinbarungen, Sitzungen)
- Marketingkosten (z.B. für interne, externe Kommunikation)
- Maßnahmenbezogene Kosten (z.B. für Hilfsmittel, Räumlichkeiten, Material)
- Strukturelle Kosten (z.B. für die Schaffung einer neuen Stelle (Leiter-BGM) incl. zugehöriger Infrastruktur (Büro, Ausstattung, Kommunikation, EDV, etc.))
- Interne Personalkosten

- o Für die Teilnahme an BGM-Maßnahmen (z.b. Umfragen, Informationsveranstaltungen)
- o Für Vorbereitung/ Durchführung von Maßnahmen (z.b. Gesundheitszirkel, Organisation)
- Externe Personalkosten
  - o z.b. für externe Berater, Trainer oder Moderatoren
  - o Erstellung von Gutachten, Gesundheitsberichten, Expertisen

3. Kosten auf Gesellschaftsebene

- Kosten für steuerliche Förderung gem. §3, Nr. 34 EStG
  - o bestimmte gesundheitsfördernde Maßnahmen bleiben bis 500,- Euro pro Mitarbeiter pro Jahr steuerfrei
- Kosten bei den Krankenkassen
  - o Förderung gem. §§ 20, 20a, 65a SGB V
  - o Unentgeltliche Dienstleistungen (z.b. Beratungen, Erstellung von Analysen und Gesundheitsberichten (teilw.), etc.)
- Kosten bei den Unfallversicherungsträgern
  - o Prämien gem. § 162 (2) SGB VII für „(…) Maßnahmen zur Verhütung von Arbeitsunfällen und Berufskrankheiten und für die Verhütung von arbeitsbedingten Gesundheitsgefahren (…)"
- Kosten bei den Rehabilitationsträgern gem. § 84 (3) SGB IX
  - o Prämien oder Bonus für die Einführung eines Betrieblichen Wiedereingliederungsmanagements

(Eigene Zusammenstellung nach: Spicker; Schopf, 2007, S. 52f, Kriener et al., 2004, S. 43; Göbel, 2004, S. 38)

Auf der Basis dieser Einteilung der Kostenebenen soll im Folgenden ein Blick auf die zu erwartenden Nutzeneffekte je Ebene geworfen werden.

7.2.2 Nutzenaspekte

Bei der folgenden Nutzen-Betrachtung wird sichtbar, dass sich bei der Einführung und Umsetzung eines BGM in ein Unternehmen nicht nur eine Win-Win-Situation zwischen Unternehmen und beschäftigten Mitarbeitern ergibt (vgl. Bonitz et al., 2007, S. 22), sondern dass es sich unter Berücksichtigung der gesellschaftlichen Ebene und der hier sichtbaren Nutzeneffekte, u.a. für die Sozialversicherungsträger, sogar um eine WIN-WIN-WIN-Situation handelt (vgl. Baumanns, 2009, S. 43ff). Das heißt, dass nicht nur die Unternehmen und die Mitarbeiter im Unternehmen profitieren, sondern auch die Gesellschaft.

1. Nutzen auf Mitarbeiterebene

- Verbesserung des Gesundheitszustandes und des Wohlbefindens
- Verbesserung der Kompetenz in Gesundheitsfragen
- Verlängerung der Lebensarbeitszeit bei gleichzeitiger Erhöhung der Lebenserwartung
- Steigerung der Arbeits- und Leistungsfähigkeit
- Verbesserung der Arbeitsbedingungen, Reduktion der körperlichen Belastung
- Optimierung der Arbeitsanforderungen
- Steigerung der Freude an der Arbeit (Selbstverwirklichung, Stolz, Motivation)
- BGM wird als Wertschätzung erlebt (Erhöhung der Bindung an das Unternehmen)
- Erhöhung der Lebensqualität und Lebensfreude
- Verbesserung der Selbstwahrnehmung und des Selbstwertgefühls
- Verbesserte Vereinbarkeit von Familie und Beruf

2. Nutzen auf Unternehmensebene

- Ökonomischer Nutzen:
  o Monetäre Erfolge (ROI) (siehe Kap. 7.3)
  o Erhöhung der Produktivität
  o Senkung der Krankenstände und Fehlzeiten
  o Senkung der Kosten für Lohnfortzahlungen, Rekrutierung
  o Senkung systemisch bedingter Kosten, durch verbesserte Strukturen und Prozesse
  o Verbesserung der Produkt- und Dienstleistungs- bzw. Behandlungsqualität
  o Steigerung der Kunden- bzw. Patientenzufriedenheit
  o Festigung bzw. Verbesserung der Marktposition

- Sozialer Nutzen:
  o Verbesserung der Mitarbeitergesundheit
  o Verlängerung der Lebensarbeitszeit bei gleichzeitiger Erhöhung bzw. Erhaltung der Leistungsfähigkeit
  o Verbesserung der Mitarbeitermotivation

o Positives Betriebsklima

o Verbesserung der Kommunikation, Kooperation, Partizipation

o Verbesserung des Unternehmensimages

o Erhöhung der Bindung an das Unternehmen (Senkung von Präsentismus und Fluktuation)

o Wettbewerbsvorteil auf dem Bewerbermarkt durch gesteigerte AG-Attraktivität

3. Nutzen auf Gesellschaftsebene

• Senkung der Kosten für Produktivitätsverlußte und Ausfall an Bruttowertschöpfung

o Demografieorientierte Förderung der Arbeits- und Leistungsfähigkeit der Bevölkerung

o Verlängerung der Lebensarbeitszeit

o Verbesserung der Integration von Menschen mit Migrationshintergrund

o Verbesserung der Wiedereingliederung für Langzeiterkrankte und Menschen mit Behinderung (Erhalt der Arbeitskraft für den Arbeitsmarkt)

• Senkung der Kosten für Heilbehandlung → Träger: GKV

• Verlängerung der Beitragszeiten → Träger: GKV, GRV

• Senkung der Kosten für Lohnersatzleistungen → Träger: GKV

• Senkung der Kosten für unfallbedingte Entschädigungsleistungen → Träger: GUV

• Senkung der Kosten für krankheitsbedingte Frühberentung → Träger: GRV

• Senkung der Kosten für Leistungen zur Teilhabe → Träger: Reha-Träger gem. §6 SGB IX

(Eigene Zusammenstellung nach: Kriener et. al., 2004, S. 44ff; Amon-Glassl, 2003, S. 44; Zok, 2009, 94ff; Lück et al., 2009, S. 77ff; Winter; Singer, 2009, S. 166ff)

7.3 Ökonomischer Nutzen

Für die Unternehmen ist, neben den o.a. Nutzeneffekten, das Verhältnis von Aufwand und Ertrag von besonderem Interesse (vgl. Lück, 2009, S. 82). Neben den „weichen" sozialen Nutzeneffekten gibt es sog. „harte" ökonomische Effekte, die sich zum Teil in Kennzahlen ausdrücken, entsprechend belastbar messen und interpretieren lassen. So z.B. das Kosten-Nutzen-Verhältnis (Return on Investment – ROI). Um den Erfolg von BGM in messbaren und monetären Größen darstellen zu können, bedient man sich u.a. der folgenden Kennzahlen:

• Senkung des Krankenstandes

- Reduktion der Fehlzeiten
- Senkung der Heilbehandlungskosten (bei Krankenkassen)
- Einsparung bei Lohnfortzahlungen
- Produktivitätssteigerung
- Return on Investment (ROI)

Der ökonomische Nutzen von BGF-Maßnahmen wurde bereits in einer Vielzahl von Studien belegt. Die meisten dieser Studien stammen aus dem US-amerikanischen Raum. Es handelt sich dabei um unabhängige Studien, die belegen, dass die Krankheitskosten (Kosten der Heilbehandlung) und auch die krankheitsbedingten Fehlzeiten deutlich reduziert werden können (vgl. Bödeker, 2010, S. 168). Im Ergebnis wurde festgestellt, dass durch gesundheitsförderliche Maßnahmen die Krankheitskosten um durchschnittlich 26,1% gesenkt werden konnten. Der ROI liegt dabei in Bezug auf die Einsparung von Krankheitskosten zwischen 1:2,3 und 1:5,9. Das bedeutet, dass für jeden investierten Dollar, Einsparungen in Höhe des 2-6fachen möglich sind (vgl. Kreis; Bödeker, 2003, S. 32f; Sokoll et al., 2008, S. 58f). Darüber hinaus werden die krankheitsbedingten Fehlzeiten um durchschnittlich 26,8% reduziert (vgl. Sokoll et al., 2008, S. 59). Der ROI in Bezug auf die Einsparung durch Fehlzeitenreduktion liegt zwischen 1:2,5 bis 1:4,85 (vgl. Kramer; Bödeker, 2008, S. 5). In einer Studie lag der ROI sogar bei 1:10,1 (vgl. Kreis; Bödeker, 2003, S. 32). Die Fokussierung der amerikanischen Studien auf Krankheitskosten ist der Tatsache geschuldet, dass amerikanische Unternehmen Versicherungsverträge für ihre Mitarbeiter direkt mit Krankenkassen abschließen können. Die Höhe der Beiträge, die die Unternehmen für ihre Mitarbeiter zahlen, ist dabei von der tatsächlichen Inanspruchnahme abhängig. Ein sinkender Krankenstand sorgt für geringere direkte Krankheitskosten (Heilbehandlungskosten) beim Versicherer. Diese Einsparungen werden als Beitragssenkung an das Unternehmen weitergegeben. Demnach wirkt sich in diesem System ein sinkender Krankenstand auch direkt kostenmindernd aus.

7.3.1 Relevanz der Ergebnisse für deutsche Unternehmen

Eine Übertragung einer derartigen Vertragskonstruktion auf deutsche Unternehmen wäre zwar theoretisch für die hiesige Praxisbeurteilung denkbar, allerdings ist die praktische Ausweisung einer solchen Kostenreduktion, aufgrund eines anderen Kassensystems nicht möglich und daher im Unternehmen nicht direkt spürbar. Die Betrachtung des ROI in Bezug auf Krankheitskostensenkung sollte aber in Deutschland für Krankenkassen von großem Interesse sein, da diese durch gesundheitsfördernde Maßnahmen der Betriebe von sinkenden Krankheitskosten, in Form von Ausgabensenkungen profitieren. Diese Einsparungen können zwar nicht, wie in den USA beitragsmindernd zurückgegeben werden, allerdings haben die Krankenkassen die Möglichkeit gem. §65a (2) SGB V entsprechende Bonuszahlungen an die Unternehmen zu leisten, die gesundheitsfördernde Maßnahmen erfolgreich anbieten und umsetzen (vgl. Kramer; Bödeker, 2008, S. 7).

Praxis-Ergebnisse aus Deutschland

Auch hierzulande gibt es Studien zum Thema „Kosten und Nutzen von BGM" mit sehr interessanten und eindrucksvollen Ergebnissen. Bei ROI-Betrachtungen deutscher Unternehmen ist der Bezug auf Krankheitskosten, aus o.a. Gründen, von untergeordneter Bedeutung. In deren ROI-Kalkulation fließen daher auf der Kostenseite die Ausgaben für Personal- und Prozesskosten und zur Verbesserung der Arbeitsbedingungen ein. Auf der Nutzenseite stehen die Erlöse, die erzielt werden, z.b. durch verbesserten Arbeits- und Gesundheitsschutz, verbesserte Arbeitsbedingungen, geringeren Krankenstand, höheres Mitarbeiterengagement und Produktivitätssteigerung (vgl. Bonitz et al., 2007, S. 48).

In einer langjährigen Studie[25] des AOK-Bundesverbandes wurden in den Jahren 2003 bis 2007 über 200 Betriebe, die bereits einige Jahre BGM betrieben haben, nach dem wirtschaftlichen Nutzen von BGM befragt. U.a. wurden dabei auch Kosten-Nutzen-Betrachtungen angestellt und Daten über Lohnfortzahlungseinsparung, Produktivitätssteigerung und Kosten-Nutzen-Verhältnis (ROI) erhoben (vgl. Bonitz et al., 2007, S. 42). Die Studie schloss Unternehmen aus unterschiedlichen Branchen in Deutschland ein, darunter knapp 10% aus dem Gesundheits- und Sozialwesen (vgl. ebd., S. 17).

Die Studie kam zu folgenden Ergebnissen:

In Bezug auf Lohnfortzahlungseinsparungen, durch die Senkung von Fehlzeiten, gaben Unternehmen mit mehr als 500 Mitarbeiter an, Einsparungen von 140 bis 1.000 Tsd. Euro erzielt zu haben. Bei Unternehmen mit weniger als 500 Mitarbeiter, darunter auch ein Unternehmen aus dem Gesundheitswesen (100 Tsd. Euro Einsparung), lagen die Einsparungen zwischen 10 und 320 Tsd. Euro (vgl. a.a.O., S. 43f). Lohnfortzahlungseinsparungen gehen auch auf ein sinkendes Krankenstandniveau zurück. Die befragten Unternehmen konnte Krankenstandssenkungen zwischen 3 und 5 Prozentpunkten erzielen (vgl. Eberle et al., 2005, S. 69). Hinsichtlich einer Produktivitätssteigerung aufgrund ge-

---

[25] Innerhalb der Studie werden die Begriffe BGM und BGF synonym verwendet (vgl. Eberle et al., 2005, S. 5; Bonitz et al., 2007, S. 4).

sünderer und motivierterer Mitarbeiter wurden, in Abhängigkeit von Branche und Un-ternehmensgröße, Steigerungen von ca. 4 bis 250 Tsd. Euro erreicht (vgl. Bonitz et al., 2007, S. 46). Konkrete Angaben zu erreichten Kosten-Nutzen-Effekten (ROI) konnten nur wenige der befragten Unternehmen machen, da die Ermittlung des ROI eine kom-plexe Berechnung erfordert, die nur mit Hilfe umfangreicher Analysetools leistbar ist. Die Unternehmen, die Angaben machen konnten, gaben unabhängig von Branche und Mitarbeiteranzahl einen ROI zwischen 1:3 und 1:4 an (vgl. ebd., S. 49).

7.4 Voraussetzungen und Erfolgsfaktoren für die Wirksamkeit von BGM-Maßnahmen

In Bezug auf die Wirksamkeit von BGM-Maßnahmen ist zunächst hervorzuheben, dass sich Erfolge meist erst zeitversetzt einstellen und messen lassen (vgl. Baumanns, 2009, S. 119). BGM ist kein kurzfristiges Projekt, sondern ein auf Dauer angelegter und auf Nachhaltigkeit ausgerichteter Prozess. Es ist unrealistisch „(…) umgehend einschnei-dende Ergebnisse aufgrund der Maßnahmen (…)." (Badura et al., 1999, S. 115) zu erwar-ten. Kosten- und Krankenstandsenkungen, Motivations- und Verhaltensänderungen oder auch Strukturveränderungen brauchen ihre Zeit (vgl. ebd.). Erste Erfolge stellen sich erst nach 3 bis 4 Jahren ein (vgl. Schmeisser; Bruch, 2008, S. 58). Andere Autoren gehen davon aus, dass sich bereits nach 2 Jahren messbare und vor allem belastbare Er-gebnisse feststellen lassen, wenn BGM konsequent und professionell durchführt wird (vgl. Spicker; Schopf, 2007, S. 79).

Insgesamt ist für die Beurteilung der Wirksamkeit und der Effektivität des BGM eine prozessbegleitende Evaluation von Anfang an eines der entscheidendsten Kriterien. Da-rüber hinaus sind u.a. zielgruppengerechte Angebote, eine aktive Unterstützung durch die Unternehmensleitung sowie die Beteiligung und Integration der Mitarbeiter in den BGM-Prozess, entscheidende Faktoren für die Wirksamkeit (vgl. Winter; Singer, 2009, S. 170). Der Auf- bzw. Ausbau eines geeigneten Kommunikationssystems stellt sicher, dass möglichst viele Mitarbeiter informiert und erreicht werden können (vgl. Schmeisser; Bruch, 2008, S. 59). Da innerbetriebliche Angebote während der Arbeitszeit effektiver sind als Angebote in der Freizeit, ist den Mitarbeitern die Teilnahme während der Ar-beitszeit zu ermöglichen (vgl. Amon-Glassl, 2003, S. 45). In vielen Fällen wird der zeitli-che und organisatorische Aufwand im Rahmen des BGM bei Weitem unterschätzt. Um Wirksamkeit und Effektivität, aber insbesondere die Nachhaltigkeit des gesamten BGM-Systems sicherzustellen, ist es notwendig, klare personelle Verantwortlichkeiten festzulegen. Diese sollten konstant beibehalten werden und nicht einem ständigen Wechsel unterliegen. Experten gehen davon aus, dass Effektivität und Erfolg eines BGM in entscheidendem Maße davon abhängt, ob es im Unternehmen eine Person gibt, die sich der Sache mit hohem Engagement und Fachkenntnis annimmt (vgl. Göbel, 2004, S. 37). Dieser „Vollzeit-Gesundheitsmanager" (Leiter-BGM) im Unternehmen benötigt für seine verantwortungsvolle Arbeit im Betrieb entsprechende Qualifikationen und Kompetenzen (siehe dazu auch Kap. 9.3.1.2 „Leiter-G-BGM" und Kap. 10.4).

7.5 Wirksamkeit von verhaltens- und verhältnisorientierten BGF-Maßnahmen im BGM

„Für die Akzeptanz von Maßnahmen der betrieblichen Gesundheitsförderung (…) ist deren Wirksamkeit gemessen an der Verbesserung der Gesundheit der Beschäftigten (…) von besonderer Bedeutung." (Kreis; Bödeker, 2003, S. 5). BGM und BGF leben von der Überzeugung, der Partizipation und der Kooperationsbereitschaft der Mitarbeiter. Es ist nicht zielführend, einzelne Maßnahmen nur um ihrer selbst Willen anzubieten, ohne dabei sicher zu sein, dass diese Maßnahmen auch von den Mitarbeitern angenommen werden. Maßnahmen, die mittelfristig keine oder nur eine unwesentliche Verbesserung der Mitarbeitergesundheit erzeugen, wirken sich negativ auf die Teilnahmemotivation der Mitarbeiter aus und kosten nur Zeit und Geld. Im ungünstigsten Fall stellen die Mitarbeiter solche Maßnahmen oder im Extremfall, wenn mehrere ineffektive Maßnahmen angeboten wurden, sogar das ganze BGM in Frage. Unternehmensleitung und vor allem die Mitarbeiter müssen also überzeugt sein von deren Wirksamkeit, um sich engagiert zu beteiligen.

Die Initiative Gesundheit und Arbeit (iga) hat im Rahmen einer umfangreichen Literaturstudie in den Jahren 2003 und 2006 versucht, möglichst alle relevanten wissenschaftlichen Studien, die u.a. den gesundheitlichen Nutzen von BGF-Maßnahmen untersuchten und veröffentlicht wurden, zu erfassen. Insgesamt konnten über 40 wissenschaftliche Übersichtsarbeiten (Reviews) zusammengetragen werden, die über 1000 Studien erfassen. Diese BGF-Studien umfassen die Interventionsbereiche Maßnahmen zur Gesundheitsförderung und des Wohlbefindens, Prävention psychischer Erkrankungen und Prävention von Muskel-Skelett-Erkrankungen (vgl. Sokoll et al., 2008, S. 10).

Auf eine detaillierte Vorstellung aller Ergebnisse soll, aufgrund des Umfangs, an dieser Stelle verzichtet werden. Es werden aber in der folgenden Zusammenstellung **einige, der** (aus Sicht des Verfassers) **praxisrelevantesten** (hier speziell auch für das in Kap. 10

betrachtete Krankenhaus) **Erkenntnisse aus diesen drei Interventionsbereichen** aufgeführt.

Wirksamkeit von Maßnahmen zur Gesundheitsförderung und des Wohlbefindens

- Maßnahmen zur Förderung körperlicher Aktivität

  o Bereits kleine Maßnahmen haben große Wirkung (z.B. Hinweisschilder, die zur Treppennutzung auffordern).

  o Individuelle Bewegungsprogramme am Arbeitsplatz wirken vorbeugend auf Ermüdungs- und Erschöpfungszustände.

  o Auf das individuelle Bewegungsverhalten der Mitarbeiter angepasste intensive Schulungen, wirken besser als allgemein angelegte Schulungen zum Thema körperliche Bewegung.

  o Angebote, wie betriebseigenes Fitnessstudio bzw. Fitnessangebote am Ort können in ihrer Wirkung, durch entsprechende Schulungen und Informationen verstärkt werden.

- Maßnahmen zur Förderung gesunder Ernährung

  o Angebot eines gesunden Kantinenessens fördert die gesunde Ernährung der Mitarbeiter.

  o Nachhaltigkeit, d.h. das Ziel, dass sich die Mitarbeiter auch in ihrer Freizeit gesund ernähren, wird man aber nur erreichen, wenn die gesunde Ernährung auch in entsprechenden Informationen und Schulungen (Workshops, Kochkurse) thematisiert wird.

- Maßnahmen zu Raucherentwöhnung

  o Im Betrieb verhängte Rauchverbote reduzieren den Zigarettenkonsum während der Arbeitszeit, inwieweit sie aber auch die Aufhörrate steigern, ist nicht eindeutig belegt.

  o Selbsthilfematerialien u. soziale Unterstützung (von Kollegen) versprechen wenig Erfolg.

  o Anreizsysteme erhöhen zwar die Teilnehmerzahl, allerdings nicht die Aufhörrate.

- Ergonomische Maßnahmen

  o Als hinreichend belegt gilt der positive Einfluss ergonomischer Arbeitsplatzgestaltung im Hinblick auf z.B. körperliche Beschwerden und Fehlzeitenquote.

  o Die Wirksamkeit ergonomischer Arbeitsplatzgestaltung kann allerdings verstärkt werden, wenn sie in Kombination mit zusätzlichen Maßnahmen (z.B. Bewegungsangebote am Arbeitsplatz, Pausen- und Pausenraumgestaltung, etc.).

(Eigene Zusammenstellung nach: Sokoll et al., 2008, S. 11ff u. 25f)

Wirksamkeit von Maßnahmen zur Prävention psychischer Erkrankungen

- Individuelle Stressinterventionen (z.B. Entspannungstechniken, Zeitmanagement, Bewegungsprogramme) erhöhen die Kompetenz der Mitarbeiter zur Vorbeugung von und den Umgang mit Stress.

- Organisationsbezogene Interventionen (z.b. Arbeitsprozessoptimierung, Lärmbelastung senken, Jobrotation) verändern die organisatorische, soziale und technische Arbeitsumwelt und tragen so zur Stressminimierung bei den Mitarbeitern bei.

- Als eine entscheidende Erkenntnis aus den Studien ist zu verzeichnen, dass individuumsbezogene Maßnahmen nur eine sehr begrenzte Wirkung haben, wenn nicht die organisationsbedingten, stressverursachenden Faktoren mit beeinflusst werden.

(Eigene Zusammenstellung nach: Sokoll et al., 2008, S. 31ff)

Wirksamkeit von Maßnahmen zur Prävention von Muskel-Skelett-Erkrankungen

- Schulungen/Trainings, die auf reine Wissensvermittlung in Unterrichtsform ausgerichtet sind, haben sich als ungeeignet erwiesen.

- Der Einsatz von Lumbalen Stützgürtel zur Prävention von Erkrankungen des unteren Rückens hat sich in der Praxis als nur begrenzt wirksam erwiesen.

- Der Einsatznutzen von technischen Hilfsmitteln (z.B. ergonomische Tatstaturen, Bildschirmfilter) ist noch nicht hinreichend belegt.

- Die größten Wirksamkeitsnachweise lieferten körperliche Übungs- und Bewegungsprogramme in Bezug auf Schmerzreduktion, Erkrankungshäufigkeit und damit auf die Verminderung von Fehlzeiten. Hier wird betont, dass dabei die kontinuierliche und regelmäßige Nutzung solcher Angebote über einen längeren Zeitraum von großer Bedeutung ist.

- Empfehlenswert sind in diesem Bereich sog. Mehrkomponentenprogramme, „(…) die gleichzeitig sowohl individuelles Verhalten als auch die Verhältnisse in der Arbeitsumgebung adressieren (z.B. eine Kombination ergonomischer Maßnahmen, bestehend aus Schulung, technischen Hilfsmitteln, arbeitsorganisatorischen Veränderungen und Umgestaltungsmaßnahmen am Arbeitsplatz). Die aktive Beteiligung der Beschäftigten an allen programmrelevanten Entscheidungsprozessen kann dabei zur Wirksamkeit der Intervention erheblich beitragen." (Sokoll et al., 2008, S. 55).

(Eigene Zusammenstellung nach: Sokoll et al., 2008, S. 31ff u. 55)

Eine entscheidende Erkenntnis aus der iga-Literaturschau, die sowohl Studien mit verhaltens- als auch verhältnisorientierten Maßnahmen erfasst ist, dass der überwiegende Teil der Studien im Verhaltensbereich ansetzt. Die vergleichsweise geringe Anzahl an Studien, die die Wirksamkeit verhältnisorientierter Maßnahmen untersuchten, lieferten z.T. keine bis wenig belastbare Ergebnisse. Die Gründe hierfür liegen zum Teil u.a. in methodischen Schwächen, an zu vielen beeinflussenden aber nicht berücksichtigten Faktoren, an unternehmensindividuellen Rahmenbedingungen oder auch an zu kurzen Betrachtungszeiträumen. Eine Übertragung auf andere Unternehmen ist anhand solcher

Ergebnisse nur sehr eingeschränkt möglich. Einigkeit herrscht bei den Autoren der meisten Studien, die sowohl verhältnis- als auch verhaltensorientierte Aspekte berücksichtigten darüber, dass für BGF-Maßnahmen eine größere Wirksamkeit erreicht werden kann, wenn verhaltens- und verhältnisorientierte Maßnahmen multikausal (in sog. Mehrkomponentenprogrammen) kombiniert werden. Auf diesem Gebiet gibt es allerdings noch erheblichen Forschungsbedarf (vgl. Sokoll et al., 2008, S. 11 - 56; Kreis; Bödeker, 2003, S 40ff).

7.5.1 Wirksamkeit von BGM-Maßnahmen im Krankenhaus

Es folgen einige Praxisbeispiele, an denen die Wirksamkeit einzelner BGM-Maßnahmen im Krankenhaus deutlich wird. So erreichte das **Klinikum Lippe Detmold** in Detmold durch das Angebot an Präventionsschulungen zum Thema „Rückengesundheit" im Rahmen des Modellprojektes „Rückenschonendes Arbeiten in den Pflegeberufen des Klinikums Lippe-Detmold" nicht nur, dass die Pflegekräfte fortan rückenschonendere Techniken in ihren Arbeitsalltag einbauten, sondern es konnte, durch die damit verbundene Verbesserung der Pflegequalität, auch die Patientenzufriedenheit gesteigert werden (vgl.   http://www.aok-bv.de/gesundheit/vorsorge/betriebe/index_00804.html, 28.09.10).

Im **Krankenhaus St. Bernward** in Hildesheim sorgten BGM-Maßnahmen für dauerhafte Verbesserungen der Arbeitsbedingungen. So z.B. wurden unter Begleitung eines Steuerkreises Gesundheit u.a. folgende Maßnahmen umgesetzt. Mithilfe des neu gegründeten Küchenausschusses wurde die Verpflegung verbessert. Die neu gegründete Arbeitsgruppe „Ergonomie" sorgte für ergonomischen Arbeitsplatzgestaltung und Planungsablaufverbesserung (vgl. http://www.aok-bv.de/gesundheit/vorsorge/betriebe/ index_00807.html , 28.09.10).

Im **ALICE-HOSPITAL** in Darmstadt, in dem es bereits vor über 100 Jahren erste Ansätze von gesundheitsfördernden Maßnahmen[26] gab, hat die Umsetzung eines Gesundheitsförderungskonzepts große Erfolge erzielt, die die Wirksamkeit von BGM-Maßnahmen eindrucksvoll belegen. Das Konzept enthält zielgerichtete Maßnahmen u.a. für gesunde Ernährung, rückenschonende Arbeit, Stressreduktion und Bewegung. Es wurden entsprechende organisatorische und räumliche Rahmenbedingungen geschaffen.

---

[26] Die Gründerin Prinzessin Alice von Hessen und bei Rhein verpflichtete die damaligen Pflegekräfte, sich zur Erhaltung ihrer Kräfte täglich für mindestens eine Stunde an der frischen Luft zu bewegen (vgl. http://www.alice-hospital.de/aktuell/presse/artikel/fw171109.html , 28.09.10).

„Die Wirkung des Gesundheitsförderungskonzepts unter den Mitarbeitern des Alice-Hospitals lässt sich an der Dauer der Betriebszugehörigkeit, der Fluktuation und der Anzahl der Krankheitstage sehen. So lag der Krankenstand der Beschäftigten bei 1,6 Prozent laut Gesundheitsreport 2007 der Barmer Ersatzkasse. Rund 50 Prozent der Beschäftigten sind seit mehr als zehn Jahren am Alice-Hospital beschäftigt. Die Zufriedenheit der Mitarbeiter wirkt sich vor allem auch auf die Zufriedenheit der Kunden aus." (http://www.alice-hospital.de/aktuell/presse/artikel/fw171109.html , 28.09.10).

7.6 Vorurteile und Hemmschwellen gegenüber BGM im Unternehmen

Bezugnehmend auf die Gründe für die Einführung eines BGM in Kapitel 7.1, sollen im Folgenden einige Punkte zusammengestellt werden, die aus Sicht der Unternehmen gegen ein BGM sprechen. Zunächst ist in den Unternehmen festzustellen, dass die Einführung einzelner BGF-Maßnahmen keine große Hürde darstellt, da hier der Aufwand überschaubar erscheint. Im Hinblick auf die Einführung eines professionellen BGM-Systems gibt es allerdings aus Unternehmenssicht einige, mehr oder weniger nachvollziehbare Bedenken, deren wahre Hintergründe in tiefergehenden Analysen hinterfragt werden müssen. In der bereits in Kapitel 7.1 zitierten iga-Studie wurden die 500 Unternehmen auch befragt, warum sie sich gegen die Einführung eines BGM entschieden haben. Die häufigsten Gründe waren:

- Vorrang des Tagesgeschäftes (88%)
- Fehlende Ressourcen (76%)
- Andere Themen sind wichtiger (73%)
- Fehlende Mitarbeitermotivation (52%)
- BGM war bislang noch kein Thema (51%)
- Fehlendes persönliches Engagement (51%)
- Zu hohe Kosten (48%)

(vgl. Bechmann et al., 2010, S. 20)

8. Soziale Aspekte und ihre Bedeutung für die Einführung eines BGM

Der vorliegenden Studie liegt ein Ansatz eines Ganzheitlichen BGM (G-BGM) zu Grunde (siehe Kap. 9). Ganzheitlichkeit bedeutet, nach Auffassung des Verfassers, mehr als nur die Verknüpfung von verhaltens- und verhältnisbezogenen Maßnahmen oder von salutogenetischen und pathogenetischen Ansätzen (vgl. ENWHP, 1997, S. 4). Ganzheitlich bedeutet nicht nur, das Unternehmen als System und die Mitarbeiter als beeinflusste bzw. beeinflussende Teilsysteme zu betrachten. Ganzheitlichkeit ergibt sich für ein G-BGM aus einer Vielzahl aufeinander abgestimmter Maßnahmen. Ganzheitlichkeit bedeutet dabei insbesondere, den Menschen mit all seinen Eigenschaften, Wünschen und Möglichkeiten zu betrachten. Die Menschen sind es, an die sich ein BGM-System vorrangig richtet. Sie sind die „Zielpersonen". Um ein passgenaues BGM zu betreiben, gehört zu einer ganzheitlichen Sicht- und Vorgehensweise, die Fähigkeit und der Wille, Menschen in ihren Eigenarten und Unterschieden holistisch wahrzunehmen und auf die jeweils resultierenden Bedürfnisse einzugehen. Das bedeutet, sich mit den Unterschiedlichkeiten des menschlichen Daseins professionell auseinanderzusetzen, will man die Menschen im Kern erreichen. Die Menschen (und in Bezug auf BGM die Mitarbeiter) sind verschieden, z.b. hinsichtlich Alter, Geschlecht, ethnischer Herkunft, Bildung oder Status. „Wird diese Verschiedenheit (Diversity) als Potenzial wahrgenommen und gezielt gefördert (…), kann dies zu einem wesentlichen Erfolgsfaktor für die Organisation werden (…)." (Spicker; Schopf, 2007, S. 65). Ein G-BGM ist damit auch ein diversityorientiertes BGM. Im Rahmen dieser Studie werden, in den folgenden Kapiteln, einige dieser Diversitäten menschlichen Daseins intensiver betrachtet. Ähnlich wie in der praktischen Umsetzung der BGM-Einführung, wird der Verfasser an dieser Stelle Prioritäten bei der Zielgruppenauswahl und -bearbeitung setzen (vgl. ebd., S. 66). Er konzentriert sich daher insbesondere auf die Merkmale Alter, Geschlecht und kulturelle Herkunft. Bei der Betrachtung der einzelnen Merkmale, wird bei der Bezugnahme auf die Verhältnisse im Krankenhaus der Focus auf die Berufsgruppe der Pflegekräfte gelegt, da diese aufgrund ihrer Größe im Verhältnis zur Gesamtpersonalzahl[27] eine repräsentative Gruppe für Gruppenanalysen im Krankenhaussektor darstellt.

---

[27] Im Jahr 2008 waren in 2083 Krankenhäuser (stationäre Versorgung) insgesamt 1,086 Mio. Menschen beschäftigt (ca. 80% Frauen). Davon waren 375 Tsd. Gesundheits- und Krankenpfleger und 17,5 Tsd. Krankenpflegehelfer (vgl. BMG, 2010, S. 100 - 109).

Pierre Reiter

8.1 Das Alter – Alters- und Alternsgerechtes BGM

Die demografische Entwicklung in Deutschland zeigt einen unübersehbaren Trend in Richtung „Überalterte Gesellschaft". Dieser Entwicklung müssen sich die Unternehmen stellen, wollen sie die Wettbewerbsfähigkeit und damit die Existenz langfristig sichern. Im Folgenden werden zum Einen die Altersentwicklung in Deutschland und zum Anderen die Altersentwicklung im Gesundheitswesen (speziell in der Krankenpflege) betrachtet.

8.1.1 Altersentwicklung in Deutschland

Abb. 15 zeigt die Altersentwicklung der deutschen Bevölkerung innerhalb der letzten knapp 60 Jahre. Man kann klar erkennen, dass sich die Bevölkerungspyramide insbesondere im unteren Bereich stark verändert hat, es also vergleichsweise wenig Menschen im Alter von 0 bis 30 Jahren gibt und dass die Bevölkerungsgruppe der 35 bis ca. 57 Jährigen die zahlenmäßig Größte ist. Das bedeutet, dass die Bevölkerung in den letzten Jahren erheblich gealtert ist. Zwei entscheidende Gründe sind für diese Entwicklung maßgeblich verantwortlich. Zum Einen der Geburtenrückgang, d.h. es werden weniger Menschen geboren und dieser Trend hält auch weiter an. Zum Anderen steigt die Lebenserwartung, was bedeutet, dass es immer mehr alte Menschen im Vergleich zu den Jüngeren geben wird (vgl. Statistisches Bundesamt, 2006).

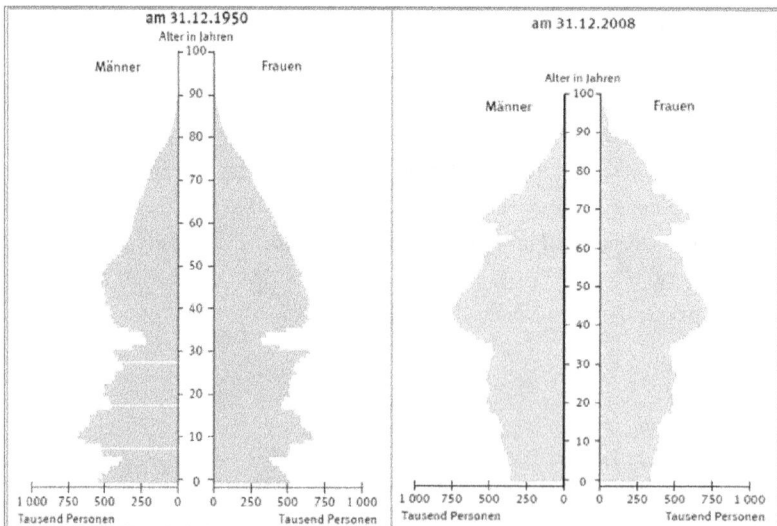

Abb. 15 - Alterspyramiden Deutschland 1950 und 2008 (Statistisches Bundesamt, 2009, S. 15)

Ein Ausblick in das Jahr 2060 zeigt, wie sich diese momentane Entwicklung auf die Bevölkerungsstruktur in der Zukunft auswirken wird (siehe Abb. 16).

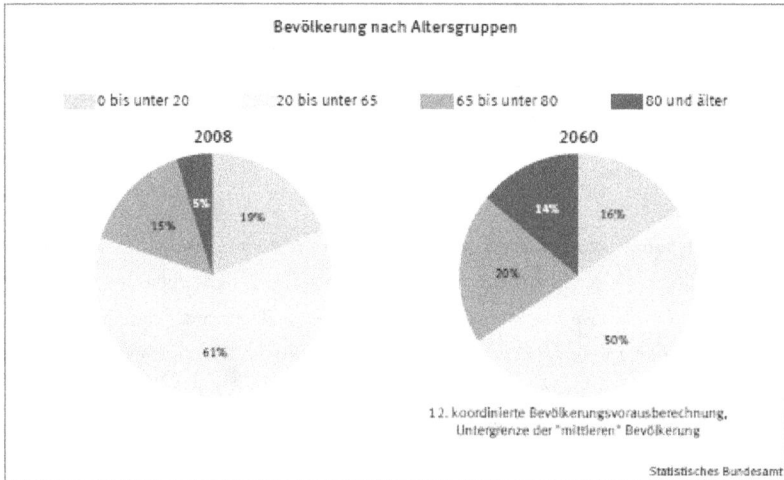

Abb. 16 – Bevölkerungsberechnung 2060 (Statistisches Bundesamt, 2009, S. 16)

Man erkennt, dass es eine weitere Verschiebung in Richtung „überalterte Gesellschaft" geben wird. Die heutigen mittleren Jahrgänge werden länger leben und gleichzeitig werden weniger Kinder geboren. Während in 2008 ca. 20% der Bevölkerung älter als 65 Jahre waren, werden es in 2060 etwa 34% sein, also jeder Dritte. Diese Altersentwicklung wirkt sich selbstverständlich auch auf die Arbeitsmarktsituation aus, was zur Folge hat, dass auch die Belegschaften in den Betrieben im Schnitt immer älter werden. Die Arbeitgeber haben mit <u>zwei personellen Problemen</u> zu kämpfen.

Das <u>erste Problem</u> wird dabei der weitere Rückgang der jüngeren Arbeitnehmer sein. In Abb. 16 erkennt man deutlich, dass es einen quantitativen Rückgang (-11%) der Personen im erwerbsfähigen Alter (zwischen 20 und 65 Jahren) geben wird. Es stehen dem Arbeitsmarkt also insgesamt weniger Menschen zur Verfügung. Hier wird zukünftig eine immer stärkere Zunahme der Zuwanderung und die Entwicklung hin zu multikulturellen Belegschaften zu beobachten sein. Auf die (zukunftsbestimmende) Thematik der Zuwanderer (Migranten) wird in Kapitel 8.3 noch näher eingegangen.

Die Altersentwicklung wirft noch ein <u>zweites Problem</u> auf. Mit der Steigerung der Lebenserwartung, in Verbindung mit der Anhebung des Renteneintrittsalters auf 67 Jahre durch den Gesetzgeber, steigt auch die Lebensarbeitszeit. Daraus könnte man zunächst ableiten, dass damit die Menschen dem Arbeitsmarkt länger zur Verfügung stehen. Hier wurde in der Formulierung des Verfassers der Konjunktiv gewählt, da die Unternehmen nur von dieser Steigerung profitieren können, wenn die Mitarbeiter gesund und leistungsfähig sind bzw. lange bleiben (vgl. Sporket, 2010, S. 164). Eine alternde, kranke und damit leistungsschwache Belegschaft wirkt sich negativ auf die Produktivität, das Betriebsergebnis und damit auch auf die Wettbewerbsfähigkeit aus (vgl. ebd., S. 169).

8.1.1.1 Fazit

Ältere Mitarbeiter werden also zukünftig für den Erfolg eines Unternehmens immer wichtiger. Will ein Arbeitgeber von der längeren Lebensarbeitszeit profitieren, muss er sich zum Einen schon frühzeitig um die Gesundheit und Erhaltung der Leistungsfähigkeit seiner jüngeren Mitarbeiter bemühen. Zum Anderen muss er bei den älteren Mitarbeitern in **zielgruppengenaue Gesundheitsförderung** und in die Schaffung altersgerechter Arbeitsbedingungen investieren (vgl. ebd., S. 165). Man kann aus diesem Aspekt eine grundlegende Anforderung an ein G-BGM ableiten. Ein G-BGM berücksichtigt aktuelle **Maßnahmen für die Gruppe der Älteren**, aber insbesondere auch zukunftsorientierte **Maßnahmen für die Gruppe der jüngeren Mitarbeiter** (vgl. Spicker; Schopf, 2007, S. 21).

8.1.2 Altersentwicklung in der stationären Pflege

Im Folgenden soll die Thematik der Altersentwicklung im Bereich der stationären Pflege etwas näher beleuchtet werden. Abb. 17 zeigt die altersmäßige Verteilung in der Kran-

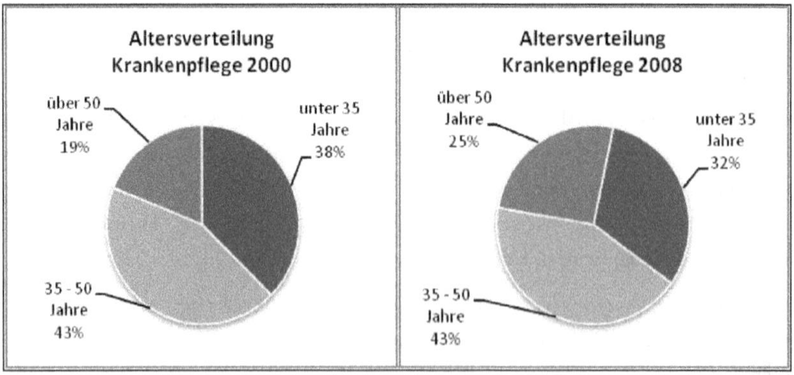

Abb. 17 - Altersstruktur im Gesundheitswesen (Eigene Darstellung nach: www.gbe-bund.de (17.10.10))

kenpflege 2000 und 2008. Man kann erkennen, dass sich der Trend der bundesweiten Altersentwicklung auch im Bereich der Krankenpflege zeigt. Auch hier ist ein deutlicher Rückgang der unter 35jährigen (-6%) zu verzeichnen. Im Bereich der mittleren Altersklassen hat sich in der Verteilung innerhalb des betrachteten Zeitraums keine Änderung ergeben. Deutlich ist wiederum der Anstieg im Bereich der über 50jährigen (+ 6%).

Die prozentuale Verteilung ist neben der Altersentwicklung auch von den Personalzuwachsraten abhängig. Während es im Gesundheitswesen insgesamt bei den unter 35jährigen einen Rückgang von ca. 83 Tsd. gab, war bei den 35 – 50jährigen ein Zuwachs von ca. 183 Tsd. und bei den über 50jährigen ein Zuwachs von ca. 400 Tsd. Beschäftigten zu verzeichnen. Beim Blick auf die Berufsgruppe der Gesundheits- und Krankenpfleger wird ein ähnlicher Trend deutlich. So reduzierte sich der Personalbestand bei den unter 35jährigen um ca. 47 Tsd., während die Gruppe der 35 – 50jährigen einen Zuwachs von ca. 45 Tsd. Personen und die Gruppe der über 50jährigen sogar einen Zuwachs von 76 Tsd. Personen verzeichnen konnten (siehe Abb. 18).

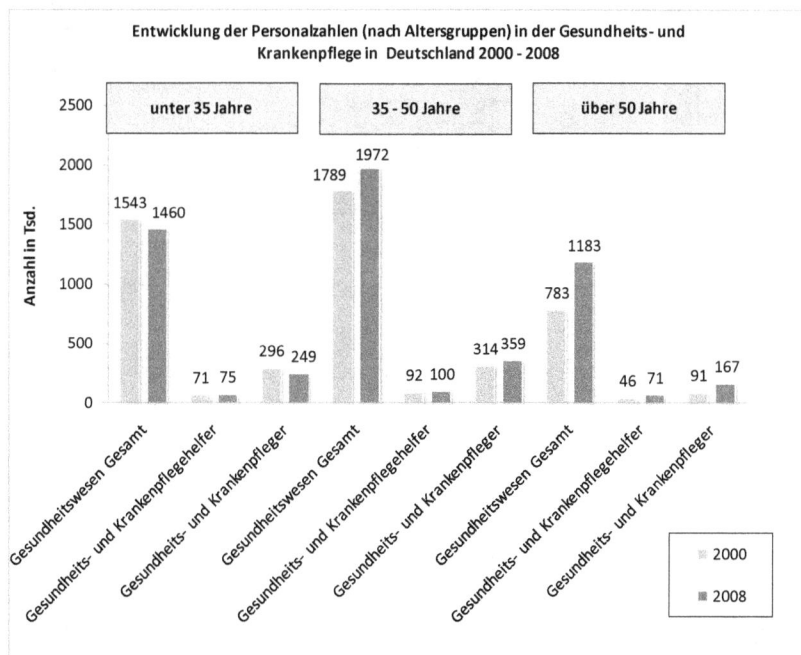

Abb. 18 - Beschäftigte im Gesundheitswesen – Ausgewählte Berufsgruppen in der Krankenpflege (Eigene Darstellung nach: www.gbe-bund.de , 17.09.10)

Wenn man das Alter der Mitarbeiter im Visier hat, dann muss dabei immer auch berücksichtigt werden, dass mit steigendem Alter auch das Erkrankungsrisiko zunimmt bzw. sich verändert. Speziell in der Krankenpflege ist ein altersabhängiger Anstieg des Erkrankungsrisikos im Bereich der Muskel-/Skeletterkrankungen sowie der Herz-/Kreislauferkrankungen festzustellen (vgl. BMAS, 2005a, S.49). Die über Jahre andauernde, täglich hohe physische Belastung (vgl. DAK; BGW, 2005, S. 29f) macht sich im Laufe des Berufslebens deutlich (messbar) bemerkbar (siehe Abb. 19).

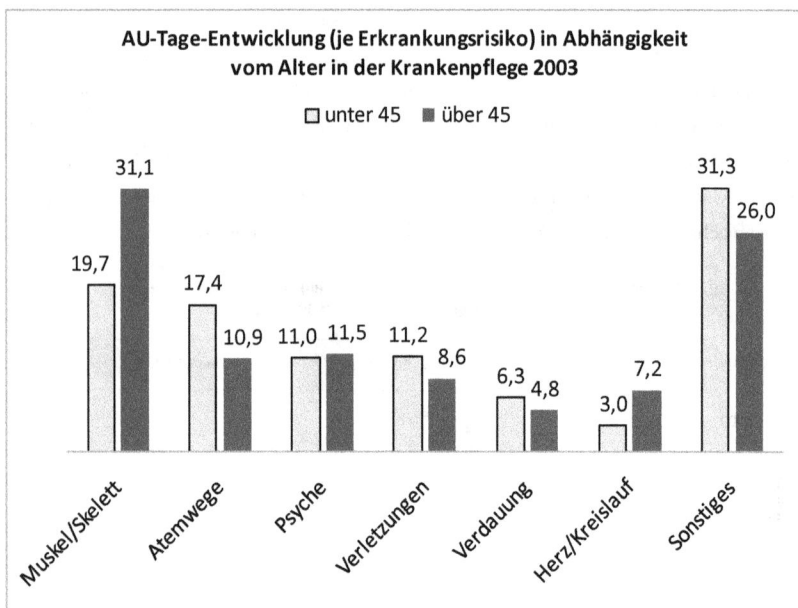

AU-Tage-Entwicklung (je Erkrankungsrisiko) in Abhängigkeit vom Alter in der Krankenpflege 2003

□ unter 45 ■ über 45

Abb. 19 - Anzahl AU-Tage in Abhängigkeit von der Krankheitsart bei zunehmendem Alter (Eigene Darstellung in Anlehnung an: BMAS, 2005a, S. 48)

8.1.2.1 Fazit

Diese Tatsachen veranschaulichen, wie bedeutsam es für ein Unternehmen und an dieser Stelle insbesondere für ein Krankenhaus ist, die altersbedingten Erkrankungsrisiken nicht außer Acht zu lassen, will man sich die langjährige Leistungsfähigkeit der Mitarbeiter sichern. Sie ist auch ein deutlicher Hinweis auf die Notwendigkeit, den natürlichen Alterungsprozess der Belegschaft permanent zu begleiten und solchen Abnutzungserscheinungen mit entsprechenden BGM-Maßnahmen frühzeitig entgegenzuwirken.

8.2 Geschlecht – Geschlechtergerechtes BGM

Da in der Branche „Gesundheitswesen" vorrangig weibliche Mitarbeiter beschäftigt sind[28], soll sich dieser Abschnitt auch mit den Frauen als der tragenden Personengruppe beschäftigen. Dabei wird die Gruppe der Frauen in der stationären Pflege, als der größten Berufsgruppe, besonders betrachtet. In Abb. 20 wird die Dominanz des weiblichen Geschlechts, sowohl im Gesundheitswesen, als auch und insbesondere im Berufsfeld der Pflege (Hier exemplarisch: Gesundheits- und Krankenpfleger) grafisch deutlich.

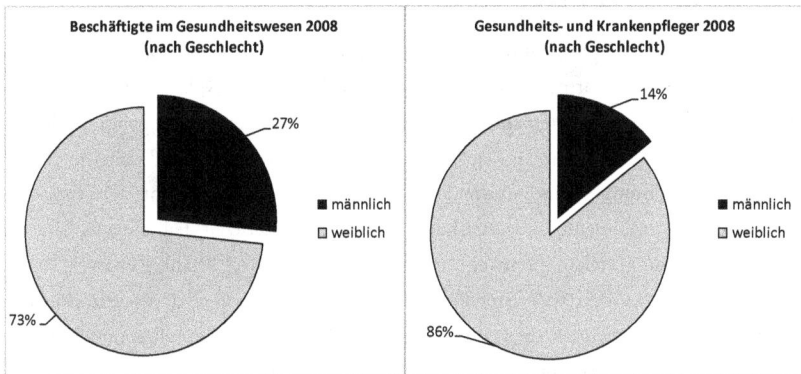

Abb. 20 – Geschlechterverteilung im Gesundheitswesen und in der Krankenpflege 2008
(Eigene Darstellung nach: www.gbe-bund.de, 17.09.10)

Dieser Tatsache muss ein BGM Rechnung tragen, insbesondere dann, wenn es sich um ein Setting handelt, in welchem die Frauenquote sehr hoch ist, wie eben z.B. in einem Krankenhaus. Ein Unternehmen muss dann, im Sinne eines G-BGM den Belastungen und Bedürfnissen der weiblichen Mitarbeiter besondere Aufmerksamkeit schenken, da diese einen entscheidenden Beitrag zum Unternehmenserfolg leisten. Im Zuge dieser ganzheitlichen Betrachtung ist es allerdings auch wichtig, bei aller Frauenorientierung, die Belastungen und Bedürfnisse der männlichen Mitarbeiter nicht außer Acht zu lassen. Es geht um eine geschlechtergerechte Ausgestaltung des BGM. „**Geschlechtergerecht**" bedeutet, das BGM so zu gestalten, dass davon **alle** Mitarbeiter **unabhängig von ihrem Geschlecht gleichermaßen profitieren** (vgl. Pieck, 2006, S. 220). Dazu muss das BGM die jeweils unterschiedlichen **Belastungen und Bedürfnisse von Männern und Frauen in gleicher Weise berücksichtigen**. „Geschlechtergerecht" bedeutet an dieser Stel-

---

[28] Von den insgesamt ca. 4,6 Mio. Beschäftigten im Gesundheitswesen waren ca. 3,4 Mio. Frauen. Davon arbeiten ca. 840 Tsd. als Gesundheits- und Krankenpflegerinnen oder Krankenpflegehelferinnen (vgl. Statistisches Bundesamt, 2010, S. 13ff).

le aber auch, dass neben dem Ziel der Gleichbehandlung, die besonderen und gesell-schaftlich geprägten **Rollen der Frauen** beachtet und berücksichtigt werden. Die ein-zelnen Rollen ergeben sich dabei aus der Mehrfachbelastung durch Familie, Partner-schaft, Beruf und Privatsphäre. Werfen wir im nächsten Kapitel einen kurzen Blick auf die besonderen Belastungsmomente, denen Frauen in der heutigen Gesellschaft ausge-setzt sein können.

8.2.1 Die Rolle der Frau in der heutigen Gesellschaft

Frauen fühlen sich aufgrund ihres Wesens verantwortlich dafür, die Balance zwischen den Bereichen Beruf, Partnerschaft und Familie zu bewältigen (vgl. Begerow; Mozdza-nowski, 2010, S. 1ff). Die Frau spielt innerhalb der Familie meist die tragende Rolle, bei ihr laufen alle Fäden zusammen. Haus, Herd und Kindererziehung sind dabei noch im-mer weiblich bestimmte Handlungsfelder. Trotz Emanzipation und trotz der Tatsache, dass immer mehr Männer aktiv an der Kindererziehung (Elternzeit) teilhaben wollen, hat sich an dieser traditionellen Sichtweise nur wenig geändert (vgl. Pfahl; Reuyss, 2010, S. 232f). Neben diesen drei angesprochenen Bereichen, sind aber noch weitere Bereiche wichtig für das Wohlbefinden von Frauen. Dies sind zum Einen sie selbst und zum An-deren soziale Kontakte (Freundschaften, Bekannte). Leider bleibt für diese beiden Berei-che meist keine Zeit, da die o.a. drei („Primär-")Bereiche quasi „Vollzeitbeschäftigun-gen" sind, die allerdings nicht auf einen 8,5 Stunden-Tag begrenzt werden können. Frau-en sind rund um die Uhr für die Familie (Partner, Kinder) da und haben sehr wenig Zeit für sich selbst und für Freunde. Die Beschäftigung mit dem eigenen Ich (Körper und Seele entspannen, Zeit und Ruhe genießen) und die Wahrnehmung sozialer Kontakte (Unternehmungen außerhalb der familiären Grenzen, wie z.B. Freunde treffen, mit Freundinnen reden, einkaufen, etc.) sind aber wesentliche Aspekte für das weibliche Wohlbefinden. Selbstverständlich ist für Frauen, die Zeit mit der Familie wichtig (vgl. Begerow; Mozdzanowski, 2010, S. 3) und sie genießen diese, auch wenn sie dabei, je nach Alter der Kinder, eher selten zu Ruhe und Entspannung finden. Gerade Frauen, die aus beruflichen Gründen wenig Zeit für die Familie und Kinder haben bzw. wegen Schichtarbeit nur wenig Möglichkeit ihre Familie zu sehen (Nachtarbeit, Wochenend-dienste), verzichten meist auf die „Zeit für sich" zu Gunsten der Familie. Das Gefühl, „(...) aufgrund der beruflichen Verpflichtungen zu wenig Zeit für die Kinder zu haben (...)." (Pirolt; Schauer, 2006, S. 237), wird als sehr belastend empfunden. Insbesondere dann, wenn es bei den Kindern Probleme in der Schule gibt, sie krank sind oder ander-weitig Hilfe brauchen (vgl. ebd.). Meist fehlt darüber hinaus in der Familie die notwendige Unterstützung durch die Familie oder den Partner (vgl. Begerow; Mozdzanowski, 2010, S. 8), was zu Frustration und Resignation führen kann, beides ebenfalls sehr belastende Emotionen (vgl. Pirolt; Schauer, 2006, S. 238; Amon-Glassl, 2003, S. 107f). Die Unterstützung der Gesellschaft und der Betriebe hinsichtlich entsprechender Bemühungen zur Vereinbarkeit von Familie und Beruf ist z.T. sehr mangelhaft. So fehlt es meist in ländlichen Gegenden an geeigneten Betreuungsangeboten für Kinder bestimmter Altersgruppen (vgl. Pirolt; Schauer, 2006, S. 237). In Ballungsgebieten gibt es zwar zahlenmäßig mehr solcher Angebote, aber hier stellen die Öffnungszeiten von z.b. Kindertagesstätten, die nicht zu der individuellen Diensteinteilung (z.b. Schichtdienst) passen, erhebliche Probleme dar.

All diese, hier nur kurz angerissenen, Problemkreise verursachen individuell ausgeprägte Spannungen und Belastungen bei Frauen. Frauen reagieren sehr emotional und neigen dazu, derartige Probleme mit sich selbst ausmachen zu wollen, was zu einer Reihe psychosomatischer Beschwerden führen kann (vgl. Amon-Glassl, 2003, S. 107). Wichtig in solchen Fällen ist es, dass diese Probleme nicht im Privaten gehalten werden, sondern dass die Umwelt und hier an erster Stelle der Betrieb, unterstützend eingreifen und entsprechende gesundheitsförderliche Rahmenbedingungen geschaffen werden (vgl. ebd.).

8.2.2 Geschlechtsspezifische Unterschiede im G-BGM

Im Folgenden soll kurz auf einige der zu berücksichtigenden Unterschiede zwischen den Geschlechtern eingegangen werden. Es würde an dieser Stelle aber zu weit und auch nicht zum Ziel führen, alle Unterschiede zwischen Mann und Frau zu erläutern[29]. Daher wird eine kleine Auswahl an Merkmalen getroffen, die im Hinblick auf die Einführung eines geschlechtergerechten G-BGM von Interesse sind.

8.2.2.1 Geschlechtsspezifische Unterschiede im Erkrankungsgeschehen

Allgemein lassen sich zunächst Unterschiede im Erkrankungsgeschehen feststellen. Abb. 21 (auf der folgenden Seite) zeigt deutlich, dass Männer nahezu doppelt so häufig wegen Verletzungen arbeitsunfähig sind als Frauen. Das liegt daran, dass Männer häufiger in unfallgefährdeteren Berufen arbeiten und häufiger in Arbeitsunfälle verwickelt sind als Frauen (vgl. Wildeboer, 2008, S. 230f). Man erkennt aber auch, dass Frauen im Vergleich zu den Männern, deutlich häufiger wegen psychischer Erkrankungen arbeitsunfähig sind.

---

[29] Hierzu gibt es unzählige wissenschaftliche und weniger wissenschaftliche Veröffentlichungen, die die Thematik „Unterschiede zwischen Mann und Frau" allgemein und speziell aus verschiedensten Blickwinkeln beleuchten.

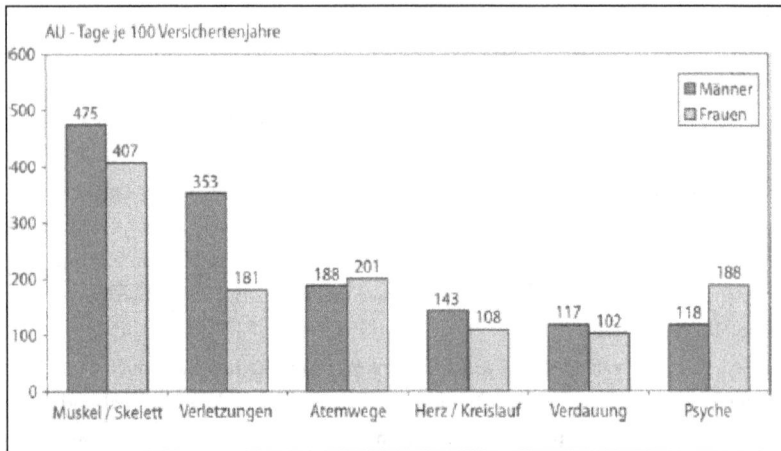

Abb. 21 - AU-Tage nach Krankheitsarten und Geschlecht (Wildeboer, 2008, S. 231)

8.2.2.2 Geschlechtsspezifische Unterschiede im Gesundheitsverständnis

So ähnlich wie sich Männer und Frauen in der individuellen Auffassung von Gesundheit (Gesundheitsverständnis) sind, so unterschiedlich sind allerdings die daraus abgeleiteten Handlungskonzepte. Zunächst assoziieren beide Geschlechter mit dem Begriff „Gesundheit", z.B. psychisches Wohlbefinden, Leistungsfähigkeit, Quelle der Energie und das Gegenteil von Krankheit (vgl. Faltermeier, 2008, S. 38). Für Männer steht dabei aber primär die Leistungsfähigkeit im Zentrum ihres Gesundheitsverständnisses, weswegen sie ihre Handlungskonzepte auch entsprechend ausrichten (vgl. ebd., S. 38f). Frauen hingegen „(…) betonen stärker die psychischen Aspekte von Gesundheit (…)" (a.a.O.). Sie „(…) definieren Gesundheit über körperliches und seelisches Wohlbefinden und gehen achtsam mit Körper und Seele um." (Begerow; Mozdzanowski, 2010, S. 1). Im Ergebnis zeigen sich bei Frauen dementsprechend auch andere Schwerpunkte innerhalb ihrer Handlungskonzepte.

8.2.2.3 Geschlechtsspezifische Unterschiede im Gesundheits- und Nutzungsverhalten

Aus dem Gesundheitsverständnis und den geschlechtsspezifisch abgeleiteten Handlungskonzepten resultiert ein unterschiedliches **Gesundheitsverhalten** (vgl. MDS, 2008, S. 23). So tendieren Männer eher zu riskanteren Sportarten, die geprägt sind von Kraft,

Kondition und Körperkontakt. Sport wird dabei meist nicht zur Gesunderhaltung, sondern leistungsorientiert (Wettkampf, Kräftemessen) betrachtet. Weiterhin weisen Männer auch eine stärkere Tendenz zu gesundheitsschädlicheren Verhaltensweisen auf, wie übermäßigem Verzehr von Alkohol, Zigaretten sowie fett- und energiereicher Kost (vgl. ebd., S. 23f). Frauen hingegen „ (…) zeigen ein hohes präventives Gesundheitsverhalten." (Begerow; Mozdzanowski, 2010, S. 1). Sie ernähren sich gesünder (viel Obst, Gemüse und Vollkornprodukte), rauchen weniger und nehmen weniger Alkohol zu sich. Im Bewegungsverhalten liegt das Hauptinteresse auf Figurtraining und Gewichtsreduktion (vgl. MDS, 2008, S. 23f). Ganz wichtig für Frauen sind Themen der Erholung und Entspannung (z.b. Wellness, Massageangebote, Joga, Stressreduktion, etc.). Im Vordergrund steht dabei das Bestreben, Zeit für sich zu haben, zu genießen und Energie zu tanken (vgl. ebd.). Eine Fähigkeit, die bei Männern noch eher schwach ausgeprägt ist. Dieses geschlechtsspezifische Gesundheitsverhalten wird auch im unterschiedlichen **Nutzungsverhalten** von kassengeförderten Gesundheitskursen gem. § 20 SGB V deutlich. Die meisten der angebotenen Bewegungskurse entsprechen eher den Bewegungsvorlieben und Bedürfnissen der Frauen und werden daher von Männern sehr wenig in Anspruch genommen. Im Jahr 2004 lag die männliche Teilnahmequote hierbei gerade mal bei 20%. Eine höhere Männerquote (ca. 44%) zeigte sich lediglich bei Kursen zur Sucht- und Genussmittelreduktion (vgl. RKI, 2006, S. 130f).

8.2.3 Fazit

Zusammenfassend kann festgehalten werden, dass ein BGM nur erfolgreich sein kann, wenn die Unterschiede zwischen den Geschlechtern ganzheitlich berücksichtigt werden. Will man dabei langfristige Erfolge erzielen, müssen Männer und Frauen aufgrund des unterschiedlichen Gesundheitsverständnisses und -verhaltens auch unterschiedlich angesprochen und motiviert werden (vgl. Köper et al., 2010, S. 216). Dies geschieht in erster Linie durch passende Maßnahmen und eine entsprechend geschlechtergerechte Kommunikationskultur. Um diese aufzubauen, ist es u.a. die Aufgabe eines G-BGM, zielgruppengenaue Kommunikationsinstrumente zu entwickeln und einzusetzen (vgl. Sächsisches Staatsministerium für Soziales, 2008, S. 32).

8.3 Kulturelle Herkunft – Kulturgerechtes BGM

In Deutschland leben ca. 15, 7 Mio. Personen mit Migrationshintergrund (vgl. Statistisches Bundesamt, 2010a, S. 378). Das entspricht knapp 20% der Gesamtbevölkerung in Deutschland und damit bildet diese Personengruppe einen wichtigen „(...)Teil der deutschen Gesellschaft." (Brzoska et al., 2010, S. 129). Ca. 6,6 Mio. davon sind erwerbstätig (vgl. Statistisches Bundesamt, 2010a, S. 256). Der überwiegende Anteil der Migranten ist in Unternehmen des verarbeitenden Gewerbes beschäftigt. Auf der Basis der Ergebnisse der BIBB/BAuA-Erwerbstätigenbefragung[30], die 2005/2006 durchgeführt wurde, kann davon ausgegangen werden, dass ca. 7,7% der Ausländer und 14,5 % der Deutschen mit Migrationshintergrund im Gesundheits- und Sozialwesen beschäftigt sind (vgl. Oldenburg et al., 2010, S. 143). Ortlieb/Sieben kamen in einer Studie, in der im Herbst/Winter 07/08 insgesamt 500 Unternehmen der Berliner Wirtschaft befragt wurden, zu dem Ergebnis, dass der Anteil an Beschäftigten mit Migrationshintergrund im Gesundheits- und Sozialwesen bei 13% liegt (vgl. Ortlieb; Sieben, 2010, S. 122f). Das DKI stellte in einer Umfrage des Krankenhausbarometers im Jahr 2005 fest, dass der Ausländeranteil in den Dienstarten Ärzte und Pflegekräfte in deutschen Allgemeinkrankenhäusern bei rd. 5% liegt. Das entspricht bundesweit hochgerechnet einer Gesamtanzahl von ca. 21.000 Pflegekräften (vgl. DKI, 2005, S. 53f). Wichtig zu erwähnen ist hierbei, dass den hier angeführten Befragungen eine jeweils andere Definition von „Personen mit Migrationshintergrund" zu Grunde liegt. Während z.B. die zitierte DKI-Studie nur die Eingrenzung „Ausländer" vornimmt, ist die Definition bei Ortlieb/Sieben an die Definition des Statistischen Bundesamtes angelehnt. Nach dieser Definition gehören zu den Personen mit Migrationshintergrund folgende Bevölkerungsgruppen:

• Die ausländische Bevölkerung (im Inland und im Ausland Geborene)

• Zugewanderte, unabhängig von ihrer Nationalität

• In Deutschland geborene eingebürgerte Ausländer

• In Deutschland Geborenen mit deutscher Staatsangehörigkeit, bei denen sich der Migrationshintergrund aus dem Migrationsstatus der Eltern ableitet

(vgl. Statistisches Bundesamt, 2010a, S. 388)

---

[30] „Die BIBB/BAuA-Erwerbstätigenbefragung 2005/2006 ist eine Repräsentativbefragung von 20.000 Erwerbstätigen in Deutschland, die gemeinsam vom Bundesinstitut für Berufsbildung (BIBB) und der Bundesanstalt für Arbeitsschutz und Arbeitsmedizin (BAuA) durchgeführt und vom Bundesministerium für Bildung und Forschung (BMBF) gefördert wird." (http://www.bibb.de/de/26738.htm , 17.09.10).

Insofern sind die o.a. Zahlen nur schwer zueinander in Beziehung zu setzen, geben aber eine gute Orientierung für die Betrachtung der Situation der Beschäftigten mit Migrationshintergrund, sowie ihre Bedeutung für die deutsche Wirtschaft. Sie belegen u.a., dass es sich bei der betrachteten Bevölkerungsgruppe durchaus auch um eine, im Gesundheitswesen, bedeutsame handelt. Bedeutsam in der Hinsicht auch (und so schlägt sich an dieser Stelle eine Brücke zum BGM) für den jeweiligen Unternehmenserfolg. Die Arbeitgeber sind in einer interkulturellen Unternehmensstruktur zum Wohle der Mitarbeiter und des Unternehmens gefordert, das „Anderssein" zu respektieren und zu akzeptieren. Basis hierfür ist ein gegenseitiges Verständnis unterschiedlicher Werte und Normen. G-BGM leistet hierfür einen Beitrag, dieses Verständnis zu fördern, indem es sich unternehmensindividuell mit den Belastungen und Bedürfnissen der Mitarbeiter mit Migrationshintergrund auseinandersetzt und entsprechend zielgruppengenaue Maßnahmen beinhaltet.

Werfen wir an dieser Stelle einen Blick auf ausgewählte Merkmale, die dieses „Anderssein" ansatzweise charakterisieren und im Hinblick auf ein G-BGM von Interesse sind. Die Mitarbeiter mit Migrationshintergrund unterscheiden sich von den Mitarbeitern ohne Migrationshintergrund z.b. hinsichtlich des Gesundheitsverständnisses und dem daraus resultierenden Gesundheitsverhalten. „Menschen mit unterschiedlichen kulturellen Hintergründen haben unterschiedliche Vorstellungen, was Gesundheit bedeutet, und sie nehmen Krankheiten verschieden wahr." (vgl. BKK-BV et al., 2009, S. 3).

8.3.1 Unterschiedliches Verständnis von Gesundheit

„Das Verständnis von Gesundheit und Krankheit ist untrennbar mit der jeweiligen Kultur verbunden." (RKI, 2008, S. 110). Die moderne, westliche Medizin basiert auf naturwissenschaftlich fundiertem medizinischem Wissen. Das medizinische Wissen und Gesundheitsverständnis anderer Kulturkreise basiert „(...) häufig auf einem ganzheitlicheren Verständnis (...)", welches „(...) eng mit religiösen Ansätzen verknüpft (...)" ist (ebd.). „Gesundheitsprobleme werden z.B. als „Strafe Gottes" oder, wie im Mittelmeerraum verbreitet, als Folge des „bösen Blicks" gesehen. Die Präsentation und somit auch die Interpretation von Symptomen einer Erkrankung sind kulturell bedingt unterschiedlich." (a.a.O.). Dieses Verständnis, welches sich individuell erheblich von dem deutschen Verständnis unterscheidet, trifft häufig auf Unverständnis bei den behandelnden Ärzten, in der Gesellschaft und somit auch im Arbeitsumfeld (a.a.O.).

8.3.2 Unterschiedliche Krankheitswahrnehmung und Präsentation

Auf der Basis dieses „anderen" Gesundheitsverständnisses, welches Krankheiten als ein Zusammenspiel von körperlichen und seelischen Problemen interpretiert, ist zu schlussfolgern, dass auch die Wahrnehmung von Beschwerden bzw. Schmerzen von der ethnischen Herkunft beeinflusst ist. Das bedeutet, dass Krankheiten, z.b. aus einer religiöser Überzeugung heraus, eine andere Bedeutung beigemessen wird, die weit über tatsächliche Erkrankungsursachen, aktuelle körperliche Symptome und evtl. körperliche Folgeerkrankungen hinaus geht. Dies äußert sich u.a. auch in einer kulturell bedingt unterschiedlichen Präsentation von Krankheitssymptomen (vgl. RKI, 2008, S. 110).

8.3.3 Unterschiedliches Gesundheitsverhalten (Beispiel: Rauchen, Übergewicht)

Im Jahr 2005 zeigte sich bei den Frauen mit oder ohne Migrationshintergrund eine nahezu gleich hohe Nichtraucherquote (78% ohne Migrationshintergrund, 77% mit Migrationshintergrund). Bei den Männern sieht es da deutlich anders aus, da hier die Männer mit Migrationshintergrund deutlich häufiger zur Zigarette greifen als die Männer ohne Migrationshintergrund. So sind ca. 36% der Männer mit Migrationshintergrund Raucher, wohingegen es bei den Männern ohne Migrationshintergrund nur 27% sind (vgl. RKI, 2008, S. 55).

Bei der Betrachtung des Merkmals „Übergewicht" gibt es ebenfalls erwähnenswerte Unterschiede zwischen Männern und Frauen mit und ohne Migrationshintergrund. Bei den Frauen mit Migrationshintergrund kann man, im Vergleich zu Frauen mit deutscher Staatsangehörigkeit, einen erhöhten BMI erkennen. So sind z.B. bei den Frauen in der Altersgruppe zwischen 40 und 64 Jahren ca. 20% der Frauen mit Migrationshintergrund übergewichtig. Bei den Frauen mit deutscher Staatsangehörigkeit sind es dagegen nur ca. 14%. Der Anteil steigt in beiden Gruppen mit zunehmenden Alter nahezu ähnlich (vgl. RKI, 2008, S. 53). Die relativ hohe Abweichung lässt sich u.a. auf ein kulturell bedingtes, anderes Essverhalten bei den Frauen mit Migrationshintergrund zurückführen (vgl. RKI, 2005, S. 132). „Vermutlich kommen dabei auch Unterschiede im Bewegungsverhalten, der Gewichtskontrolle und im Körperselbstbild zum Tragen." (ebd.). Etwas ausgeglichener verteilt, verhält es sich bei den Männern. Hier sind z.B. in der Altersgruppe zwischen 40 und 64 Jahren ca. 19% der Männer mit Migrationshintergrund übergewichtig. Bei den Männern mit deutscher Staatsangehörigkeit sind es dagegen ca. 18%. Dieser Anteil verändert sich mit zunehmenden Alter nicht wesentlich (vgl. RKI, 2008, S. 54).

8.3.4 Unterschiedliches Nutzungsverhalten

Menschen mit Migrationshintergrund zeigen ein, im Vergleich zu Deutschen, abweichendes Inanspruchnahmeverhalten von Gesundheitsleistungen und –diensten, z.b.:

- Häufigeres Aufsuchen von Rettungsstellen als von Hausärzten
- Angebote der Altenpflege werden wenig bis gar nicht genutzt
- Deutlich geringere Inanspruchnahme von Präventionsangeboten, z.b.:
  - Weniger Früherkennungsuntersuchungen für Kinder
  - Weniger Schutzimpfungen bei Kindern und Jugendlichen

(Eigene Zusammenstellung nach: vgl. RKI, 2008 S. 87f u. S. 103 u. S. 110)

Mögliche Gründe hierfür sind z.B.:

- Allgemeine Sprachschwierigkeiten
- Unkenntnis über bestehende Ansprüche und Unterstützungsangebote
- Starke Einbindung in und durch den Kreis der Familie, insbesondere großes Vertrauen im Krankheitsfall
- Kulturelle Zwänge, d.h. nicht offen über eine Erkrankung reden bzw. sich Dritten nicht offen anvertrauen zu dürfen (hier insbesondere bei Frauen aus arabischen bzw. asiatischen Ländern) und darüber hinaus Schamgefühl, die Hilfe von Dritten überhaupt anzunehmen
- Informationsdefizite, zu wenig Angebote in der jeweiligen Landessprache
- Diskriminierungserfahrungen und erlebte Fremdenfeindlichkeit
- Gesundheitsvorsorge hat kulturell bedingt einen eher ungeordneten Stellenwert
- Angst um den Arbeitsplatz, Angst vor Verlust des aufenthaltsrechtlichen Status

(Eigene Zusammenstellung nach: vgl. RKI, 2008 S. 23 u. S. 103 u. S. 111 u. S. 121)

8.3.5 Unterschiede bei Krankenstand und Anzahl AU-Tage

Unterschiedliche Belastungen im Beruf und unterschiedliches Gesundheitsverhalten machen sich auch in einer anderen Entwicklung der Arbeitsunfähigkeit bemerkbar. Will man sich diesem Sachverhalt statistisch nähern, ist festzustellen, dass das Datenangebot, in Bezug auf branchenbezogene oder gar berufsgruppenbezogene AU-Statistiken für Personen mit Migrationshintergrund, sehr dürftig ist. Insofern ist es an dieser Stelle nicht möglich einen direkten Bezug zum Gesundheitswesen (und hier speziell zum Krankenhaus) herzustellen. Aufgrund der wirtschaftlichen Relevanz der hier beschriebenen Bevölkerungsgruppe sicherlich ein wissenschaftlich bei Weitem noch nicht ausreichend untersuchter Bereich.

Hinweise auf den **Krankenstand** erhält man aus dem Mikrozensus 2005. Hier lag der Krankenstand bei Männern im erwerbsfähigen Alter mit Migrationshintergrund bei ca. 13% und war damit ca. 2% höher als bei Männern ohne Migrationshintergrund. Bei Frauen zeigt sich ein ähnliches Bild. Hier lag der Krankenstand für Frauen im erwerbsfähigen Alter mit Migrationshintergrund bei etwa 15%, im Vergleich zu den Frauen ohne Migrationshintergrund, bei denen der Krankenstand etwa 11% betrug. Die höheren Krankenstände (hier bundesweit) werden mit höheren Arbeitsbelastungen begründet, da Personen mit Migrationshintergrund mehrheitlich an Arbeitsplätzen mit erhöhtem Belastungs- und Unfallrisiko arbeiten (vgl. RKI, 2008, S. 46; RKI, 2005, S. 130).

Ähnlich dem Krankenstand ist auch bei der **Anzahl der AU-Tage** ein höheres Niveau bei den Migranten festzustellen. So zeigt eine Auswertung der AU-Daten des Jahres 2006 der Versicherten des BKK-BV im Rahmen des Gesundheitsreports 2007, dass Erwerbstätige mit deutscher Staatsangehörigkeit ca. 12,2 AU-Tage beanspruchen. Im Vergleich dazu liegen Personen mit Migrationshintergrund zwischen 8,8 (Asiaten) und 18,2 (Türken). Hier werden die Unterschiede auf eine jeweils unterschiedliche Migrantengruppenzusammensetzung (Gruppengröße, Alter, Geschlecht) und das jeweils individuelle, arbeitsbedingte Belastungs- und Unfallrisiko zurückgeführt (vgl. BKK-BV, 2007, S. 17f).

8.3.6 Fazit

Insgesamt ist noch einmal anzumerken, dass die aufgezeigten Krankenstands- und AU-Daten, aufgrund des nur dürftig vorhandenen Datenmaterials, nicht so einfach auf das Gesundheitswesen übertragen werden können und ebenso wenig auf den Krankenhaussektor. Hier sind spezifische Erhebungen in der Zukunft notwendig.

Trotzdem lässt sich anhand der Zahlen gut erkennen, wie wichtig die Berücksichtigung der besonderen Situation der Beschäftigten mit Migrationshintergrund für den Erfolg eines Unternehmens sein kann. Vor allem erkennt man auch das Potential, welches in dieser Zielgruppe schlummert. Insbesondere im Krankenhaus ist das Wissen um die Wichtigkeit dieses Potenzials ein wichtiger Punkt für die Entwicklung der Behandlungsqualität und damit der Patientenzufriedenheit. „Wird beispielsweise das Potenzial von Pflegekräften mit Migrationshintergrund für die Pflege und Betreuung von Migranten erkannt und wertgeschätzt, kann dies nicht nur zu einer verbesserten Betreuungsqualität sondern auch zu einer Ausweitung des KundInnenkreises führen. Auch die Qualität und die Wirksamkeit von BGF wird durch die gezielte Förderung der Vielfalt erhöht." (Spicker; Schopf, 2007, S. 65).

Ganzheitlichkeit im Sinne der vorliegenden Studie bedeutet danach, diese Interkulturalität angemessen zu berücksichtigen. Interkulturalität gilt dabei als integraler Bestandteil des G-BGM, durch den die unterschiedlichen Belastungen und Bedürfnisse der Mitarbeiter mit Migrationshintergrund Beachtung finden.

9. Das Ganzheitliche Betriebliche Gesundheitsmanagement (G-BGM) – Der Einführungsprozess

Auf der Grundlage der theoretischen und praxisnahen Erörterungen der vorangegangenen Kapitel wird in diesem Abschnitt ein BGM-Modell und im Speziellen ein G-BGM-Modell vorgestellt, welches die behandelten Aspekte der einzelnen Kapitel berücksichtigt. Dabei ist darauf hinzuweisen, dass es nicht „das Eine" G-BGM gibt und auch nicht „den Einen" Weg zur Einführung eines G-BGM. Jedes Unternehmen (und damit auch jedes Krankenhaus) muss und wird einen eigenen Weg hin zu einem eigenen G-BGM finden. So unterschiedlich, wie Unternehmen gestaltet sind, so unterschiedlich können auch die Zugangs- und Einführungsmodelle sein. Auch in der Umsetzung gibt es jeweils unternehmensindividuelle Eigenheiten, die im G-BGM berücksichtigt werden müssen. Und somit wird sich dann in der Praxis ein G-BGM ausbilden, welches einige der in Kap. 3.9.1 erwähnten Kennzeichen enthält und andere nicht. Es gibt aber, bei aller gestalterischen Freiheit einige Standards, die unabhängig von der individuellen Unternehmenssituation, für ein erfolgreiches G-BGM unbedingt eingehalten werden müssen. Dies sind:

1. Eindeutige Positionierung der Unternehmensleitung zum G-BGM
2. Klare und eindeutige Ziele definieren
3. Abschluss schriftlicher Vereinbarungen (Dienstvorschriften, Leitbilder)
4. Einrichtung eines Steuerungsgremiums („AG Gesundheit")
5. Bereitstellung von Ressourcen (materiell, personell, finanziell, räumlich, zeitlich)
6. Festlegung von Verantwortlichkeiten und Entscheidungskompetenzen
7. Enge Kooperation mit überbetrieblichen Akteuren
8. Qualifizierung innerbetrieblicher Experten und der Führungskräfte
9. Einbindung der Mitarbeiter (Partizipation, Kooperation und Befähigung)
10. Permanente, begleitende Evaluation (Gesundheitsbericht, Zwischenbilanzen)
11. Internes und externes Marketing
12. Anwendung des PDCA-Zyklus bei der Umsetzung der G- BGM-Maßnahmen

(Eigene Zusammenstellung nach: Walter, 2010, S. 147)

Damit sich eine Unternehmensleitung klar zum BGM bekennen kann, ist zunächst ein **grundsätzliches allgemeines Verständnis von BGM** notwendig. Zur Entwicklung dieses Verständnisses dienen die vorangegangenen Kapitel. Dabei sollte das Ziel eines Unternehmens der Aufbau eines G-BGM sein. In einigen Textpassagen wurde diesbezüglich schon mehrfach der Aspekt der „Ganzheitlichkeit" und seine Bedeutung für ein BGM hervorgehoben. Daher ist es ebenso wichtig, dass die Unternehmensleitung auch ein **grundsätzliches Verständnis von „Ganzheitlichkeit"** entwickelt. In Kap. 3.9.1 sind, wie oben erwähnt, die Kennzeichen eines G-BGM zusammengestellt, u.a. auch das Kennzeichen „Ganzheitlichkeit in G-BGM-Handlungsfeldern". An dieser Stelle soll diesbezüglich der **Begriff der Ganzheitlichkeit** im Rahmen eines G-BGM genauer gefasst werden. Die folgenden Grundsätze sind dabei zu berücksichtigen.

9.1 Das G-BGM-Modell

9.1.1 Grundsätze der Ganzheitlichkeit in einem G-BGM

- G-BGM berücksichtigt gleichermaßen ökonomische u. soziale Kosten- und Nutzenaspekte
- G-BGM ist kein autonomes Managementsystem, sondern in betrieblichen Strukturen integriert
- G-BGM verbindet Prävention (primär, sekundär, tertiär) und Gesundheitsförderung und berücksichtigt damit gleichermaßen patho- und salutogenetische Faktoren
- G-BGM verbindet verhaltens- und verhältnisorientierte Maßnahmen
- Der Mensch/Mitarbeiter steht im Mittelpunkt der Bemühungen u. Maßnahmen des G-BGM
- G-BGM betrachtet dabei den Menschen ganzheitlich als System im System (Betrieb), z.B.:
  - o Je nach Berufsstellung/Arbeitsbedingungen u. daraus resultierenden Bedürfnissen/ Belastungen (psychisch, physisch)
  - o Je nach Geschlecht u. daraus resultierenden Bedürfnissen/Belastungen (beruflich, privat)
  - o Je nach Alter und daraus resultierenden Bedürfnissen/Belastungen (psychisch, physisch)
  - o Je nach kultureller Herkunft u. den daraus resultierenden Bedürfnissen und Belastungen (Gesundheitsverständnis, Gesundheitsverhalten, Nutzungsverhalten)

(Eigene Zusammenstellung in Anlehnung an: BKK-BV, 2004, S. 11)

Damit soll ein G-BGM folgenden Anforderungen gerecht werden

Zielgruppengerecht	Sozialgerecht	Systemgerecht
• Alters- und alternsgerecht • Geschlechtergerecht • Herkunftsgerecht • Belastungs-, anforderungs- und leistungsgerecht	• Familiengerecht • Verhaltensgerecht • Bedürfnisgerecht • Lebenswelt- und umweltgerecht (Umgebung)	• Unternehmensgerecht (strukturell) • Ressourcengerecht (finanziell, personell, materiell, technisch, strukturell) • Umweltgerecht (Ökologie) • Verhältnisgerecht

Tab. 17 – Anforderungen an ein G-BGM (Eigene Zusammenstellung)

9.1.2 Handlungsebenen, Handlungsfelder und Schnittstellen eines G-BGM

In Abb. 22 ist das, vom Verfasser neu entwickelte, Modell eines ganzheitlichen BGM dargestellt, das **G-BGM-Modell**.

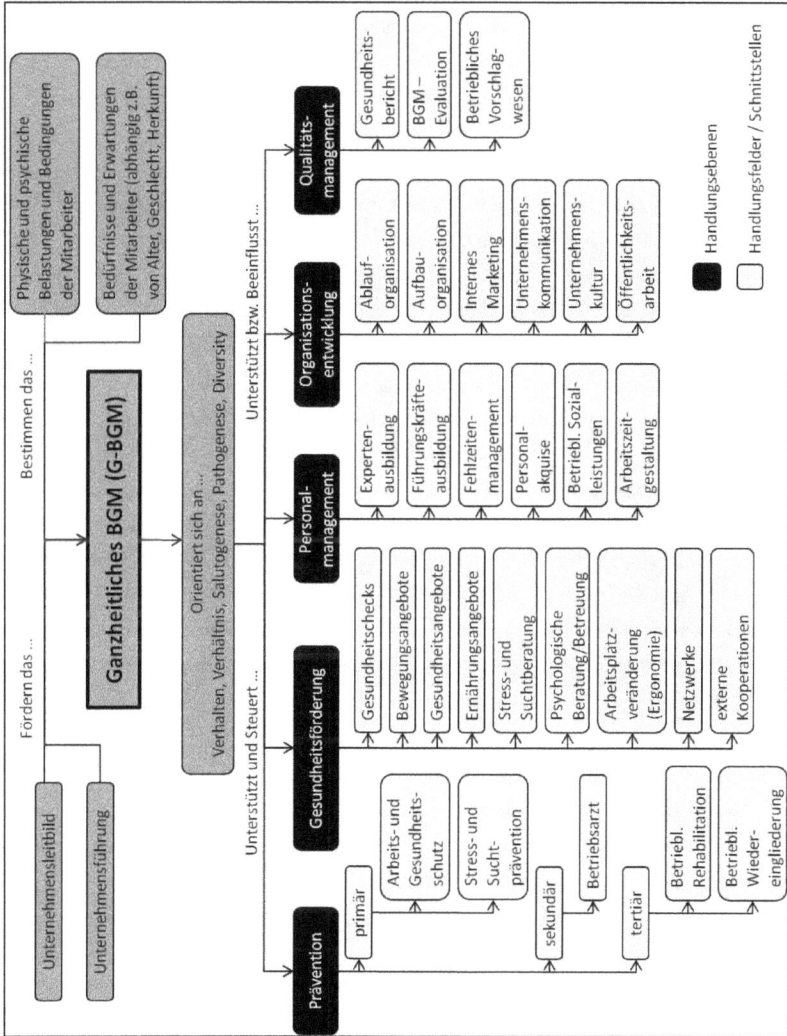

Abb. 22 - Handlungsebenen, -felder und Schnittstellen des G-BGM (Eigene Darstellung in Anlehnung an: StMAS, 2010, S. 6; BKK-BV, 2004, S. 11)

Zunächst wird in Abb. 22 deutlich, dass Unternehmensführung und Unternehmensleitbild die Umsetzung eines G-BGM fördern. Die Inhalte des G-BGM werden durch die Mitarbeiter und deren Arbeitsbedingungen maßgeblich bestimmt. Hierbei werden die Mitarbeiter intensiv in den Prozess eingebunden, indem ihnen die Möglichkeit gegeben wird, eigene Bedürfnisse und Erwartungen einzubringen. Bei der Planung und Umsetzung orientiert sich das G-BGM an den Grundsätzen und Anforderungen der Ganzheitlichkeit (s.o.) und berücksichtigt diese in der Arbeit innerhalb der jeweiligen Handlungsebene (in der Abb. 22 schwarz hinterlegt) und auch in der Kooperation mit anderen Bereichen (Handlungsfelder/Schnittstellen, in der Abb. 22 hellgrau hinterlegt). Die einzelnen **Handlungsebenen** sind dabei **Prävention, Gesundheitsförderung, Personalmanagement, Organisationsentwicklung** und **Qualitätsmanagement**. Innerhalb dieser Ebenen ergeben sich einzelne **Handlungsfelder**, die z.T. **aktiv** selbst bearbeitet und gesteuert werden (aktive Handlungsfelder) **oder** in denen sich **kooperative Schnittstellen** (kooperative Handlungsfelder) zu anderen Bereichen ergeben. So z.B. unterstützt G-BGM im Bereich der Prävention u.a. den Arbeitsschutzbeauftragten und den Betriebsarzt in ihren Tätigkeiten oder auch die Wiedereingliederung in Zusammenarbeit mit dem betrieblichen Sozialdienst. Im Bereich der Gesundheitsförderung werden entsprechend gesundheitsfördernde Angebote geplant, umgesetzt und gesteuert. Das Personalmanagement wird z. B. dadurch unterstützt, dass entsprechende Ausbildungsangebote extern organisiert oder auch selbst durchgeführt werden. G-BGM beeinflusst darüber hinaus die Arbeit z.b. hinsichtlich Arbeitszeitgestaltung, indem die Bedürfnisse der Mitarbeiter eingebracht und umgesetzt werden. Durch eine intensive G-BGM-Kommunikation wird selbstverständlich die Unternehmenskommunikation im Bereich der Organisationsentwicklung beeinflusst und unterstützt, da sie u.a. durch neue Inhalte an Attraktivität gewinnt. Davon profitieren direkt das interne Marketing und die Öffentlichkeitsarbeit. Erarbeitete Vorschläge für strukturelle Verbesserungen helfen, die Arbeitsabläufe innerhalb der Organisation zu optimieren. Durch verbesserte Vernetzung und Kooperation können auch im Bereich der Aufbauorganisation positive Veränderungen herbeigeführt werden. Eigenständige „Qualitätskontrolle" innerhalb des G-BGM unterstützt dabei das hausinterne Qualitätsmanagement (QM), indem die Ergebnisse der G-BGM-Evaluation oder des betrieblichen Gesundheitsberichtes in das QM einfließen. Durch eine weitere Beteiligungsmöglichkeit für die Mitarbeiter, die durch das G-BGM geschaffen wird, profitiert auch das betriebliche Vorschlagwesen von nunmehr neuen Ideen aus dem neuen Bereich.

9.2 Ziele des (Ganzheitlichen)-BGM[31]

„Wie jedes professionelle Handeln erfordert auch das Betriebliche Gesundheitsmanagement eine klare und überprüfbare inhaltliche Zielsetzung." (Walter, 2010, S. 148). Ziele sind demnach von essentieller Bedeutung für den Erfolg des BGM. Die folgenden Ausführungen dienen als allgemeine Orientierung, da es unternehmensindividuell abweichende Präferenzen bei der Festsetzung der Ziele geben kann, welche mit der Einführung eines BGM verfolgt werden sollen.

Badura et al. nennen als die Hauptziele eines BGM:

- Senkung der Kosten durch Reduzierung der Fehlzeiten
- Erhöhung der Mitarbeitermotivation und ihrer Bindung an das Unternehmen
- Förderung der Kreativität und Flexibilität der Mitarbeiter
- Bekämpfung der Ursachen chronischer Erkrankungen und die Erleichterung der Wiedereingliederung nach längerer Krankheit

(vgl. Badura et al., 1999, S. 34f)

In der Praxis berichteten Unternehmen, dass sie mit dem BGM vorrangig die folgenden Ziele verfolgen:

- Verbesserung der Mitarbeitergesundheit
- Erhöhung der Leistungsfähigkeit der Mitarbeiter
- Steigerung der Arbeitsmotivation
- Verbesserung der Arbeitsbedingungen
- Verbesserung des Betriebsimages

(vgl. Bechmann et al., 2010, S. 15)

Darüber hinaus können sich Unternehmen u.a. noch folgende konkrete Ziele mit dem BGM setzen:

- Verbesserung der Gesundheitskompetenz und des –verhaltens der Mitarbeiter
- Erhöhung der Kundenzufriedenheit
- Senkung der Fluktuation

---

[31] Die in der Folge beschriebenen Ziele stammen aus Quellen, die ein „bisher übliches" BGM (d.h. kein ganzheitliches BGM im Sinne dieser Studie) zur Grundlage haben. Inhaltlich weichen diese Ziele aber nicht von den Zielideen des G-BGM ab und können daher auf das G-BGM problemlos übertragen werden.

- Verbesserung des Betriebsklimas
- Verbesserung der Corporate Identity (Verbesserung der internen/externen Kommunikation und Kooperation)
- Verbesserung der Produkt – bzw. Dienstleistungsqualität
- Senkung der Anzahl Arbeitsunfälle und Erhöhung der Arbeitssicherheit
- Optimierung/Verbesserung der Betriebsorganisation und der Prozessabläufe

(Eigene Zusammenstellung nach: Schmeisser; Bruch, 2008, S. 48f; Winter; Singer, 2009, S. 167)

Bei der Beurteilung der Ziele unterscheiden sich die Zielvorstellungen der Unternehmen von denen der Arbeitnehmer. Daher ist es aus Sicht der Unternehmensleitung wichtig zu wissen, welche Ziele die Mitarbeiter in der Umsetzung des BGM verwirklicht sehen wollen. Bereits bei der Zielfindung ist demnach die Einbindung der Mitarbeiter zwingend erforderlich, will man nicht an den Mitarbeitern „vorbei zielen" (vgl. BKK-BV, 2004, S. 21). Dieses Vorgehen sichert eine höhere Akzeptanz und Aufmerksamkeit, steigert die Motivation sowie die Teilnahme – und Unterstützungsbereitschaft bei der Belegschaft. Die Ziele und Erwartungen, die die Mitarbeiter mit dem BGM verbinden, unterscheiden sich von den Unternehmenszielen prinzipiell in ihrer sehr individuellen Ausrichtung, d.h. für die Mitarbeiter ist es von Bedeutung, wie sie ganz persönlich vom BGM profitieren können. Die Mitarbeiter verbinden u.a. folgende Erwartungen mit der Einführung eines BGM in den Betrieb.

BGM-Erwartungen (Ziele) aus Sicht der Arbeitnehmer:

- Verringerung der gesundheitlichen Beschwerden durch Veränderung der Arbeitsbedingungen
- Verbesserung des Betriebsklimas (insbesondere der Umgang mit Vorgesetzten)
- Verbesserung der Lebensqualität
- Angebot von arbeitsplatzbezogenen Rückenschulungen
- Programme zur täglichen Gymnastik und Entspannung am Arbeitsplatz
- Angebot von Stressbewältigungs- und Entspannungsprogrammen
- Angebote zur gesunden Ernährung (Kantinenessen, Pausenverpflegung)
- Angebot von Bewegungs- und Gewichtsreduktionsprogrammen
- Angebote von Suchtberatung und Nichtraucherkursen

(Eigene Zusammenstellung nach: Zok, 2009, S. 98; Schmeisser; Bruch, 2008, S. 47f)

Man kann zusammenfassend die BGM-Ziele in **3 Zielkategorien** unterteilen:

1. Strategische BGM-Ziele:

Gehen in den Prozess der Leitbilderstellung ein und legen fest, dass die Gesundheit der Mitarbeiter in der Verantwortung des Unternehmens und eines jeden Mitarbeiters liegt. Gesundheitsförderliche Arbeitsplatzgestaltung und Prävention sind die Grundlagen für die Leistungsfähigkeit der Mitarbeiter und tragen damit entscheidend zum Unternehmenserfolg bei. Die Vision von einem gesunden Unternehmen (siehe Kap. 3.3) bildet dabei die Basis für die Umsetzung eines ganzheitlich angelegten BGM im Unternehmen. Damit haben diese Ziele direkten Einfluss auf die Unternehmensstrategie und die Unternehmenskultur. Solche strategischen Ziele können u.a. sein:

- Verbesserung von Gesundheit und Wohlbefinden der Mitarbeiter
- Erhöhung der Wettbewerbsfähigkeit und Festigung der Marktposition
- Langfristige Sicherung der Unternehmensexistenz
- Erhöhung der Arbeitgeberattraktivität

2. Operationale BGM-Ziele:

Veranschaulichen die Wege zur Zielerreichung und geben vor, in welchen Handlungsbereichen des Unternehmens Veränderungen herbeigeführt werden müssen, um die strategischen Ziele erreichen zu können. Solche operationale Ziele können u.a. sein:

- Verbesserung des Betriebsergebnisses
- Verbesserung des Unternehmensimages
- Optimierung der betrieblichen Strukturen und Organisation
- Verbesserung des Betriebsklimas
- Verbesserung der Arbeitsbedingungen und Optimierung der Arbeitsprozesse
- Verbesserung des Gesundheitsverhaltens der Mitarbeiter

3. Formale BGM-Ziele:

Konkretisieren die operationalen Ziele, indem sie u.a. messbare Indikatoren und Kenngrößen definieren, an denen sich der Zielerreichungsgrad ablesen lässt. Solche formalen Ziele können u.a. sein:

- Krankenstand und Fehlzeiten reduzieren (in %)
- Anwesenheitsquote erhöhen (siehe Kap. 6.6.2 (Präsentismus))(Umfrage in %)
- Personalkosten einsparen (in Euro)

- Arbeits- und Wegeunfallquote verringern (in %)
- Arbeitszufriedenheit und Motivation verbessern (Umfrage in %)
- Belastungen reduzieren (Anteil arbeitsbedingter Erkrankungen an AU-Tagen in %)
- Prozessabläufe verbessern (Steigerung der Produktivität in Euro)

(Eigene Zusammenstellung nach: http://www.dak.de/content/dakprfirmenservice/
vorteile_beteiligte.html , 31.09.10)

Auf der Basis der Formalziele werden entsprechende Maßnahmen geplant und umgesetzt. Die einzelnen Maßnahmen werden als Teilprojekte innerhalb des BGM betrachtet und durchlaufen dabei jeweils die Phasen Diagnose (IST-Analyse), Planung, Intervention und Evaluation. Die G-BGM-Verantwortlichen orientieren sich damit am PDCA-Zyklus und verwenden Methoden und Instrumente des professionellen Projektmanagements (vgl. Spicker; Schopf, 2007, S. 73ff), also ganz im Sinne der Luxemburger Deklaration (siehe Kap. 3.8, Tab. 5).

Für die erfolgreiche Zielumsetzung müssen die Ziele dabei folgenden Anforderungen gerecht werden.

- Das Ziel muss konkret formuliert und eindeutig sein.
- Das Ziel muss, realistisch betrachtet, erreichbar sein.
- Das Erreichen des Ziels muss im Interesse aller Mitarbeiter sein.
- Das Ziel muss innerhalb einer bestimmten Zeit erreichbar sein.
- Die Erreichung des Ziels muss messbar sein.

(Eigene Zusammenstellung nach: http://www.dak.de/content/dakprfirmenservice/
vorteile_beteiligte.html , 31.09.10)

9.3 Die Phasen des Prozesses der Einführung eines G-BGM

In Anlehnung an die Begriffsklärungen in Kap. 3.9, versteht man unter G-BGM u.a. einen auf den Betrieb abgestimmten, systematisch und zielorientiert durchgeführten Prozess, der alle Unternehmensebenen einschließt (vgl. Bechmann et al., 2010, S. 7). Das bedeutet, dass das G-BGM, an dieser Stelle als eigenständiges Projekt betrachtet, die **vier Kernprozesse** Diagnose, Planung, Intervention und Evaluation durchläuft und unter Anwendung der Grundsätze des professionellen Projektmanagements durchgeführt wird.

Damit folgt G-BGM nicht nur einem „(…) Regelkreis, der planvolles und zielgerichtetes Handeln möglich macht." (BKK-BV, 2004, S. 18), bei der Umsetzung einzelner Maßnahmen, sondern es unterliegt auch selbst als Prozess ständig diesem Regelkreis. Dieser Regelkreis muss im Mittelpunkt sämtlichen Handelns im Rahmen des G-BGM stehen (vgl. Walter, 2010, S. 155). Mit anderen Worten, so wie jede G-BGM-Maßnahme die vier genannten Kernprozesse durchläuft und am Ende auf Qualität und Effektivität hin evaluiert und ggf. verbessert wird, muss sich auch das G-BGM diesem permanenten Lern- und Weiterentwicklungsprozess unterziehen. Durch das ständige Durchlaufen dieses Lernkreislaufes wird das „(…)Prinzip der kontinuierlichen Verbesserung gewährleistet."(ebd.). Die Orientierung an den Kernprozessen ist von entscheidender Bedeutung und erleichtert den Weg hin zu mehr Professionalität und mehr Akzeptanz bei allen Beteiligten. Besonders zu beachten ist, dass bei dem Prozess der G-BGM-Einführung, den Kernprozessen noch eine Vorbereitungsphase vorgeschaltet und eine Nachbereitungsphase nachgeschaltet ist. Der Einführungsprozess lässt sich danach vereinfacht wie in Abb. 23 darstellen. Im Folgenden werden die einzelnen Phasen hinsichtlich ihrer Inhalte und Handlungsschwerpunkte näher erläutert.

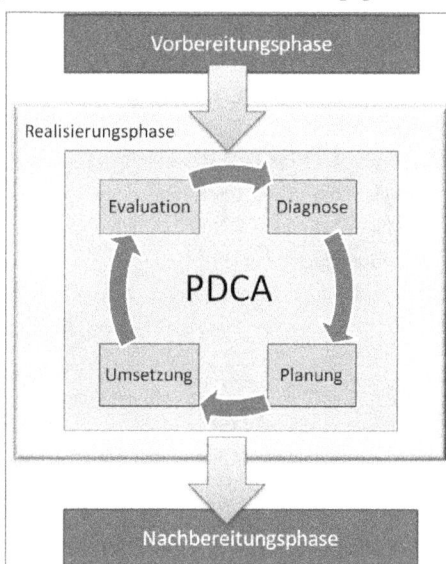

Abb. 23 - Phasen der Einführung eines BGM (Eigene Darstellung nach: BKK-BV, 2004, S. 18; Walter, 2010, S. 155, Spicker; Schopf, 2007, S. 68)

9.3.1 Die Vorbereitungsphase

In dieser Phase wird das Fundament für das künftige G-BGM gelegt, d.h. es werden strukturelle und personelle Voraussetzungen für die Einführung und die spätere Umsetzung eines BGM geschaffen. Sie ist daher für den Erfolg des gesamten G-BGM von entscheidender Bedeutung. Die intensive Auseinandersetzung mit der Thematik bereits zu diesem frühen Zeitpunkt verhindert, dass das G-BGM zu einer Ansammlung einzelner, nicht aufeinander abgestimmter Maßnahmen „mutiert". Es folgt hierzu eine Zusammenstellung der wichtigsten Maßnahmen und Entscheidungen, deren jeweilige Umsetzung die strukturellen und personellen Voraussetzungen für den weiteren Prozessverlauf schaffen.

9.3.1.1 Strukturelle Voraussetzungen

Als Ausgangspunkt allen Handelns ist eine klare und eindeutige Positionierung der Unternehmensleitung und der Mitarbeitervertretung zur Einführung und Umsetzung eines G-BGM im Unternehmen notwendig. Dazu sind zu den folgenden Punkten grundsätzliche Einstellungen zu klären und entsprechende Entscheidungen zu treffen:

- Festlegung, dass es sich bei der geplanten Einführung gesundheitsfördernder Maßnahmen nicht um einzelne BGF-Maßnahmen, sondern tatsächlich um die Einführung eines BGM handeln soll
- Festlegung des Verständnisses von Ganzheitlichkeit, Gesundheit und Gesundheitsverhalten
- Festlegung der strategischen Ziele, die mit dem G-BGM erreicht werden sollen (d.h. an dieser Stelle wird schon eine grobe Richtungsangabe für die bevorstehende IST-Analyse und Evaluation vorgenommen)
- Entscheidung zur grundsätzlichen Bereitschaft, entsprechende personelle Ressourcen (z.B. G-BGM-Beauftragte, Leiter-G-BGM, etc.) zur Verfügung zu stellen
- Entscheidung zur grundsätzlichen Bereitschaft, entsprechend weitere Ressourcen (finanziell, räumlich, materiell, technisch) zur Verfügung zu stellen
- Entscheidung über die Einberufung der Arbeitsgemeinschaft Gesundheit (AG Gesundheit, siehe Kap. 9.3.1.2) und Übertragung der Umsetzungsverantwortung für das G-BGM

Zu den o.a. Punkten ist jeweils eine schriftliche Willensbekundung zu verfassen, deren Inhalt im gesamten Unternehmen kommuniziert wird (Beschluss, Betriebsvereinbarung, o.ä.).

Um die Ernsthaftigkeit der Projektes und auch die Verbindlichkeit zu unterstreichen, ist das Unternehmensleitbild (und speziell im Krankenhaus zusätzlich das Pflegeleitbild) um die gesundheitsförderlichen Inhalte des G-BGM zu erweitern.

Zur momentanen Standortbestimmung, in Bezug auf evtl. bereits bestehende BGM-/BGF-Strukturen und zur Unterstützung bei der Formulierung der Zielvorgaben, ist eine betriebliche Selbsteinschätzung zu empfehlen (vgl. BKK BV, 2004, S. 29). Hierzu eignet sich als Bewertungsinstrument der Fragebogen des Europäischen Netzwerkes für Gesundheitsförderung (ENWHP[32]), der in seiner aktuellsten Form zurzeit (Stand: Okto-

---

[32] Weitere Informationen unter: www.enwhp.org , 22.10.10

ber 2010) als Online-Abfrage-Tool zur Verfügung steht. Der Vorteil dieses sehr kompakten Online-Fragebogens besteht darin, dass die Qualität bestehender BGM-Strukturen direkt prozentual berechnet werden kann und man sehr übersichtlich dargestellt bekommt, in welchen Bereichen Handlungsbedarf besteht.

9.3.1.2 Personelle Voraussetzungen

Im Folgenden werden wichtige interne und externe Handlungsträger im G-BGM angeführt und eine Auswahl der wichtigsten Aufgabenbereiche zusammengestellt.

Arbeitsgemeinschaft Gesundheit – AG Gesundheit

Die AG Gesundheit bildet das zentrale G-BGM-Entscheidungs- und Steuerungsgremium im Unternehmen. Sie setzt sich, in Anlehnung an den Vorschlag des BKK-BV, personell zusammen aus Unternehmensleitung, Betriebsrat, Fachkraft für Arbeitssicherheit, Personalabteilung, Betriebsarzt, BKK und Moderator (vgl. BKK-BV, 2004, S. 20). Die AG initiiert und überwacht alle G-BGM-Maßnahmen und –Projekte.

Zusammensetzung im Krankenhaus (Beispiel):

Im Krankenhaus könnte sich die AG Gesundheit wie in Abb. 24 dargestellt zusammensetzen. Sollte das Haus über eine Krankenpflegeschule verfügen, ist der Schulleiter in die AG einzubinden. Die angegebenen Beauftragten und externen Partner sind weiter unten im Text aufgeführt. Bei den

Abb. 24 - Personelle Zusammensetzung der AG Gesundheit im Krankenhaus (Eigene Darstellung in Anlehnung an: BKK-BV, 2004, S. 20; StMAS, 2010, S. 9f; Müller et al., 1997, S. 207)

Fachkräften handelt es sich z.b. um die Fachkräfte für Arbeitssicherheit, Umweltschutz und Krankenhaushygiene.

Aufgabenbereiche der AG Gesundheit (Auswahl):

- Abstimmung und Festlegung sämtlicher G-BGM-Maßnahmen (z.b. Inhalte, Verantwortlichkeiten, Zeitpläne, Meilensteine)
- Festlegung operationaler und formaler Ziele in Anlehnung an strategische Vorgaben
- Entscheidung zur Integration des G-BGM in die bestehende Unternehmensstruktur
- Entscheidung darüber, ob bereits bestehende BGM-/BGF-Strukturen integriert werden sollen
- Auswertung der Ergebnisse und Erfahrungen aus den Gesundheitszirkeln (siehe Kap. 9.3.5.2 „Gesundheitszirkel - GZ")
- Abstimmung und Beschluss des G-BGM-Berichtswesens (Betrieblicher Gesundheitsbericht, G-BGM-Handbuch, Betriebsvereinbarungen, etc.)
- Festlegung personeller Ressourcen (z.b. Entscheidung über die Bestellung und Ausbildung von internen Experten (s.u. Beauftragte))
- Festlegung weiterer Ressourcen (materiell, finanziell, technisch, räumlich)
- Integration der Ergebnisse der betrieblichen Sonderausschüsse (Hygiene, Arbeits- und Gesundheitsschutz, Betriebsärztlicher Dienst, Küchenausschuss, etc.)
- Entscheidung über die Kooperation mit Krankenkassen und/oder anderen externen Experten/Dienstleistern/Interessengemeinschaften (Netzwerke)

(Eigene Zusammenstellung nach: StMAS, 2010, S. 9f)

Leiter-G-BGM

Zur Sicherstellung der Professionalität und Bewältigung des umfangreichen G-BGM-Aufgabenspektrums, ist die Einstellung eines G-BGM-Verantwortlichen (Leiter-G-BGM), insbesondere in größeren Unternehmen (> 500 Mitarbeiter), dringend zu empfehlen. Organisatorisch als Stabsstelle in die Unternehmensstruktur integriert, ist er direkt der Unternehmensleitung unterstellt.

Aufgabenbereiche (Auswahl):

- Ansprechpartner für alle Beteiligten im G-BGM
- Umsetzung der Beschlüsse der AG Gesundheit
- Koordination und Überwachung der einzelnen G-BGM-Maßnahmen

- Verantwortung für das G-BGM-Berichtswesen (Berichterstattung an AG Gesundheit, Erstellung Gesundheitsbericht, Erstellung eines G-BGM-Handbuches)
- Kooperation mit internen und externen Experten (Netzwerkarbeit)
- Kooperation mit externen Dienstleistern
- Moderation AG Gesundheit und Gesundheitszirkel
- Erstellung eines Evaluationskonzeptes

(Eigene Zusammenstellung nach: StMAS, 2010, S. 9f; Göbel, 2004, S.37; Pelikan et al., 2005, S. 16)

G-BGM-Beauftrage

Für die Gewährleistung der Ganzheitlichkeit wird im Rahmen des G-BGM, je nach unternehmensindividueller Personalstruktur, die Benennung folgender Beauftragter empfohlen:

- Frauen- bzw. Gleichstellungsbeauftragter
- Jugendbeauftragter
- Migrationsbeauftragter
- 50+-Beauftragter
- Suchtbeauftragter
- Küchenbeauftragter
- Behindertenbeauftragter

(Eigene Zusammenstellung nach: Müller et al., 1997, S. 90; BKK-BV et al., 2009, S. 4; Pieck, 2006, S. 221f; StMAS, 2010, S. 9)

Aufgabenbereiche (Auswahl):

- Teilnahme und aktive Mitarbeit in den Gesundheitszirkeln
- Abteilungsübergreifende Ansprechpartner u. Interessenvertreter der jeweiligen Zielgruppe
- Unterstützung des Leiter-G-BGM

Externe Partner

Externe Partner zur Unterstützung der Einführung und der Umsetzung eines G-BGM können u.a. die folgenden sein.

- Unternehmensberatungen mit einer BGM-Spezialisierung (z.b. zur Unterstützung von Analysen, Moderation, etc.)
- Universitäten (z.b. zur Erstellung und Durchführung von Mitarbeiterbefragungen im Rahmen von Abschlussarbeiten)
- Krankenkassen mit dem höchsten Versichertenanteil im Unternehmen

Mögliche Unterstützungsleistungen von Krankenkassen:

o Impulsgeber und Initiator
o Erstellung des Gesundheitsberichtes der Krankenkasse (AU-Statistik)
o Konzeptentwicklung und Beratungsfunktion
o Moderationsunterstützung (AG Gesundheit, Gesundheitszirkel)
o Projektmanagement, Dokumentation und Erfolgskontrolle
o interne Öffentlichkeitsarbeit (Information der Belegschaft)
o Unterstützung bei der Umsetzung und Durchführung einzelner BGF-Maßnahmen
(Eigene Zusammenstellung nach: MDS, 2008, S. 73)

- Netzwerke und Interessenverbände

In den folgenden Netzwerken und Interessenverbänden können interessierte Unternehmen (an dieser Stelle insbesondere Krankenhäuser) Anregungen, Praxistipps und Unterstützung erhalten.

o ENWHP - Europäisches Netzwerk für Gesundheitsförderung - www.enwhp.org
o DNBGF - Deutsches Netzwerk für Betriebliche Gesundheitsförderung - www.dnbgf.de
o IGA - Initiative Gesundheit und Arbeit - www.iga-info.de
o INQA - Initiative Neue Qualität der Arbeit - www.inqa.de
o WAI-Netzwerk - Deutsches WAI-Netzwerk - www.arbeitsfaehigkeit.net
o DNGfK - Deutsches Netzwerk gesundheitsfördernder Krankenhäuser - www.dngfk.de
o HPH - WHO Netzwerk der gesundheitsfördernden Krankenhäuser - www.healthpromotinghospitals.org

9.3.2 Die Unternehmensdiagnose

Die Unternehmensdiagnose „(…) ermöglicht die systematische und valide Erfassung der physischen und psychischen Gesundheit der Beschäftigten und ihrer Bedingungen sowie die Ableitung prioritärer Handlungsbedarfe, sie schafft die Grundlage zur Festlegung messbarer Zielparameter für die nachfolgenden Interventionen, und sie liefert die „Baseline" für die spätere Evaluation." (Walter, 2010, S. 156). In dieser Phase wird eine umfangreiche Analyse der Ist-Situation erstellt, die dazu dient, „(…) die Art und das Ausmaß der gesundheitlichen Belastungen und Ressourcen der Mitarbeiter zu erheben und mögliche Ursachen und Zusammenhänge zu erkennen." (Spicker; Schopf, 2007, S. 82).

Gleichzeitig werden innerhalb dieser Analyse auch die vorhandenen Ressourcen und Infrastrukturen im Unternehmen berücksichtigt (vgl. BKK-BV, 2004, S. 18). **Wichtig ist es in dieser Phase**, von Beginn an die Mitarbeiter intensiv und aktiv in den Analyseprozess einzubinden. Um dabei **dem Anspruch der Ganzheitlichkeit gerecht zu werden**, hat neben der Erfassung der Belastungen, Bedingungen und individuellen Gesundheitsressourcen, die Erhebung der Erwartungen und der individuellen Bedürfnisse der Mitarbeiter zu erfolgen.

Zur Analyse stehen folgende Instrumente zur Verfügung[33]:

- Arbeitsplatzanalysen: z.B. Tätigkeits- und Qualifikationsanalysen (inkl. Potenzialanalysen), Gefährdungsanalysen, Belastungs-/Beanspruchungsanalysen

- Ressourcenanalysen (Raumpläne, Infrastrukturanalyse)

- Mitarbeiterbefragungen (mittels anonymisierter Fragebögen, z.B. auch über das Intranet)

- Mitarbeiterinterviews (als Einzel- oder Gruppeninterviews, zur individuellen Bedürfnisermittlung mittels standardisierter Interviewdesigns)

- Experteninterviews (Befragung von betrieblichen Schlüsselpersonen über Einschätzungen und Sichtweisen)

- Managementbefragungen (Selbsteinschätzung der Führungskräfte mittels Fragebögen)

- Daten aus medizinischen Untersuchungen des Betriebsarztes (inkl. Screenings, z.B. Blutdruck, Gewicht, BMI, Raucherstatus, etc.)

- Gesundheitsbericht der Krankenkasse (AU-Daten des Unternehmens mit Branchenvergleich, z.T. sind auch betriebsinterne Vergleiche zwischen einzelnen Abteilungen möglich)

---

[33] Bei der Erhebung personenbezogener Daten ist peinlichst genau darauf zu achten, dass die Bestimmungen des Datenschutzes eingehalten werden. Um die Rechte Einzelner zu schützen und die Anonymität der Daten zu bewahren, müssen Personengruppen je nach Betrachtungsmerkmal (Alter, Geschlecht, Berufsgruppen- bzw. Abteilungszugehörigkeit) eine Mindestgröße von 50 Personen aufweisen (vgl. Kuhn, 2010, S. 135). Gruppen mit einer kleineren Größe werden statistisch nicht erfasst.

- Routinedaten aus der Personalabteilung (Analyse des Unfallgeschehens (Arbeits- und Wegeunfälle), Fehlzeiten, Krankenstand, Fluktuationsdaten, etc.)
- Erfahrungswerte und Daten aus bereits stattgefundenen gesundheitsfördernden Maßnahmen (z.b. Gesundheitsworkshops, Nichtraucherkurse, Suchtpräventionsberatung, Betriebliches Eingliederungsmanagement, etc.)
- Erfahrungswerte und Daten aus der Arbeit bereits bestehender Gruppen (wie z.b. Qualitätszirkel)
- Daten, die im Austausch mit Mitarbeitern und Führungskräften innerhalb speziell eingerichteter G-BGM-Arbeitsgruppen/-Veranstaltungen gewonnen wurden bzw. werden (AG Gesundheit auf der Ebene Unternehmensführung, Gesundheitskonferenz auf Betriebsebene)

(Eigene Zusammenstellung nach: Walter, 2010, S. 156; BKK-BV, 2004, S. 19; Badura et al., 1999, S. 83ff; Spicker; Schopf, 2007, S. 83)

Sämtliche Daten, die mit Hilfe der o.a. Instrumente erhoben wurden, werden zusammengetragen und ausgewertet. Als Ergebnis der Unternehmensdiagnose soll ein betrieblicher Gesundheitsbericht vorliegen, der die Erhebungsdaten systematisch aufbereitet, anschaulich darstellt und klar verständlich dokumentiert. Der Bericht lässt relevante Handlungsschwerpunkte erkennen und dient damit als weiterführende Arbeitsgrundlage. Er stellt ein wichtiges Instrument zur Mitarbeiterinformation innerhalb der internen Kommunikation dar (vgl. Spicker; Schopf, 2007, S. 85).

9.3.3 Die Interventionsplanung

In dieser Planungsphase werden zunächst auf der Basis der Ergebnisse der IST-Analyse konkrete unternehmens- und mitarbeiterbezogene Ziele und Zielgruppen festgelegt (vgl. Walter, 2010, S. 158). Die Ziele sind ganzheitlich orientiert und entsprechen dabei den bereits auf S. 130 erläuterten Anforderungen. Anhand der vereinbarten Ziele werden entsprechend ressourcen- und bedarfsorientierte Interventionen (Maßnahmen) und Strategien abgeleitet und geplant (vgl. BKK-BV, 2004, S. 18; Badura et al., 1999, S. 93). Hierbei kann sich unternehmensindividuell eine unterschiedliche Anzahl an Handlungsschwerpunkten ergeben, die eine entsprechende Anzahl an Maßnahmen notwendig macht. Die Aufgabe besteht nun darin, eine zeitliche und mitarbeiterorientierte Priorisierung der Ziele und zugehörigen Maßnahmen vorzunehmen (vgl. Schmeisser; Bruch, 2008, S. 57; Badura et al., 1999, S. 94f). Zieldefinition, Priorisierung, Maßnahmenfestlegung und -planung liegen in der Verantwortung der „AG Gesundheit" (vgl. Walter,

2010, S. 158; Schmeisser; Bruch, 2008, S. 57). Innerhalb dieser Aufgaben sind für die einzelnen Maßnahmen bzw. Teilprojekte eindeutige Verantwortlichkeiten und Zuständigkeiten festzulegen. Den Grundsätzen des Projektmanagements folgend, werden für jede Maßnahme entsprechende Arbeitspakete und Meilensteine definiert und in einem Projektstrukturplan fest gehalten (vgl. Spicker; Schopf, 2007, S. 73). Darüber hinaus erfolgt eine detaillierte Planung hinsichtlich der zeitlichen, räumlichen und finanziellen Ressourcen (vgl. Walter, 2010, S. 158; Badura et al., 1999, S. 100 u. S. 104). Zur übersichtlichen Steuerung und zeitlichen Überwachung empfiehlt sich die Ausarbeitung eines Projektphasenplans (vgl. Spicker; Schopf, 2007, S. 73).

9.3.4 Die Interventionsumsetzung

An die Phase der Interventionsplanung schließt sich die Phase der Interventionsumsetzung an. Es erfolgt nunmehr die Realisierung der einzelnen festgelegten Maßnahmen in der Praxis anhand der vereinbarten Vorgaben. Hier tragen die eingesetzten Maßnahmen- bzw. Teilprojektverantwortlichen die Verantwortung für die jeweils zugewiesenen Aufgabenbereiche. Die Hauptverantwortung für die Umsetzung, Steuerung und Koordination und damit für das Gelingen des Gesamtprozesses verbleibt aber bei der „AG Gesundheit" (vgl. Badura et al., 1999, S. 104).

Bevor allerdings mit der aktiven Umsetzung begonnen wird, ist darauf zu achten, dass alle Mitarbeiter entsprechend umfangreich informiert werden. Informationsinhalte sind dabei eine übersichtliche Zusammenstellung der Ergebnisse der IST-Analyse, die sich daraus ergebenden Ziele und die jeweils abgeleiteten konkreten Maßnahmen. Weiterhin werden Inhalte, Nutzenaspekte und Zielgruppen kommuniziert. Darüber hinaus wird den Mitarbeitern der Startpunkt und die voraussichtliche Dauer der Maßnahmen bzw. Teilprojekte mitgeteilt. Diese transparente Kommunikationskultur ist während des gesamten G-BGM-Prozesses zu pflegen und einzuhalten. Sämtliche Beteiligte sind regelmäßig über den aktuellen Stand, Teilerfolge oder Veränderungen auf dem Laufenden zu halten (vgl. Badura et al., 1999, S. 100; Walter, 2010, S. 159; Spicker; Schopf, 2007, S. 85 u. S. 92). Dadurch haben alle Beteiligten die Möglichkeit den Prozess zu verfolgen, zu verstehen und aktiv daran zu partizipieren. Offene und transparente Kommunikation und Informationsweitergabe erhöhen die Akzeptanz und Motivation bei Mitarbeitern und Führungskräften.

<u>Beispiele für G-BGM-Interventionen:</u>

So unterschiedlich wie die Unternehmen sind, so unterschiedlich sind auch die definierten Ziele und die daraus abgeleiteten Maßnahmen. „*Welche Maßnahme wie durchgeführt* wird ist letztlich von den *betrieblichen Anforderungen und Situationen* abhängig." (Badura et al., 1999, S. 104). Daher kann zur Veranschaulichung an dieser Stelle nur eine Auswahl an möglichen Interventionsmaßnahmen auf jeweils **unterschiedlichen Handlungsebenen** (siehe Kap. 9.1.2, Abb.19) getroffen werden. Diese Auswahl dient als Orientierung und muss in der Praxis an die Rahmenbedingungen des jeweiligen Unternehmens angepasst werden.

Ebene: Prävention

- Primär
  - Aktive Unterstützung des betrieblichen Arbeits- und Gesundheitsschutzes bei Belastungs- und Gefährdungsanalysen
  - Regelmäßige Arbeitsplatzbegehungen (inkl. Mitarbeitergespräche)
  - Reduktion des Wegeunfallrisikos durch Angebot von Fahrausweisen für den öffentlichen Nahverkehr bzw. Organisation von Fahrgemeinschaften
  - Aktive Unterstützung eines Alkohol- und Rauchverbotes im Betrieb
  - Suchtpräventionsprogramme und Workshops
- Sekundär
  - Einbindung des Betriebsarztes in Gesundheitschecks
  - Aufnahme des Betriebsarztes in AG Gesundheit
- Tertiär
  - Zusammenarbeit mit dem betrieblichen Sozialdienst bei Wiedereingliederungsmaßnahmen gem. § 84 SGB IX

Ebene: Gesundheitsförderung

- Allgemeine Organisation
  - Steuerung der AG Gesundheit
  - Einrichtung und Steuerung von Gesundheitszirkeln
  - Regelmäßige Mitarbeiterbefragungen
  - Durchführen von Gesundheits- und Informationsveranstaltungen mit jeweils wechselnder Themenwahl aus dem Bereich G-BGM
- Gesundheitschecks
  - Jährliche Durchführung einer Gesundheitsveranstaltung (z.B. Aktionstag), bei der u.a. wichtige Körperdaten erhoben und anonymisiert verarbeitet werden (z.B. Größe, Ge-

wicht, Alter, Geschlecht, BMI, Körperfettgehalt, Raucher- und Alkoholstatus, kulturelle Herkunft, Berufsgruppe, etc.)
- Bewegungsangebote
  - Betriebssportgruppen ggf. in Koop. mit einem Sportverein
  - Eigenes Fitnessstudio bzw. Koop. mit ext. Fitnessstudiobetreibern
  - Aktive Bewegungspausen am Arbeitsplatz
  - An spezifische Arbeitsbedingungen angepasste Rückenschule
  - Spezielle und altersgerechte Angebote für Frauen und Männer
- Ernährungsangebote
  - Gesunde Verpflegung in der Betriebskantine
  - Spezielle Berücksichtigung kultureller Unterschiede
  - Kostenfreies Angebot von Obst und Wasser in den Pausenräumen
  - Eigene Kochkurse bzw. Koop. mit externen Anbietern
  - Gesundes Essen für Angehörige
- Gesundheitsangebote
  - Entspannungsprogramme
  - Massageangebote am Arbeitsplatz
- Psychologische Beratung/Betreuung
  - Beratungs- und Betreuungsangebote zu den Themen: Mobbing, Stress, Gewalt
  - Spezielle Themen für Frauen (Doppelbelastung) und Personen mit Migrationshintergrund (Integration)
- Netzwerke und Externe Kooperationen
  - Aktive Mitgliedschaft in BGM-Netzwerken
  - Zusammenarbeit mit überbetrieblichen Experten

Ebene: Personalmanagement

- Expertenausbildung
  - Ausbildung von Gesundheitszirkelmoderatoren
  - Ausbildung von G-BGM-Verantwortlichen in den Abteilungen
- Führungskräfteausbildung
  - Seminare zu den Themen Führungsverhalten, Führungsstil, Mitarbeitermotivation, Führen unter Stress
  - Coaching- und Supervisionsmaßnahmen
- Personalakquise
  - G-BGM wird als förderliches Akquise-Instrument eingesetzt
  - Einstellung eines Leiters G-BGM (Vollzeit)
  - Einsatz von z.B. Migranten-, Frauen- und Jugendbeauftragten für G-BGM

- Fehlzeitenmanagement
  - Auswertung der AU-Daten
  - Rückkehr- und Fürsorgespräche
- Betriebliche Sozialleistungen
  - Einrichtung einer betriebseigenen Kinderbetreuungsstätte bzw. Koop. mit externen Anbietern
- Arbeitszeitgestaltung
  - Schaffung flexibler und familiengerechter Arbeitszeitmodelle

Ebene: Organisationsentwicklung

- Integration des G-BGM in die Betriebsorganisation z.b. durch:
  - Schaffung als Stabsstelle G-BGM, die direkt der Unternehmensleitung unterstellt ist
  - Aktive und ständige interne Netzwerkarbeit, um alle Funktionsträger inhaltlich auf einem gemeinsamen Kurs zu halten
- Erweiterung der Unternehmenskommunikation/Öffentlichkeitsarbeit um den Bereich des G-BGM z.b. durch:
  - Erstellung neuer Medien und Informationsmaterialien (Broschüren, Newsletter)
  - Angebot von Medien in der jeweiligen Landessprache (ein Beispiel hierfür ist der IGA-Wegweiser „Gesund arbeiten", den es in Deutsch, Englisch und Türkisch gibt[34]), Erstellung neuer Informations- und Kommunikationsplattformen (Intranet)
- Verbesserung der Unternehmenskultur z.b. durch:
  - Erhöhung der Mitarbeiterbindung (z.b. Mitarbeitergespräche als Präsentismus-Prophylaxe)
  - Familienfreundliche Unternehmenskultur (z.B. Einbindung der Partner bei Veranstaltungen)
  - Förderung des Austausches zwischen den Hierarchieebenen
- Aktive Unterstützung der Image-Arbeit des Unternehmens durch öffentliche Veranstaltungen und Erweiterung der Internetpräsenz

Ebene: Qualitätsmanagement (QM)

- Schaffung eines G-BGM-Vorschlagwesens in Koop. mit dem bestehenden betrieblichen Vorschlagwesen
- Jährliche Erstellung des betrieblichen Gesundheitsberichtes
- Erweiterung des bestehenden QM-System um G-BGM-Qualitätskriterien

---

[34] Weitere Informationen unter: http://www.iga-info.de/veroeffentlichungen/einzelveroeffentlichungen.html#c698 , (02.10.10)

- Weitergabe der Evaluationsergebnisse an bestehendes QM
- Erstellung des G-BGM-Handbuches

(Eigene Zusammenstellung nach: Spicker; Schopf, 2007, S. 95f; BKK-BV, 2004, S. 19; Schmeisser; Bruch, 2008, S. 57; Pirolt; Schauer, 2006, S.239f; BKK-BV et al., 2009, S. 4f; BKK-BV et al., 2009a; Sächsisches Staatsministerium für Soziales, 2008, S. 29f; Westermeyer, 2004, S. 87ff; StMAS, 2010, S. 13 – 37)

9.3.5 Die Evaluation

Unter Evaluation versteht man allgemein „(...) die systematische Informationssammlung für die Bewertung von Programmen."(BZgA, 1999, S. 20). Übertragen auf das G-BGM geht es um die Bewertung des G-BGM-Systems oder auch einzelner Interventionen. Die Evaluation gilt als ein ganz zentraler Bestandteil im Prozess des G-BGM. „Wer die Förderung der Gesundheit im Unternehmen ernst nimmt und sich ganz bewusst für eine gezielte Investition entschieden hat, der wird es nicht versäumen, seinen Erfolg bewertet zu sehen." (BKK-BV, 2004, S. 18). Badura et al. sehen in der Evaluation „(...)das zentrale Element, das Gesundheitsmanagement von bloßem „Gesundheitsaktivismus" unterscheidet." (Badura et al., 1999, S. 112). Bei Noack heißt es dazu: „Erst durch wissenschaftlich begründete Bewertung der Strukturen, Prozesse und Ergebnisse (...)" (Noack, 1999, S. 168) kann man dem Anspruch der Professionalität gerecht werden. „Durch gezielte Erfassung, Dokumentation und Auswertung werden aus betrieblichen Daten gesundheitsrelevante Informationen." (ebd.). Die Integration dieser „(...) Informationen in betriebliche Entscheidungs- und Arbeitsprozesse verbessert das Gesundheitswissen und stärkt die betrieblichen Gesundheitspotentiale."(a.a.O.). Evaluation ist ein wichtiges Führungs– und Steuerungsinstrument. Sie ermöglicht eine permanente Prozessverbesserung, indem sie u.a. auf Möglichkeiten der aktiven Einflussnahme hinweist. Sie ist essentiell für die Planung zukünftiger Maßnahmen und ermöglicht die Vergleichbarkeit unterschiedlicher Merkmale zu verschiedenen Zeitpunkten. Bei konsequenter und professioneller Umsetzung trägt sie entscheidend zur Erhöhung der Verbindlichkeit und der Nachhaltigkeit des G-BGM bei.

9.3.5.1 Evaluationsarten

Die folgende Zusammenstellung gibt einen grundlegenden Einblick in die unterschiedlichen Arten von Evaluation und soll die Erstellung eines unternehmensindividuellen Evaluationskonzeptes in der Praxis unterstützen helfen.

Es gibt eine Reihe verschiedener Evaluationsarten, die sich anhand der u.a. Kriterien unterscheiden lassen.

Nach der Durchführung (Wer führt die Evaluation durch?)

* Selbstevaluation

Diese Evaluation wird von den Projektverantwortlichen (AG Gesundheit, Leiter G-BGM) selbst durchgeführt. Eine sehr kostengünstige Variante, bei der aber die Gefahr der Betriebsblindheit bestehen kann.

* Fremdevaluation

Hierbei wird die Evaluation durch externe Dienstleister (z.B. Krankenkasse, Unternehmensberatung, Wissenschaft) durchgeführt. Je nach Partner und Umfang ist dies mit weitaus höheren Kosten verbunden. Der Vorteil besteht in der Objektivität aufgrund des Abstandes zum Unternehmen. Allerdings benötigt das notwendige „Kennenlernen" der evaluierbaren Strukturen einen erhöhten Zeitaufwand.

Denkbar ist aber auch eine Kombination beider Formen. Diese ist kostengünstiger als eine reine Fremdevaluation, benötigt allerdings einen erhöhten Abstimmungsbedarf zwischen externen und internen Partnern.

Nach dem Zeitpunkt (Wann wird evaluiert?)

* Prozessevaluation

Prozessevaluation findet während des laufenden Prozesses statt und ermöglicht damit bei Bedarf ein direktes und optimierendes Eingreifen bzw. Verändern laufender Interventionen.

* Ergebnisevaluation

Ergebnisevaluation findet in der Regel am Ende des Prozesses statt und man erhält einen SOLL-IST-Vergleich. Ein steuerndes Eingreifen während des Prozesses ist somit nicht möglich. Es empfiehlt sich daher den Gesamtprozess in einzelne Teilprozesse zu unterteilen. Damit kann, sofern zu erreichende Teilziele festgelegt wurden, die Ergebnisevaluation nicht nur am Ende des Gesamtprozesses stattfinden, sondern auch am Ende der jeweiligen Teilabschnitte (Meilensteine).

Nach dem Objekt (Was wird evaluiert?)

- Evaluation der Strukturqualität

    Bei der Evaluation der Strukturqualität wird überprüft, ob die notwendigen Rahmenbedingungen (strukturelle und personelle Ressourcen) in angemessener Form vorhanden bzw. geschaffen wurden. Dabei wird dementsprechend auch überprüft, in wieweit sich strukturverändernde Maßnahmen auf die Unternehmensorganisation ausgewirkt haben, d.h. wie sich dadurch die Qualität der Unternehmensstruktur verändert hat.

- Evaluation der Prozessqualität

    Es wird die Qualität des Prozesses evaluiert, d.h. es wird überprüft, ob die vorgebenden Abläufe und Zeitfenster, sowie die einzelnen Arbeits- und Aufgabenpakete in ihrer Gesamtheit dazu geeignet waren oder sind, die vorgegebenen Ziele zu erreichen. So wird z.B. überprüft, ob die geplanten Interventionen in der vorgegebenen Reihenfolge, Art und Weise durchgeführt und umgesetzt wurden bzw. werden können oder, ob die vorgegebenen Zeitfenster ausreichend dimensioniert waren bzw. sind.

- Evaluation der Ergebnisqualität

    Die Ergebnisqualität gibt Auskunft darüber, wie hoch der Zielerreichungsgrad der jeweiligen Maßnahme oder auch des Gesamtprozesses ist. Es wird festgestellt, ob die Ziele erreicht wurden, die im Vorfeld festgelegt worden sind. Bei Abweichungen wird nach entsprechenden Ursachen ermittelt. Darüber hinaus wird auch überprüft, ob die vorliegenden Daten auch wirklich das messen, was gemessen werden sollte bzw. welche Aussagekraft/Belastbarkeit die erhobenen Daten tatsächlich haben (Validität). Das heißt, dass an dieser Stelle gleichzeitig auch die Qualität der Evaluation überprüft werden kann.

- Evaluation der Maßnahmenqualität

    Bei dieser Evaluation wird überprüft, ob die einzelnen Maßnahmen tatsächlich geeignet waren, die gesteckten Ziele zu erreichen. Insofern erinnert sie an die Evaluation der Prozessqualität, bricht den Prozess allerdings auf die Maßnahmenebene herunter. Die Evaluation der Maßnahmenqualität sollte während der Maßnahmenumsetzung stattfinden, um ggf. rechtzeitig optimierend eingreifen zu können.

(Eigene Zusammenstellung nach: Badura et al., 1999, S. 20 u. S. 114ff; Spicker; Schopf, 2007, S. 105f; Noack, 1999, S. 169; UK-Bund, 2009, S. 28)

9.3.5.2 Evaluationsinstrumente

Im Folgenden werden einzelne Evaluationsinstrumente zusammengestellt, die für ein G-BGM von besonderer Bedeutung sind. Bei deren Anwendung im Rahmen des G-BGM sind unternehmensindividuelle Gegebenheiten zu beachten und die Instrumente der jeweiligen Unternehmenssituation anzupassen.

Der betriebliche Gesundheitsbericht

Der Gesundheitsbericht wird jährlich erstellt und ist ein wichtiges Informations- und Kommunikationsinstrument im Rahmen des G-BGM, sowie eine „(…) fundierte und sachliche Entscheidungsgrundlage(…)." (BKK-BV, 2004, S. 23) für die G-BGM-Verantwortlichen im Unternehmen (AG Gesundheit). Insbesondere bei der Einführung eines G-BGM ist er von entscheidender Bedeutung, da er die Ausgangssituation im Unternehmen dokumentiert, wodurch die Bewertung künftiger Entwicklungen überhaupt erst ermöglicht wird (vgl. Spicker; Schopf, 2007, S. 85). Er enthält hauptsächlich Beurteilungen und Bewertungen über den Umsetzungsgrad und die Wirksamkeit der geplanten Maßnahmen, aber auch des gesamten G-BGM. Damit informiert er die Unternehmensleitung und die Mitarbeiter gleichermaßen darüber, welche Erfolge bisher erzielt wurden und in welchen Bereichen noch Verbesserungsbedarf besteht. Diesbezüglich enthält er auch Lösungsansätze und Maßnahmen, die zur Verbesserung beitragen sollen und die zugehörigen Verantwortlichkeiten. Darüber hinaus wirft der Gesundheitsbericht einen Blick in die Zukunft, indem Ziele gesetzt bzw. verfeinert und künftige Projekte vorgestellt werden. Jeder Gesundheitsbericht ist unternehmensindividuell und wird den betrieblichen Gegebenheiten angepasst.

Er sollte folgende Informationen, inklusive der jeweils zugehörigen Beurteilungen und Bewertungen enthalten:

- Übersicht über das gesamte G-BGM-Programm
- Stand der Maßnahmenplanung und Maßnahmenumsetzung
- Konkrete Ergebnisse einzelner Maßnahmen
- Ergebnisse aus ausgewählten Analysen und Statistiken (siehe Kap. 9.3.5.3)
- Wichtige Kennzahlen und Indikatoren (siehe Kap. 9.3.5.3)
- Kosten-/ Nutzenrelationen (z.B. Einsparung von Personalkosten, Reduzierung von Fehlzeiten, Senkung Krankenstand)
- Branchenvergleiche (Benchmarking)

- Zur besseren Verständlichkeit und zur Erhöhung der Anschaulichkeit enthält der Bericht entsprechende Tabellen, Grafiken und Diagramme (Eigene Zusammenstellung nach: BKK-BV, 2004, S. 22f; Badura et al., 1999, S. 137; StMAS, 2010, S. 38f)

Mitarbeiterbefragungen

Mitarbeiterbefragungen sind ein wichtiges Beteiligungsinstrument im Rahmen des G-BGM. Die Mitarbeiter werden systematisch mittels Fragenbögen oder in Interviews über ausgewählte Themenbereiche befragt, wie z.b. physische und psychische Belastungen am Arbeitsplatz, Einschätzung der Arbeitsbedingungen, individuelle Bedürfnisse, Belastungen außerhalb der Arbeitstelle, Arbeitsfreude, Betriebsklima, Motivation, Führungsqualität, Gesundheitszustand und Gesundheitsverhalten. Die Ergebnisse werden in der AG Gesundheit ausgewertet und liefern Anhaltspunkte für die Planung entsprechender BGM-Maßnahmen, für die aus Sicht der Beschäftigten großer Handlungsbedarf besteht (**zielgruppengenaue Priorisierung**) (vgl. Sochert, 1999, S. 507). Die so aufbereiteten Ergebnisse der Mitarbeiterbefragungen werden im Unternehmen in geeigneter Form kommuniziert und jährlich im betrieblichen Gesundheitsbericht veröffentlicht. Das Entscheidende bei Befragungen ist, dass es nicht nur bei der bloßen Veröffentlichung bleibt, sondern dass die Mitarbeiter erleben, dass sich auf der Basis der Umfrageergebnisse zeitnah positive Veränderungen vollziehen (vgl. ebd., S. 508). Das erhöht die Motivation zur aktiven Unterstützung weiterer Umfragen. Zur Erhebung der Daten können bereits vorgefertigte, standardisierte Fragebögen (Bsp. siehe Kap. 9.3.5.3) verwendet oder unternehmensindividuelle entwickelt werden. Bei zukunftsweisenden Umfragen ist zu beachten, dass es sich nicht um Einmalaktionen handeln sollte. Daher müssen die Fragebögen so gestaltet sein, dass sie über einen längeren Zeitraum verwendet werden können, um damit vergleichbare Daten zu liefern (vgl. ebd.). Der Umfang der Befragung und der Schwerpunkt können je nach Bedarf variieren. So z.B. erhält man beim BKK-BV einen vorgefertigten Fragebogen[35], der sich ausschließlich der Thematik „Betriebsverpflegung" annimmt.

---

[35] Der Fragebogen steht als Download unter folgendem Link zu Verfügung: http://www.bkk.de/fileadmin/user_upload/PDF/Arbeitgeber/Betriebliche_Gesundheitsfoerderung/Betriebsverpflegung/betriebsverpflegung_fragebogen.pdf , 03.10.10

Gesundheitszirkel - GZ

Gesundheitszirkel sind innerbetriebliche Arbeitskreise, die sich je nach betrieblicher Struktur aus Teilnehmern unterschiedlicher Berufsgruppen und Hierarchieebenen zusammensetzen (vgl. Vogt-Akpetou, 1999, S. 159; Schmeisser; Bruch, 2008, S. 54; Spicker; Schopf, 2007, S. 87). Der GZ dient u.a. dazu, dem BGM-Grundsatz „Partizipation" gerecht zu werden, da hierbei die aktive Beteiligung und Mitarbeit der Beschäftigten möglich wird. Die Zirkel arbeiten im Auftrag der AG Gesundheit für einen begrenzten Zeitraum mit der Aufgabe, gezielte Maßnahmenvorschläge für definierte Problemkreise zu erstellen. Die, in der Literatur angegebene, empfohlene Arbeitsdauer solcher Zirkel schwankt zwischen 4 bis 12 Sitzungen, jeweils 14tägig und während der Arbeitszeit (vgl. Vogt-Akpetou, 1999, S. 159; Spicker; Schopf, 2007, 87f; BKK-BV, 2004, S. 24). Hier ist je nach Arbeitsumfang eine betriebsindividuelle Organisation erforderlich. Maximal sollten aber Gesundheitszirkel nicht länger als 6 Monate zur Erstellung entsprechender Vorschläge benötigen (vgl. BKK-BV, 2004, S. 24). Anderenfalls besteht die Gefahr, dass notwendige Entscheidungen erst mit großer zeitlicher Verzögerung umgesetzt werden. Dies würde die Akzeptanz und die Glaubhaftigkeit des Zirkels, als einem aktionalen Instrument, innerhalb der Belegschaft schwächen. In den Zirkeln werden arbeitsbedingte psychische und physische Belastungen und Ressourcen der Mitarbeiter thematisiert, analysiert und Maßnahmenvorschläge erarbeitet, um Verbesserungen herbeizuführen (vgl. Vogt-Akpetou, 1999, S. 159; Spicker; Schopf, 2007, S. 87). Über die Umsetzung der Vorschläge soll dann die AG Gesundheit in Absprache mit der Unternehmensführung zeitnah entscheiden.

Personelle Zusammensetzung des Gesundheitszirkels – allgemein:

Die wohl gängigste Zusammensetzung des Gesundheitszirkels basiert auf Erfahrungen des BKK-BV. Danach sollte der Zirkel aus der verantwortlichen Führungskraft, einem Vertreter des Betriebsrates, 5 – 6 Mitarbeitern, dem Betriebsarzt, einem Vertreter der Personalabteilung, der Fachkraft für Arbeitssicherheit und dem Moderator bestehen (vgl. BKK-BV, 2004, S.24). Neben den benannten Funktionären können noch weitere Personen hinzutreten. So empfiehlt sich gerade im Hinblick auf ein G-BGM die temporäre Beteiligung z.B. von Jugend-, Frauen- und Migrationsbeauftragten. Eine maximale Anzahl von 12 Personen sollte dabei nicht überschritten werden (vgl. Vogt-Akpetou, 1999, S. 160). Der GZ wird von einem internen oder einem externen Moderator geleitet. Die Entscheidung zu Gunsten einer internen bzw. externen Lösung ist jeweils mit Vor- und

Nachteilen verbunden (vgl. Spicker; Schopf, 2007, S. 88). Tab. 18 enthält diesbezüglich eine kleine Übersicht.

Wer	Vorteil	Nachteil
Interner Moderator	kennt den Betrieb und ist selbst bekannt, ständig erreichbar	seine betriebliche Position kann ihn in Konflikte stürzen
Externer Moderator	nicht betriebsblind, verfügt über Erfahrungen mit anderen Betrieben, ist nicht direkt abhängig von der Betriebsleitung	nicht ständig erreichbar, muss betriebliche Strukturen und Abläufe erst kennenlernen

Tab. 18 - Vor- und Nachteile interner und externer Moderatoren (http://www.ergo-online.de/site. aspx?url=html/gesundheitsvorsorge/betriebliche_gesundheitsfoerd/gesundheitszirkel_moderation. htm#5 , 03.10.10)

Der Verfasser empfiehlt, die Leitung (Moderation) des GZ, dem Leiter-BGM des Unternehmens zu übertragen, da dieser aufgrund seines Stellenprofils, die notwendige Qualifikation für eine neutrale Moderation mitbringt. Es ist darüber hinaus möglich und empfiehlt sich für den Fall der Abwesenheit des BGM-Leiters, weitere Personen im Unternehmen als Zirkel-Moderatoren zu qualifizieren[36].

Gesundheitszirkel im Krankenhaus:

Im Gesundheitswesen und insbesondere auch im Krankenhaus werden seit mehreren Jahren erfolgreich Gesundheitszirkel als Interventions- und Beteiligungsinstrument eingesetzt. In den Häusern, in denen bislang noch kein BGM installiert ist, konnten im Hinblick auf Zirkelarbeit bereits umfangreiche Erfahrungen aus bestehenden Qualitätszirkeln[37] gesammelt werden. In diesen Zirkeln ging es, innerhalb der QM-Orientierung, u.a. auch bereits vereinzelt um Themen des Arbeitsschutzes und der Arbeitszufriedenheit (vgl. Müller et al., 1997, S. 205).

Aufgrund der Komplexität (zeitlich, strukturell) des Krankenhausalltages ist es schwer, die betreffenden Vertreter der unterschiedlichen Gruppen (s.o.) gleichzeitig an einen Tisch zu bekommen. Insofern kann es hilfreich sein, die allgemein empfohlene Zusam-

---

[36] Entsprechende Ausbildungsangebote finden sich z.B. unter: http://eudaimon.de/seminar_gesund heitszirkelleiten.html , 02.10.10 oder http://www.teamgesundheit.de/index.php?id=100 , 02.10.10
[37] Qualitätszirkel in den Krankenhäusern entstanden im Zuge der bundesweit für Krankenhäuser verpflichtend eingeführten QM-Systeme.

mensetzung für den Krankenhausbetrieb zu verändern. So ist z.B. die ständige Teilnahme des Betriebsarztes, der Fachkraft für Arbeitssicherheit und der Personalleitung nicht zwingend erforderlich, da diese bereits in der AG Gesundheit vertreten sind (vgl. ebd., S. 214f). Im Krankenhaus sollten dafür eher z.B. Pflegedienstleitung, Therapeuten und ein Vertreter des Ärztlichen Dienstes eingebunden werden. Insbesondere im Krankenhaus ist es wichtig, dass Vertreter des Ärztlichen Dienstes und des Pflegedienstes gemeinsam im GZ vertreten sind, da dadurch auch ein Beitrag dazu geleistet wird, die bestehenden Kommunikations-, Führungs- und Wahrnehmungsdefizite zwischen den Berufsgruppen und Hierarchieebenen im Krankenhaus objektiv und auf Augenhöhe zu bearbeiten (vgl. ebd., S. 108 u. S. 123). Die Mitarbeiter (Pflegekräfte) sollten unterschiedlichen Zielgruppen entstammen. Bei Bedarf können einzelne Vertreter der AG, Fachkräfte und Beauftragte hinzugezogen werden. Abb. 25 zeigt hierfür eine mögliche personelle Zusammensetzung des GZ im Krankenhaus.

Abb. 25 - Gesundheitszirkel im Krankenhaus am Beispiel der stationären Pflege (Eigene Darstellung nach: Müller et al., 1997, S. 215)

9.3.5.3 Analysen, Statistiken, Kennzahlen, Indikatoren und Hilfsmittel

Es folgt eine Zusammenstellung (Auswahl) relevanter Analysen und Statistiken, die im BGM zu erstellen sind. Daran schließt sich eine Zusammenstellung (Auswahl) hierzu notwendiger Kennzahlen und Indikatoren an, die im Rahmen der Analysen erhoben werden. Am Ende dieses Kapitels, werden exemplarisch noch einige Erhebungshilfsmittel (Auswahl) zusammengestellt, die die Evaluationsarbeit unterstützen können.

Analysen und Statistiken (Auswahl):

- Gesundheitsbericht der Krankenkasse
- Fehlzeitenstatistik der Personalabteilung
- Personalstatistiken (Organigramme, Struktur, Bestand)
- Ergebnisübersicht der Arbeitsplatzbegehungen und Arbeitsplatzanalysen
- Unfallstatistik der Fachkraft für Arbeitssicherheit
- Statistik des Betriebsarztes (z.B. aus Gesundheitschecks)
- Statistik über Betriebliche Eingliederungsmaßnahmen
- Analysen der Mitarbeiterumfragen (z.B. Betriebsklima, Arbeitsbedingungen, etc.)

(Eigene Zusammenstellung nach: MDS, 2008, S. 74f)

Allgemeine Kennzahlen (Auswahl):

- Krankenstand/Gesundheitsquote (in %)
- AU-Tage (Anzahl p. P. im Jahr)
- Mitarbeiterzufriedenheit (per Umfrage in %)
- Teilnahmequote an Gesundheitsangebote (per Teilnahmebögen in %)
- Überstundenentwicklung (Anzahl p. P. und Berufsgruppe im Jahr)
- Fluktuationsrate (Abgänge/Zugänge pro Berufsgruppe im Jahr in %)
- Betriebszugehörigkeit (Anzahl in Jahren pro Berufsgruppe)
- Kunden- bzw. Patientenzufriedenheit (per Umfrage in %)
- Vorschläge im BGM-Vorschlagwesen (Anzahl pro Jahr)

(Eigene Zusammenstellung nach: Pelster, 2010, S. 174; StMAS, 2010, S. 38f)

Indikatoren und Erhebungsinstrumente (Auswahl)

Die folgenden Indikatoren und Erhebungsinstrumente können die Evaluationsarbeit professionalisieren und erheblich vereinfachen.

- Work Ability Index (WAI)

„Der Work Ability Index (WAI) ist ein Messinstrument zur Erfassung der Arbeitsfähigkeit von Erwerbstätigen. Er wird auch als Arbeitsfähigkeitsindex oder Arbeitsbewältigungsindex bezeichnet." (http://www.arbeitsfaehigkeit.uni-wuppertal.de/index. php?der-wai , 03.10.10). Er gilt als „(…) anerkannte und vielfach bewährte Kennzahl im Betrieblichen Gesundheitsmanagement." (vgl. Mölders, 2009, S. 196). Mit Hilfe eines Fragebogens werden jeweils aus der Sicht der Mitarbeiter unterschiedliche Merkmale erhoben, wie z.B. Einschätzung der heutigen und künftigen physischen und psychischen Arbeitsfähigkeit, aktuelle diagnostizierte und nicht diagnostizierte Krankheiten und Verletzungen, Krankenstand und Arbeitsfreude. Den Fragebogen gibt es in einer kurzen und einer langen Version, wobei die lange Version einen höheren Umfang hinsichtlich der Erfassung bestehender Krankheiten und Verletzungen aufweist. Damit eignet sich die lange Version besonders gut, um den aktuellen Gesundheitszustand, vorrangig in Bezug auf Krankheiten und Verletzungen darzustellen. Der WAI ermittelt dabei aber nicht, in welchem Ausmaß diese Erkrankungen die Arbeitsfähigkeit und damit die Produktivität beeinflussen. Dazu ist die WAI-Erhebung durch den WPAI (s.u.) zu ergänzen. Mit dem WAI werden auch „(…) nicht die Belastungen und Ressourcen [ge-] messen (Anm. d. Verf.), die durch die Arbeitsplatzgestaltung entstehen." (Tempel et al., 2010, S. 184). Wird der WAI allerdings kontinuierlich und regelmäßig erhoben, liefert er wichtige Erkenntnisse über die Krankheits- und Verletzungsentwicklung im Unternehmen. Da im Alter die Krankheitshäufigkeit zunimmt, ist der WAI gerade bei dieser Gruppe gut geeignet, um entsprechende Maßnahmen für die ältere und die älter werdende Belegschaft abzuleiten (vgl. http://www.inqa.de /Inqa/Navigation/publikationen,did=208250.html , 03.10.10).

- Work Productivity and Activity Impairment Questionnaire (WPAI)

Mit Hilfe des WPAI können Produktivitätseinbußen ermittelt werden, die sich aus krankheitsbedingten Fehlzeiten und krankheitsbedingt eingeschränkter Produktivität (Präsentismus) ergeben. Damit macht es das Phänomen „Präsentismus" (siehe Kap. 6.6.2) teilweise auf Unternehmensebene darstellbar. Der WPAI gibt somit einen Aufschluss über die ökonomische Bedeutung von Arbeit trotz Krankheit. Weiterhin kann mit Hilfe des WPAI die Krankenstandsquote relativiert werden. Ein niedriger Krankenstand im Unternehmen bedeutet nicht automatisch auch eine hohe Produktivität (vgl. Bödeker; Hüsing, 2008, S. 93 ff).

- ROI-Berechnung mittels Kosten-Nutzen-Analyse (KNA)

Mit Hilfe der KNA können Kosten und Nutzen einzelner BGM-Maßnahmen oder des gesamten Prozesses einander gegenüber gestellt und der entsprechende ROI abgeschätzt werden. Die KNA macht es insbesondere möglich auch unterschiedliche Maßnahmen miteinander zu vergleichen (vgl. Fritz, 2009, S. 111ff). Damit erhält das Unternehmen die Möglichkeit, sich für die Maßnahme mit dem jeweils höchsten ROI zu entscheiden und zwar zunächst unabhängig vom jeweiligen Maßnahmeninhalt.

- DigA: Diagnose gesundheitsförderlicher Arbeit

Mit einem 91 Items umfassenden Fragebogen[38] werden „(…) positive und negative Aspekte der Arbeit sowie der Gesundheit erfasst. Dadurch erhält man einen umfassenden Überblick über die gesundheitliche Situation im Betrieb bzw. des untersuchten Bereiches." (vgl. http://www.baua.de/cln_137/de/Informationen-fuer-die-Praxis/ Handlungshilfen-und-Praxisbeispiele/Toolbox/Verfahren/DigA.html , 03.10.10). Im Rahmen der Befragung werden Daten z.B. zu den Merkmalen Arbeitsplatzunsicherheit, Betriebsklima, Entscheidungsmöglichkeiten am Arbeitsplatz, Kommunikation mit Vorgesetzten, Zeitdruck, Unterbrechungen/Störungen, Beschwerden und Arbeitsfreude erhoben (vgl. Ducki, 2000, S. 124).

Evaluationshilfsmittel (Auswahl)

- Checkliste zur Kantinenverpflegung
  (vgl. http://www.bkk.de/fileadmin/user_upload/PDF/Arbeitgeber/Betriebliche_ Gesundheitsfoerderung/Betriebsverpflegung/betriebsverpflegung_checkliste.pdf , 03.10.10)
- Durchführung von Mitarbeiterbefragungen
  (vgl. http://www.bkk.de/fileadmin/user_upload/PDF/Arbeitgeber/Betriebliche_ Gesundheitsfoerderung/mitarbeiterbefragung_joussen.pdf , 03.10.10)
- Anwenderhandbuch Evaluation
  (vgl. http://www.bkk.de/fileadmin/user_upload/PDF/Arbeitgeber/Betriebliche_ Gesundheitsfoerderung/Handbuch_2_BGF_2008-06_.pdf , 03.10.10)

---

[38] Der Fragebogen ist bei der „BGF Gesellschaft für Betriebliche Gesundheitsförderung mbH" (www.bgf-berlin.de , 03.10.10) erhältlich.

- Fragebogen zur Selbsteinschätzung (Online-Tool)
  (vgl. http://enwhp.org/fragebogen/fragebogen.php?lang=0&site=0 , http://www.
  dnbgf.de/newsarchiv/fragebogen-zur-selbsteinschaetzung.html , 03.10.10)

- Fragebogen zur Einschätzung der demographischen Situation im Unternehmen (Online-Tool)
  (vgl. http://www.inqa-demographie-check.de/selbsttest.php , 03.10.10)

- Fragebogen zur Einschätzung des Umgangs mit Diversity im Unternehmen
  (Online-Tool)
  (vgl. http://www.online-diversity.de/check.php , 03.10.10

9.3.6 Die Nachbereitungsphase

In der Regel ist eine Nachbereitungsphase bei Projekten von Bedeutung, die einen tatsächlichen Abschluss haben. In unserem Fall kann man die Einführung des G-BGM als Projekt, das G-BGM-System an sich aber nicht als abgeschlossenen Prozess betrachten. Der Einführungsprozess ist zeitlich begrenzt und sollte sich nicht über mehr als 2 Jahre hinziehen. In dieser Zeit kann festgestellt werden, ob die aufgebauten G-BGM-Strukturen grundsätzlich funktionieren und akzeptiert sind. Erste messbare Ergebnisse liegen auch bereits vor. Belastbare Ergebnisse benötigen, wie im Text beschrieben, ca. 4 Jahre, allerdings ist bereits nach zwei Jahren eine Tendenz erkennbar. Dies ist der richtige Zeitpunkt, um den Einführungsprozess zu reflektieren und Perspektiven für das weitere Vorgehen zu analysieren. Anhand der Evaluationsergebnisse kann beurteilt werden, was bisher im Rahmen der Einführung erreicht werden konnte, wohin sich das G-BGM-System entwickelt und welche Probleme noch zu beseitigen sind. Es geht also darum, objektiv einzuschätzen, wo man steht und wie es weiter gehen soll, d.h. ob das G-BGM in der vorliegenden Form endgültig in das Unternehmen implementiert werden kann. Diese richtungsweisende Reflexion ist Hauptbestandteil der Nachbereitungsphase, die, um keine Missverständnisse aufkommen zu lassen, keine Unterbrechung des laufenden Einführungsprozesses, also keine Unterbrechung der vier Kernprozesse (siehe Kap. 9.3) bedeutet. Der Einführungsprozess läuft also zunächst ungehindert weiter.

Da es sich bei der endgültigen Implementierung eines G-BGM um einen weitreichenden und dauerhaften Eingriff in die bestehenden Unternehmensstrukturen handelt, ist an dieser Stelle (in dieser Phase) eine Bestätigung und Bekräftigung der, bereits zu Beginn des Einführungsprozesses von Unternehmensleitung und Mitarbeitervertretung abgegebenen Positionierung zum G-BGM (siehe Kap. 9.3.1.1), als Basis für die weiteren Schritte im Hinblick auf die finale Implementierung, erforderlich. Liegen hier eindeutig positive Willensbekundungen vor, kann der Einführungsprozess offiziell als beendet betrachtet werden, und es beginnt der Stabilisierungs- und Festigungsprozesses. Die Umsetzungsverantwortung liegt, da die laufenden Prozesse, wie oben beschrieben nicht unterbrochen wurden, weiterhin bei der AG Gesundheit und dem Leiter-BGM. Es geht nun darum, die Verbindlichkeit und Nachhaltigkeit der neu aufgebauten Strukturen zu erhalten und zu festigen (vgl. Münch, 1999, S. 132ff; Pelster, 2010, S. 171ff).

10. Die Einführung eines G-BGM in ein Krankenhaus – Eine Standortbestimmung für die Planung

Die Unternehmensleitung des Klinikums München-Ost der Isar-Amper-Klinikum gemeinnützige GmbH (Im Folgenden KMO) trägt sich schon seit geraumer Zeit mit dem Gedanken, ein BGM einzuführen. Man weiß, dass im Haus schon einige Voraussetzungen hierfür geschaffen worden sind, es allerdings an einer Systematik und dem notwendigem Fachwissen fehlt, um weitere Schritte in Richtung BGM-Einführung zu planen.

Für die weitere Planung ist es nunmehr notwendig, eine Standortbestimmung durchzuführen, mit dem Ziel, zu analysieren, welche Voraussetzungen noch zu schaffen sind, damit eine BGM-Einführung und deren spätere Umsetzung erfolgreich wird.

Im Folgenden[39] wird dementsprechend zunächst dargestellt, wie groß der Bedarf an einem G-BGM ist, indem ausgewählte personalbezogene Kennzahlen des Hauses ausgewählt, analysiert und aus Sicht des G-BGM bewertet werden[40].

Anschließend wird untersucht, in welchem Umfang bereits Voraussetzungen für die Einführung eines G-BGM im KMO vorliegen. Dabei werden, beginnend mit den Statements ausgewählter Experten, ausgewählte Aspekte betrachtet und ebenfalls aus der Sicht des G-BGM bewertet.

Das Kapitel schließt mit einer Gesamtbewertung und entsprechenden Handlungsempfehlungen für das weitere Vorgehen im Hinblick auf die Schaffung noch nicht realisierter Voraussetzungen.

---

[39] Alle unternehmensbezogenen Angaben und Kennzahlen des KMO, auf die sich der Verfasser im Folgenden bezieht, entstammen z.T. betriebsinternen Unterlagen bzw. beruhen auf Mittelungen (Interviews) der Unternehmensleitung, der Personalabteilung, des betrieblichen Sozialdienstes und der Krankenkasse. Sämtliche Unterlagen und Interviewniederschriften liegen dem Verfasser vor. Die Veröffentlichung einzelner Angaben und Kennzahlen erfolgt grundsätzlich mit freundlicher Genehmigung der Unternehmensleitung. Eine umfängliche Veröffentlichung der genutzten Quellen, ist aber im Rahmen der vorliegenden Studie thematisch nicht zielführend und daher nicht vorgesehen. Der Verfasser konzentriert sich dementsprechend auf die Angaben, die für die Standortbestimmung des Krankenhauses von entscheidender Bedeutung sind und die gleichzeitig für einen gelingenden Wissenstransfer auf andere Krankenhäuser genutzt werden können. Für detaillierte Nachfragen zu betriebsindividuellen Details ist eine Kontaktaufnahme zum Verfasser über den Verlag möglich.
[40] Das hierbei durchgeführte Benchmarking ist grundsätzlich auf andere Krankenhäuser übertragbar. Es muss dort allerdings den unternehmensindividuellen Gegebenheiten angepasst werden.

10.1 Unternehmensvorstellung

Das KMO „(…) ist eines der größten Fachkrankenhäuser für Psychiatrie, Psychotherapie, psychosomatische Medizin und Neurologie in Deutschland (…).“ (www.iak-kmo.de , 10.10.10). „Seit 1978 ist das Klinikum Lehrkrankenhaus der Ludwig-Maximilians-Universität München.“ (http://www.iak-kmo.de/index.php?id=36 , 10.10.10). „Mit über 2200 Mitarbeiterinnen und Mitarbeitern, annähernd 1200 Betten und 90 teilstationären Plätzen leistet das Klinikum die psychiatrische Vollversorgung der Landeshauptstadt München und Umland mit Spezialisierungen für die Bereiche Sucht, Gerontopsychiatrie und Forensische Psychiatrie. Ferner stehen innerhalb der allgemeinpsychiatrischen Abteilungen spezielle Stationen zur Krisenintervention und für die Behandlung von Depressionen, Doppeldiagnosen, Persönlichkeitsstörungen und psychosomatischen Erkrankungen zur Verfügung.“ (www.iak-kmo.de , 10.10.10). Das KMO gehört als Tochtergesellschaft dem Unternehmensverbund „Kliniken des Bezirks Oberbayern - Kommunalunternehmen" (KBO) an. Das KBO ist ein selbständiges Kommunalunternehmen des öffentlichen Rechts, welches im Jahre 2007 gegründet wurde. Das KBO ist mit über 5300 Mitarbeitern und 2900 Betten zuständig für „(…) die stationäre, teilstationäre und ambulante Versorgung in den Bereichen Kinder- und Jugendpsychiatrie, Erwachsenenpsychiatrie einschließlich Maßregelvollzug, Psychotherapie und Psychosomatik sowie Sozialpädiatrie und Neurologie des Bezirks Oberbayern.“ (http://www.kbo-ku.de/ index.php?id=17 , 10.10.10). Träger des KBO sowie Satzungsgeber und Gewährungsträger der angeschlossenen Tochtergesellschaften ist der Bezirk Oberbayern (vgl. http://www.iak-kmo.de/index.php?id=36 , 10.10.10).

10.2 Unternehmensanalyse

10.2.1 Krankenstand

Zum Stichtag 31.12.2009 hatte das Krankenhaus 2234 Mitarbeiter[41] (IAK, Personalabteilung, E-Mail vom 26.07.2010). Die Entwicklung des Krankenstandes in den zurückliegenden Jahren ist insgesamt als negativ zu bezeichnen. Er stieg von 4,55 % im Jahr 2005 auf 4,74% im Jahr 2009 (siehe Abb. 26 auf der folgenden Seite).

---

[41] Anzahl Vollkräfte: 1567 (vgl. IAK, 2010b, o.S.)

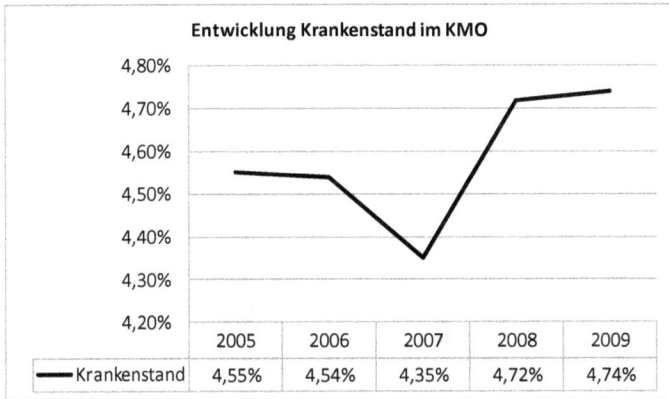

Entwicklung Krankenstand im KMO

	2005	2006	2007	2008	2009
━━ Krankenstand	4,55%	4,54%	4,35%	4,72%	4,74%

Abb. 26 – Entwicklung Krankenstand KMO (Eigene Darstellung nach: IAK, 2010a, o.S.; IAK, 2010b, o.S.)

Bewertung aus Sicht eines G-BGM

Der Krankenstand ist trotz des Anstiegs, mit Blick auf die Branche Sozial- und Gesundheitswesen (4,9% vgl. Kap. 6.2.3, Tab. 15), insgesamt als gut einzuschätzen. Die Branche kann hierbei als geeignetes Benchmark für das KMO herangezogen werden, da hier, im Vergleich zu klassischen Krankenhäusern mit stationärer Pflege, eine große Anzahl der Mitarbeiter den nicht klassisch klinischen Berufsfeldern zuzuordnen sind. Insgesamt beschäftigt das Haus nämlich u.a. ca. 150 Psychologen, Psychotherapeuten, Sozialpädagogen und Sozialarbeiter. Betrachtet man darüber hinaus die bundesweite Krankenstandsquote in Abhängigkeit von der Betriebsgröße, kann festgestellt werden, dass das KMO deutlich darunter[42] liegt. Dieses Ergebnis ist zunächst erfreulich, darf aber nicht über den realen Anstieg im Haus seit 2005 hinweg täuschen.

Da es sich bei der Angabe in Abb. 26 um einen Gesamtkrankenstand des KMO handelt, soll im nächsten Schritt analysiert werden, welche Berufsgruppen in welchem Maße betroffen sind. In Abb. 27 (auf der folgenden Seite) ist hierzu die Krankenstandsentwicklung für die zahlenmäßig größten Berufsgruppen im Haus dargestellt.

Bei der Betrachtung der umseitigen Grafik (Abb. 27) erkennt man zunächst einen deutlichen Rückgang bei den Mitarbeitern des Technischen Dienstes. Bei allen anderen abgebildeten Berufsgruppen ist insgesamt ein Anstieg, und zwar bezogen auf das Jahr 2005, zu erkennen.

---

[42] Bundesweit liegt der Krankenstand in Häusern mit mehr als 1000 Mitarbeitern bei 5,1% (vgl. Kap. 6.2.3, Tab. 15).

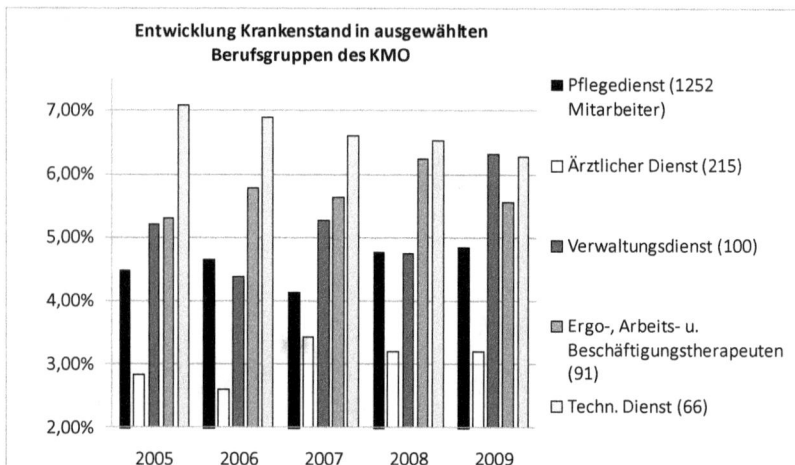

Abb. 27 - Krankenstandsentwicklung nach Berufsgruppen (Eigene Darstellung nach: IAK, 2010a, o.S.; IAK, 2010b, o.s.)

Aufgrund der Größe (Anzahl Mitarbeiter) dieser dargestellten Berufsgruppen im Vergleich zur Gesamtpersonalzahl des Hauses wird deutlich, dass diese Berufsgruppen maßgeblich die Entwicklung des Krankenstandes beeinflussen und damit die Hauptzielgruppen für ein G-BGM im Rahmen einer bedarfsgerechten Priorisierung darstellen. Der permanente Aufwärtstrend bei diesen Berufsgruppen wird grafisch in Abb. 28 besonders deutlich.

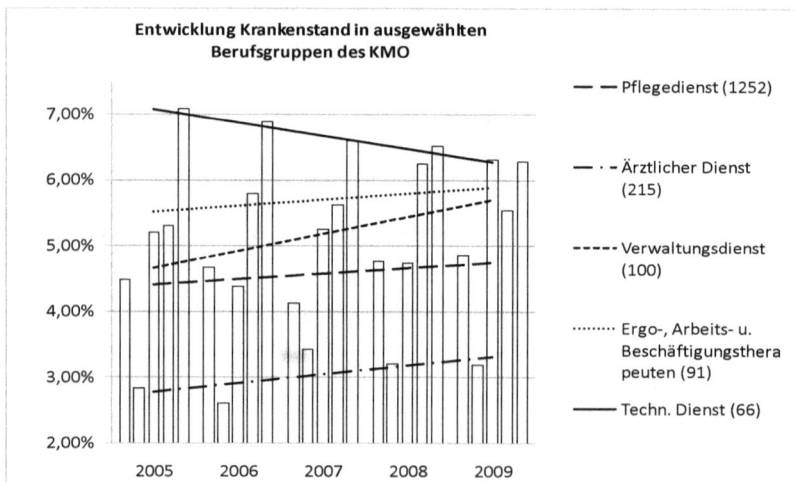

Abb. 28 - Krankenstandentwicklung (Trend) nach Berufsgruppen (Eigene Darstellung nach: IAK, 2010a, o.S.; IAK, 2010b, o.S.)

Unter den hier betrachteten Berufsgruppen, stellt wiederum der Pflegedienst die Größte dar (1252 Mitarbeiter) und dürfte damit auch den größten Einfluss auf die Krankenstandsentwicklung des KMO haben. Daher wird diese Berufsgruppe im Folgenden einem gesonderten Benchmarking unterzogen.

In 2009 lag der Krankenstand im Pflegedienst im KMO bei 4,85% (vgl. IAK, 2010b, o.S.). Diese Zahl bezieht sich auf den gesamten Pflegedienst, der zahlenmäßig am stärksten von der Berufsgruppe der Krankenpfleger (Fachkrankenpfleger, Krankenpflegeschwestern) mit 845 Mitarbeitern bestimmt wird (IAK, Personalabteilung, E-Mail vom 27.07.10). Dies entspricht einem Gesamtanteil von ca. 67%, weswegen der angegebene Krankenstand von 4,85% für die Berufsgruppe als durchaus repräsentativ betrachtet und somit auf diese übertragen werden kann. Im Vergleich dazu, lag der Krankenstand der Mitarbeiter in der stationären Pflege 2009 in deutschen Krankenhäusern insgesamt bei 4,9%. Speziell in der Berufsgruppe „Krankenschwester und –pfleger" lag er bei 4,6% (vgl. Kap. 6.2.3, Tab. 15). Wenn man diese beiden Angaben als Grenzwerte festlegt, ist festzustellen, dass sich das KMO-Pflegepersonal deutlich an der oberen Grenze diese Spanne bewegt. Dieser Zustand ist nicht zufriedenstellend und es besteht dringender Handlungsbedarf. Bekräftigt wird dieser Handlungsbedarf durch die Tatsache, dass auch die Entwicklung des Krankenstandes des KMO-Pflegepersonals, im Vergleich zur der des Pflegepersonals im gesamten Krankenhaussektor, ebenfalls nicht zufriedenstellend ist. Auf beiden Ebenen sind Krankenstandszuwächse in der Berufsgruppe „Krankenschwester und –pfleger" zu verzeichnen. Lag hier der Krankenstand in 2003 in deutschen Krankenhäusern noch bei 4,4%, so stieg er bis 2009 auf 4,6% (vgl. Kap. 6.2.3, Tab. 15) und damit um 0,2 Prozentpunkte. Im Vergleich dazu stieg der Krankenstand beim KMO-Pflegepersonal von 4,48% im Jahr 2005 auf 4,85% im Jahr 2009 und damit um 0,37 Prozentpunkte, also fast doppelt so stark und dies in einem viel kürzeren Zeitraum. Die Zuwachsrate beim Krankenstand in Bezug auf die betrachtete Berufsgruppe im KMO liegt damit deutlich über der Zuwachsrate in anderen deutschen Krankenhäusern.

Bei den, für dieses Benchmarking herangezogenen Zahlen und Statistiken muss kritisiert werden, dass die einzelnen Erhebungen nicht nach Krankenhaustypen unterscheiden. Diese Unterscheidung wäre allerdings hilfreich, da sich die körperlichen und psychischen Belastungen, z.T. erheblich zwischen Allgemeinkrankenhäusern und psychiatrischen Krankenhäusern unterscheiden (siehe Kap. 10.2.5). Die Gründe dafür sind auf grundlegende Unterschiede in Bezug auf das zu behandelnde Patientenklientel, der entsprechenden psychiatrischen Indikationen und den daraus abgeleiteten Therapien zurückzuführen. Repräsentative Daten, die speziell auf den psychiatrischen Krankenhaussektor reflektieren, konnten im Rahmen der Recherche nicht lokalisiert werden. Insofern ist eine direkte Gegenüberstellung der o.a. Krankenstandszahlen eher nicht zielführend. Daher hat der Verfasser im Benchmarking auch auf die Entwicklung und nicht nur auf die absolute Zahl des Krankenstandes fokussiert.

Unabhängig von den Hintergründen, die für einen höheren oder niedrigeren Krankenstand verantwortlich sind, kann anhand der Trends anschaulich belegt werden, dass die Erhöhung des Krankenstandes im KMO, insbesondere in Bezug auf die Berufsgruppe Krankenschwester und -pfleger deutlich über dem Branchenschnitt liegt. Darüber hinaus zeigte die Trendanalyse (siehe Abb. 28), dass es auch in den anderen, dort dargestellten, Berufsgruppen einen deutlichen Handlungsbedarf gibt, da seit Jahren ein Anstieg des Krankenstandes zu verzeichnen ist.

10.2.2 AU-Tage (Auswertung „Gesundheitsbericht 2009" der SBK)

Lt. dem Gesundheitsbericht der SBK für das Jahr 2009 sind 879 Mitarbeiter des Hauses Mitglieder dieser Krankenkasse (vgl. SBK, 2009, S. 1). Damit kann der SBK-Gesundheitsbericht als repräsentativ für das KMO eingestuft werden. Insbesondere kann man dabei davon ausgehen, dass ein großer Teil der Pflegekräfte SBK-Mitglieder sind. Die Mitglieder kamen insgesamt auf 17.102 AU-Tage, was einer Anzahl von 19,5 AU-Tagen pro Mitglied bzw. einem Krankenstand von 5,34% entspricht (vgl. ebd., S. 4).

Bewertung aus Sicht eines G-BGM

Die Abweichung zum Krankenstand des Hauses (2009: 4,74%, siehe Abb. 26) kann mehrere Gründe haben, wie z.B. eine andere Bezugsgruppenverteilung, eine im Verhältnis zur Bezugsgruppengröße hohe Anzahl an Langzeiterkrankten und eine andere Methode zur Berechnung der AU-Tage-Anzahl. Insofern ist der bloße Vergleich der angegebenen AU-Tage oder des Krankenstandes der SBK-Versicherten nicht geeignet, um Erkenntnisse für das Haus zu gewinnen. Dafür muss noch tiefer in den Gesundheitsbericht eingegangen werden (s.u.).

10.2.3 Erkrankungsarten (Auswertung „Gesundheitsbericht 2009" der SBK)

Auffälligkeiten gibt es in der Verteilung der Erkrankungsarten im KMO. Hier zeigt sich, dass die meisten AU-Tage durch Muskel- und Skeleterkrankungen (4919 Tage≙

28,76%), Verletzungen (2303 Tage≙13,47%) und, knapp dahinter an dritter Stelle, durch Psychiatrische Erkrankungen (2277 Tage≙13,31%) verursacht werden (vgl. SBK, 2009, S.4f).

Bewertung aus Sicht eines G-BGM

Bzgl. der **Muskel- und Skeletterkrankungen** ergibt sich ein erwartet hohes Niveau. Die hohen Zahlen sprechen eine deutliche Sprache im Hinblick auf die Arbeitsbelastungen im Krankenhaus und hier speziell im KMO. Das deckt sich mit den Ausführungen in Kap. 6.3.1, da auch hier diese Erkrankungsgruppe im Krankenhaussektor zu den häufigsten gehört. Insofern würde der Bericht zunächst an dieser Stelle keine neue Erkenntnis liefern, aber die wichtigste Information zu dieser Erkrankungsart entnimmt man dabei dem integrierten Branchenvergleich. Danach gab es im Haus 66% mehr Krankheitsfälle als in der Branche „Gesundheits- und Sozialwesen" (vgl. ebd., S. 28), was eine essentiell wichtige Erkenntnis für das Haus darstellt und die Bedeutung des Gesundheitsberichtes unterstreicht. Grund genug, diesen Bereich im Rahmen des G-BGM schwerpunktmäßig zu berücksichtigen.

Darüber hinaus zeigt sich auch bei **Psychiatrischen Erkrankungen**, im Vergleich zur Branche, ein stark abweichendes Verhältnis. Ein Anteil von über 13% ist schon sehr hoch, besonders alarmierend ist dabei aber, dass davon bereits die jungen Kollegen sehr stark betroffen sind. Die relative Häufigkeit von psychiatrischen Erkrankungen bei Mitarbeitern zwischen 20 – 29 Jahren beträgt 7 Fälle/100 Mitglieder. Im Vergleich dazu, liegt die relative Häufigkeit bei den Mitarbeitern zwischen 30 – 49 Jahren „nur" zwischen 5 und 6 Fälle. Sie steigt erst ab 50 Jahren an bis auf 10 (vgl. ebd., S. 25). Das bedeutet also einen viel zu hohen Wert bei den Mitarbeitern unter 30 Jahre. Hier besteht dringender Handlungsbedarf. Insgesamt weicht das Haus bei den psychiatrischen Erkrankungen erheblich von der Branche ab. So gab es in 2009 ca. 29% mehr Fälle pro 100 Mitglieder als in der Branche „Gesundheits- und Sozialwesen" (vgl. ebd., S. 28).

10.2.4 Altersverteilung (Auswertung „Gesundheitsbericht 2009" der SBK)

Lt. dem Bericht sind ca. 76% der Mitarbeiter über 40 Jahre alt. Im Vergleich zum Vorjahr (ca. 74%) ein Zuwachs von 2%, was bedeutet, dass weniger junge Mitarbeiter nachgekommen sind, um die Altersverteilung positiver zu gestalten. Anders ausgedrückt, die Belegschaft des Hauses wird immer älter (vgl. SBK, 2008, S. 18; SBK, 2009, S. 18).

Bewertung aus Sicht eines G-BGM

Auch für die Beurteilung der Altersverteilung und damit der zukünftigen Personalstruktur liefert der Bericht wichtige Erkenntnisse. Momentan beträgt der Anteil der Mitarbeiter unter 40 Jahren nur ca. 25%. Das Haus hat also definitiv zu wenig junge Mitarbeiter die nachrücken können. Eine gesunder und damit zukunftsträchtiger Anteil wären ca. 50% für diese Altersgruppe. Nur bei einer solchen Verteilung ist sichergestellt, dass immer genau so viele Mitarbeiter „unten" nachrücken können, wie „oben" altersbedingt ausscheiden. Ein besonderes Gewicht gewinnt diese Erkenntnis, wenn man berücksichtigt, dass sich die relative Erkrankungshäufigkeit der über 50jährigen im Vergleich zu den unter 30jährigen gemäß dem Bericht nahezu verdoppelt hat (vgl. SBK, 2009, S. 21).

10.2.5 AU- und Wegeunfallquote 2009

Lt. dem „Jahresbericht 2009 Arbeitssicherheit" verzeichnete das KMO im Jahr 2009 insgesamt 92 Unfälle, davon waren 31 meldepflichtige Arbeitsunfälle und 17 Wegeunfälle. Im Vergleich zum Vorjahr ergab sich damit bei den meldepflichtigen Arbeitsunfällen eine Steigerung von ca. 32% (Vorjahr: 21). Die Wegeunfälle sind in der Anzahl im Vergleich zum Vorjahr gleich geblieben. Aufgrund der Anzahl an meldepflichtigen Unfällen ergibt sich eine 1000er-Quote (Anzahl meldepflichtiger Unfälle pro 1000 Vollbeschäftigte) für das Haus von 14,67 (2008: 9,54). Unfallschwerpunkte waren insbesondere der Umgang mit Geräten und Maschinen (26 Fälle), Patientenangriffe (20), Wegeunfälle (17) und Stolpern/Stürzen/Ausrutschen (15) (vgl. IAK, 2009, S. 1). Abb. 29 zeigt die Entwicklung der „1000-Mann-Quote" im KMO in den letzten Jahren.

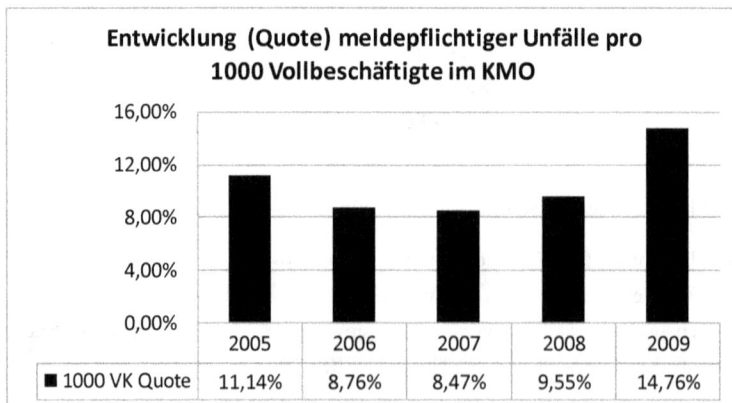

Entwicklung (Quote) meldepflichtiger Unfälle pro 1000 Vollbeschäftigte im KMO

	2005	2006	2007	2008	2009
1000 VK Quote	11,14%	8,76%	8,47%	9,55%	14,76%

Abb. 29 – Entwicklung 1000er-Quote im KMO (Eigene Darstellung nach: IAK, 2009, S. 5)

Bewertung aus Sicht eines G-BGM

Auch für diesen Bereich soll ein Benchmarking zur Branche und zum Krankenhausmarkt erfolgen. Eine Untersuchung im Bereich der Allgemein- und Fachkrankenhäuser ergab bei meldepflichtigen Unfällen eine „1000er-Quote" von 14,2 für Allgemeinkrankenhäuser und 12 für Fachkrankenhäuser. Betrachtet man das gesamte Gesundheitswesen, so lag hier die Quote pro 1000 Vollbeschäftigte im Jahr 2008 bei 14,3. Zu den Hauptunfallursachen bei den meldepflichtigen Unfällen zählen im Krankenhausmarkt und im Gesundheitswesen das Stolpern, Stürzen und Ausrutschen (vgl. Kap. 6.1.2.1 und 6.1.2.2).

Man kann für das KMO damit konstatieren, dass das Unfallgeschehen für den gesamten Zeitraum 2005 – 2008 als vergleichsweise vorbildlich zu bezeichnen ist. Im Gegensatz zur Branche und zum Krankenhausmarkt waren im KMO deutlich weniger meldepflichtige Unfälle zu verzeichnen. Abweichungen gibt es hierbei, bei der Betrachtung der häufigsten Unfallursachen. Im KMO liegt der Unfallschwerpunkt im Bereich „Umgang mit Geräten und Maschinen".

Dieser positive Trend wird im Jahr 2009 unterbrochen. Hier weicht das KMO deutlich vom Markt ab. Der starke Anstieg der Quote ist dabei allerdings nicht auf eine Zunahme der Unfallzahlen in allen Unfallbereichen zurückzuführen, sondern er ist vorrangig in der Zunahme im Bereich „Patientenübergriffe" begründet. Im KMO gingen in 2009 ca. 22% auf diese Unfallsache zurück. Im Vergleich zum Vorjahr (2008: 8) eine alarmierende Zunahme um weit mehr als das Doppelte (vgl. IAK, 2009, S. 1). Aufgrund dieser ernsten Entwicklung hat sich das Haus für 2010 auch das Thema „Gewalt gegen Pflegepersonal und Ärzte" als Arbeitssicherheitsschwerpunkt gewählt (vgl. ebd., S. 3). Die Tatsache, dass durch Patientenübergriffe meldepflichtige Unfälle verursacht werden, ist gleichzeitig auch ein deutlicher Beleg für die sehr unterschiedlichen Belastungsmomente in einem psychiatrischen Krankenhaus im Gegensatz zu anderen Krankenhaustypen. Insgesamt hat sich das Haus für 2010 das Ziel gesetzt, wieder die Zahlen von 2008 zu erreichen (vgl. ebd.).

10.2.6 Statements ausgewählter inner- und überbetrieblicher Experten

In einzelnen Experteninterviews wurden Vertreter der Geschäftsführung, der Personalabteilung, der Betrieblichen Sozialberatung und der örtlichen Betriebskrankenkasse (Siemens Betriebskrankenkasse) zu speziellen Themen des BGM unabhängig voneinander befragt. Im Folgenden werden die wichtigsten Aussagen aus den einzelnen Interviews stichpunktartig zusammengestellt[43]. Dabei konzentriert sich der Verfasser auf die Aussagen, die eine hohe BGM-Relevanz haben.

Themenrelevante Aussagen der KMO-Geschäftsführung zu ausgewählten BGM-Fragestellungen im Rahmen der durchgeführten Experteninterviews im Juli 2010 (Auszüge):

Was sind die Gründe des KMO für eine Einführung eines BGM?

- Zuwendung zu den Mitarbeitern erhöhen
- Psychische und physische Gesundheit der Mitarbeiter erhalten und fördern
- Gesunde Mitarbeiter sind das Potential für die Leistungsfähigkeit des Hauses in der Gegenwart und in der Zukunft
- Senkung der Personalausfallquote
- Verbesserung des Unternehmensimages

Was verstehen Sie unter BGM?

- BGM ist ein ständiger, umfassender und nie endender Prozess
- Vernetzung verschiedener Entscheidungsträger
- Kooperation auch mit externen Partner (z.B. SBK)
- Angebot von Betriebssport und Fitnessangeboten, Aufklärungsmaßnahmen und Informationen, gesunde Kantinenverpflegung
- BGM ist Führungsaufgabe (zu leisten von KH-Leitung und Personalabteilung)
- BGM ist keine eigenständige Struktur neben der existenten Unternehmensstruktur

Wo steht das KMO zurzeit?

- Einzelne Maßnahmen sind bereits begonnen
- Es fehlt an einer entsprechenden Struktur und einem Gesamtkonzept
- Das Unternehmensimage ist sehr gut, aber trotzdem ausbaufähig
- Die durchgeführte Mitarbeiterumfrage im letzten Jahr zeigte Optimierungspotential (siehe Kap. 10.2.9)
- Die Zusammenarbeit mit der SBK ist noch ausbaufähig
- Ein Gesundheitsbericht wird im Haus nicht erstellt
- Die Motivation der ärztliche Führungskräfte für die Thematik ist schwierig bis unmöglich
- Unterschiede zwischen BGF und BGM sind im KMO nicht bekannt

---

[43] Die vollständigen Interviewaufzeichnungen liegen dem Verfasser bzw. dem KMO vor.

Themenrelevante Aussagen der KMO-Personalabteilung zu ausgewählten BGM-Fragestellungen im Rahmen der durchgeführten Experteninterviews im Juli 2010 (Auszüge):

Was verstehen Sie unter BGM?

- Zusammenwirken von Gesundheitsförderung, Arbeitsschutz, Prävention und Arbeitssicherheit

Was kann BGM erreichen?

- Die Pflegequalität wird positiv beeinflusst
- Steigerung der Patientenzufriedenheit
- Die Krankheitsrate sinkt, es stehen damit mehr Arbeitskräfte zur Verfügung, wodurch die zeitliche Belastungen für den Einzelnen sinkt

Was wurde bisher im Rahmen der betrieblichen Gesundheitsförderung erreicht ...

- Umsetzung eines umfangreichen Bewegungs- und Entspannungskursangebotes seit 2008
- Das KMO hat eine eigene Betriebssportgruppe (vgl. www.bsg-haar.de , 21.09.10)
- Momentan wird die betriebliche Gesundheitsförderung im KMO von 6 Personen gestaltet (Geschäftsführer, Personalleitung (2), Betriebsärztin, Fachkraft Arbeitssicherheit, Betrieblicher Sozialdienst)
- Weitere Kooperationen bestehen mit einem externen Dienstleister (z.B. Raucherentwöhnungskurs) und einer Kindertagesstätte
- Gute Kooperation mit dem Arbeits- und Gesundheitsschutz im Haus, der sehr professionell organisiert und erfolgreich ist
- Installation von 400 Arbeitszeitmodellen, wodurch optimal auf die individuellen Bedürfnisse der Mitarbeiter eingegangen werden kann
- Durchführung von Patientenbefragungen finden zweimal im Jahr statt

... und wo sehen Sie noch Handlungspotential?

- Der momentane Krankenstand ist nicht zufriedenstellend (siehe Kap. 10.2.1)
- Die Personalausfallstatistik ist aktuell einziges BGM-Evaluationsinstrument
- Ein Gesundheitsbericht der Krankenkasse wurde bislang nicht angefordert
- Im Rahmen einer Mitarbeiterumfrage in 2009 wurde die Mitarbeiterzufriedenheit evaluiert, deren Ergebnisse auf Verbesserungspotential hinweist (siehe Kap. 10.2.9)

- Bislang organisiert die Personalabteilung allein die Bewegungs- und Entspannungskurse, was einen Großteil der Arbeitszeit der Sekretärin bindet
- Kooperation mit SBK begrenzt sich aktuell nur auf die Abrechnung förderfähiger Kurse
- Eine langfristige Evaluation der Teilnahmequote und -ergebnisse in Bezug auf die Entspannungs- und Bewegungskurse findet nicht statt
- Eine spezielle Ausbildung für BGM-Beauftragte im Haus findet nicht statt

Themenrelevante Aussagen der Betrieblichen Sozialberatung des KMO zu ausgewählten BGM-Fragestellungen im Rahmen der durchgeführten Experteninterviews im Juli 2010 (Auszüge):

Was verstehen Sie unter BGM?

- Kooperation zwischen Betriebsarzt, Arbeitssicherheit, Unternehmensleitung und Betrieblicher Sozialberatung
- Systematische Maßnahmenplanung (Installation von Arbeitskreisen)
- Erfassung wichtiger Indikatoren (Evaluation)
- Integration in das bestehende Qualitätsmanagement (QM)

Welchen Beitrag leistet die Betriebliche Sozialberatung zur betrieblichen Gesundheitsförderung?

- Umfangreiches Tätigkeitsspektrum (Auszug)
  o Einzelfallberatung von Mitarbeitern mit psychosozialen und gesundheitl. Problemen
  o Erarbeitung von gesundheitsfördernden Konzepten (z.B. BEM, Stressbewältigung, Suchtprävention
  o Interne und externe Öffentlichkeitsarbeit
  o Durchführung und Moderation der Klausurtage seit 2008
  o Leitung des Arbeitskreises „Betriebliches Eingliederungsmanagement"
- Ansprechpartner für Personen mit Migrationshintergrund
- Stellung der Beauftragten für Suchtfragen (Leitung des Arbeitskreises „Sucht")
(Eigene Zusammenstellung nach: Braun, 2010, S. 1ff)

Was wurde bisher im Rahmen der betrieblichen Gesundheitsförderung erreicht ....

- Umsetzung einzelner Maßnahmen
  o Auswahl der Maßnahmen erfolgt bedarfsorientiert (reaktiv) auf der Basis von Mitarbeitergesprächen
  o Beratungs- und Informationsangebote des Betrieblichen Sozialdienstes

- o Herausgabe einer Mitarbeiterinformation zum Thema „Stressbewältigung – akute Belastungsreaktion, Posttraumatische Belastungsstörung – innerbetriebliche Anlaufstellen"
- o Stressprävention- und Stressbewältigungsseminar in Koop. mit ext. Arzt seit 2010
- o Raucherentwöhnungskurse in Kooperation mit ext. Dienstleister seit 2005
- Einführung und Umsetzung des Betrieblichen Eingliederungsmanagement seit 2008
- Kooperation mit der SBK (finanziellen Unterstützung pro Teilnehmer für die Raucherentwöhnungskurse)
- Kooperation mit dem hauseigenen Bildungszentrum
- Initiierung und Umsetzung des internen Beschwerdemanagements
- Rahmenvereinbarung über den Umgang mit Suchtmitteln am Arbeitsplatz und über Hilfe für suchtgefährdete und suchtkranke Mitarbeiterinnen und Mitarbeiter (Bezirk Oberbayern, 2009)
- Herausgabe einer Verhaltensanordnung über den „Umgang mit einem Suizid/-versuch im Klinikum München-Ost"

... und wo sehen Sie noch Handlungspotential?

- Es gibt kein festes Budget für gesundheitsförderliche Maßnahmen
- Fehlende Evaluation, bzgl.:
  - o Der Auswirkungen der Maßnahmen auf die Patientenzufriedenheit
  - o Der tatsächlichen Gründe für die hohe interne Fluktuation
  - o Der Ergebnisse des BEM
- Fehlende Teilnahmeverpflichtung für Führungskräfte an Seminaren zur Suchtprävention und Gesundheitsförderung
- Noch ausstehende Umsetzung des 2005 entwickelten Konzeptes „Traumaprävention"
- Bessere Integration der Personen mit Migrationshintergrund

Themenrelevante Aussagen der Siemens Betriebskrankenkasse zu ausgewählten BGM-Fragestellungen im Rahmen der durchgeführten Experteninterviews im Juli 2010 (Auszüge):

Was bringt der Gesundheitsbericht (GB) der SBK dem KMO?

- Die Aussagekraft des GB ist eingeschränkt, bietet aber eine gute Grundorientierung z.B. über:
  - o AU-Tage und zugehörige Krankheitsschwerpunkte
  - o Benchmark mit der Branche

- Auch internes Benchmarking zwischen einzelnen Abteilungen bzw. Stationen des Hauses wäre möglich
- Damit ist der GB ein gutes Führungsinstrument im BGM

Was verstehen Sie unter BGM?

- Gesundheitsförderliche Rahmenbedingungen schaffen und persönliche Ressourcen der Mitarbeiter nutzen
- BGM umfasst alles, was die Arbeit leichter macht
- BGM versucht alles zu minimieren, was die Arbeit behindert bzw. langfristig krank macht
- BGM ist auch Organisations- und Personalentwicklung

Wie sieht die BGM-Entwicklung allgemein in den Unternehmen aus?

- Insbesondere wirkt sich die demografische Entwicklung zunehmend auf die Unternehmen aus, d.h. die Mitarbeiter werden immer älter
- Die Unternehmen sind sich dessen sehr wohl bewusst, leiten aber keine zwingenden u. ganzheitlichen BGM-Maßnahmen ein (Betrachtung von Körper, Geist, Seele, System u. Umwelt)
- Als Hauptgründe werden Zeit- und Geldmangel genannt
- Je später die Unternehmen in ein BGM investieren, desto später kann man präventiv tätig werden
- Es müssten mehr Anreizsysteme für Betriebe geschaffen werden
- In den Unternehmen, die einzelne BGF-Maßnahmen (Hier: Bewegungskurse) anbieten, zeigt sich, dass externe Angebote weniger genutzt werden, als interne Angebote

Welche Leistungen kann die SBK dem KMO beispielsweise bieten?

- Erfahrungswerte aus ca. 30 bis 50 jährlich betreuten Unternehmen
- Beratung und Prozessbegleitung durch regional zuständige BGM-Experten
- Unterstützung hauseigener Veranstaltungen (z.B. Gesundheitstag)
- Finanzielle Zuschüsse zu geförderten Maßnahmen (gem. GKV-Präventionsleitfaden)
- Physiotherapeutische und psychologische Beratung (1x pro Jahr für die Mitglieder)
- Bonuszahlungen an Unternehmen bzw. Kostenbeteiligung für spezielle Maßnahmen am Arbeitsplatz

Bewertung aus Sicht eines G-BGM

In der Zusammenfassung der Ausführungen der einzelnen Interviewpartner ist festzustellen, dass es einige Unterschiede im individuellen Verständnis von BGM gibt. Je nach Gesprächspartner werden andere Motive und Wünsche mit der Einführung eines BGM verbunden. Dies ist allerdings nicht verwunderlich, da jeder Gesprächspartner auch andere Bezugsgruppen hat, für die er/sie verantwortlich ist bzw. deren Ansprechpartner er/sie ist. Es ist an dieser Stelle nicht erforderlich, alle Meinungen im Einzelnen diesbezüglich zu analysieren, vielmehr ist die Erkenntnis wichtig, dass die unterschiedlichen Interpretationen von BGM darauf hinweisen, dass es im Haus noch einen erheblichen Beratungsbedarf gibt. Hierbei kann u.a., und das geht aus den Ausführungen der SBK deutlich hervor, die Krankenkasse ein wichtiger und hilfreicher Partner sein.

Neben den Unterschieden in der Wahrnehmung von BGM, stimmen aber alle in der Überzeugung überein, dass BGM mehr ist als nur eine Aneinanderreihung von einzelnen Maßnahmen, dass es zur Umsetzung Professionalität und Systemdenken braucht und dass ein Gelingen maßgeblich von der Bildung eines leistungsstarken Netzwerkes abhängt. Aus den unterschiedlichen Gewichtungen der einzelnen Gesprächsteilnehmer lässt sich in der Summe eine ganzheitliche Denkweise ableiten. Bringt man alle Aspekte zusammen, kann im KMO ein G-BGM entstehen, wie es im Rahmen der vorliegenden Studie beschrieben wurde. Deutlich wird auch, dass das Haus schon einige wichtige Pfeiler (Maßnahmen) für den Aufbau eines G-BGM gesetzt hat, die es auszubauen und zu systematisieren gilt. Ganz wichtig ist dabei die von den internen Experten zum Ausdruck gebrachte Erkenntnis, dass es im Haus in Bezug auf die Verbesserung der Mitarbeiterzufriedenheit und damit auch für die Einführung eines BGM noch erheblichen Handlungsbedarf gibt. Konkrete Bereiche, in denen Optimierungsbedarf besteht, werden sogar explizit angeführt (z.B. fehlende Evaluationstools, Führungskräfte mehr einbinden, fehlende Strukturen, etc.). Die Notwendigkeit für Veränderungen ist bei allen erkannt und auch gewollt. Diese klare Positionierung ist von enormer Bedeutung für den weiteren Verlauf des Prozesses. Exemplarisch soll an dieser Stelle auf eine Kernaussage der Geschäftsführung (s.o.) verwiesen werden, da sich von diesem Statement die Bedeutung des BGM für das Haus gut ableiten lässt. „Gesunde Mitarbeiter sind das Potential für die Leistungsfähigkeit des Hauses in der Gegenwart und in der Zukunft."

10.2.7 Leitbilder

Unternehmensleitbild[44]

Im Unternehmensleitbild: wird das Krankenhaus aus fünf unterschiedlichen Perspektiven betrachtet. Dies sind die Gesellschaftspolitische Perspektive, die Patientenperspektive, die Mitarbeiterperspektive, die Prozessperspektive und die Finanzperspektive. Aus G-BGM-Sicht ist dabei die Mitarbeiterperspektive von besonderer Bedeutung, da diese einen Bezug zum Umgang mit den Mitarbeitern im Haus nimmt.

Auszug aus dem Unternehmensleitbild

„Mitarbeiterperspektive

Offene Kommunikation sowie gegenseitige Wertschätzung und Achtung bilden für uns das Fundament für den täglichen Umgang miteinander. Fort- und Weiterbildung sind für uns unerlässlich. Wir nutzen das hauseigene Bildungszentrum und/oder externe Angebote, um uns stetig weiter zu qualifizieren."
(http://www.iak-kmo.de/index.php?id=36 , 10.10.10)

Bewertung aus Sicht eines G-BGM

Die in dieser Perspektive angeführten Aspekte hinsichtlich des gegenseitigen Umgangs sind zweifelsohne von großer Bedeutung. Die Mitarbeitergesundheit wird allerdings nur indirekt, durch die Erwähnung der „(…) gegenseitigen Wertschätzung und Achtung (…)" (vgl. ebd.) gestreift. Hier ist eine Erweiterung dieser „Mitarbeiterperspektive" um die Inhalte und Zielsetzungen des Krankenhauses durch ein G-BGM notwendig. Das deckt sich dann auch mit der aktuellen „Prozessperspektive", in der sich das Haus zur Verbesserung der Rahmenbedingungen verpflichtet (vgl. ebd.), denn hierzu kann das G-BGM einen entscheidenden Beitrag leisten.

Pflegeleitbild[45]

Im Pflegeleitbild des Krankenhauses liegt der Schwerpunkt auf der Pflegequalität im Umgang mit den Patienten, sowie deren Zufriedenheit. In Bezug auf ein G-BGM sind die folgenden Passagen von Interesse.

---

[44] Das vollständige Unternehmensleitbild ist auf der Unternehmenshomepage (http://www.iak-kmo.de /index.php?id=36 , 10.10.10) einsehbar.
[45] Das vollständige Pflegeleitbild ist auf der Unternehmenshomepage (http://www.iak-kmo.de /index.php?id=16 , 10.10.10) einsehbar.

Auszug aus dem Pflegeleitbild:

„Unser Ziel ist die Zufriedenheit von (…) Mitarbeitern. (…) Wir verpflichten uns zur kontinuierlichen Weiterentwicklung der Qualität unserer Arbeit."
(http://www.iak-kmo.de/index.php?id=16 , 10.10.10)

Bewertung aus Sicht eines G-BGM

Man erkennt, dass auch im Pflegeleitbild die Mitarbeitergesundheit momentan eher nur indirekt (d.h. sinngemäß) berücksichtigt wird. Mitarbeitergesundheit wird nämlich nicht ausdrücklich erwähnt. Es ist aber von Qualität der Arbeit und Mitarbeiterzufriedenheit die Rede. Insbesondere die Qualität (Dienstleistungsqualität) ist dabei selbstverständlich in erster Linie von der Gesundheit der Mitarbeiter abhängig. Insofern könnte hier ein Außenstehender einen solchen Sinnzusammenhang (d.h. indirekte Berücksichtigung der Mitarbeitergesundheit) hinein interpretieren. Allerdings ist das nur eine mögliche Interpretation des Verfassers zu Gunsten gesundheitsförderlicher Gedanken. Was für eine bessere Verständlichkeit (insbesondere für die Mitarbeiter im Haus und potentielle Bewerber) fehlt, ist eine eindeutige und klare Positionierung in Richtung Verbesserung und Erhaltung der Mitarbeitergesundheit durch ein G-BGM.

10.2.8 Organisationstruktur

Beim Blick auf die Organisationsstruktur des KMO wird deutlich, dass sich das Haus bei der Entwicklung seiner Aufbauorganisation für ein Stabliniensystem als Organisationsform entschieden hat (siehe Abb. 30 auf der folgenden Seite).

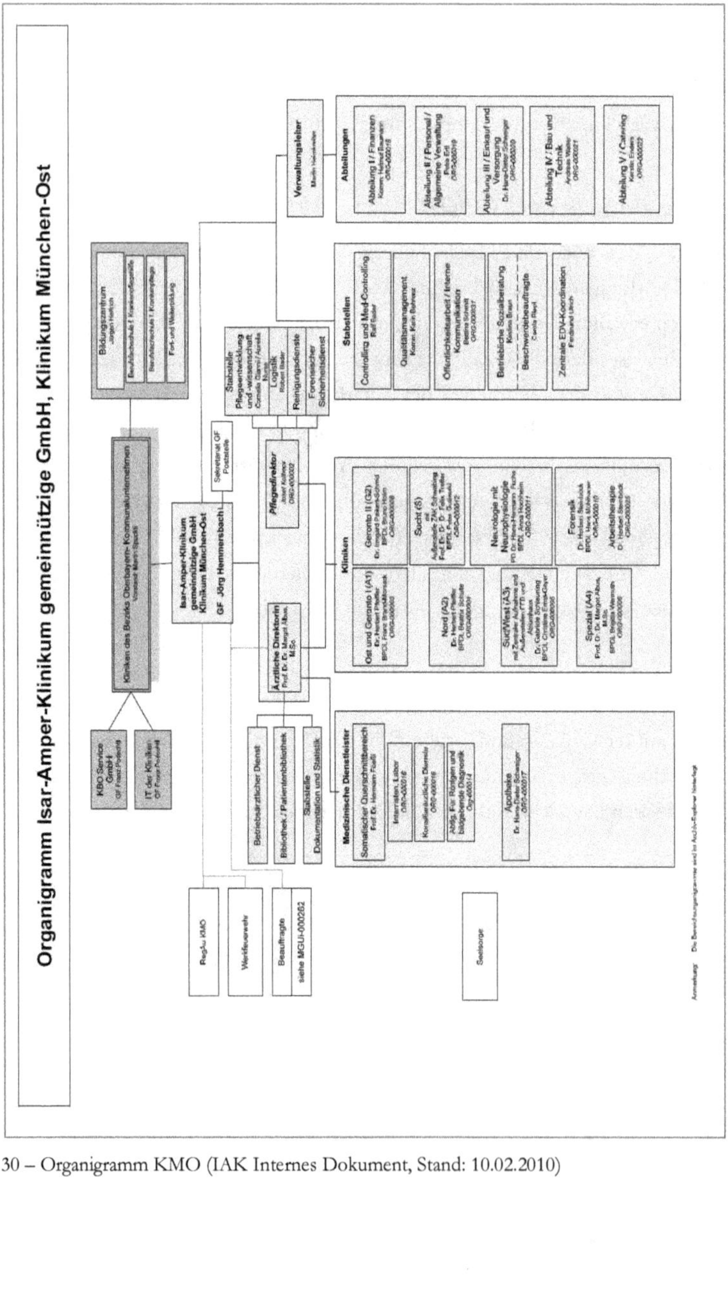

Abb. 30 – Organigramm KMO (IAK Internes Dokument, Stand: 10.02.2010)

Bewertung aus Sicht eines G-BGM

In der derzeitigen Organisationsstruktur ist noch keine eigene Stabstelle für G-BGM eingerichtet. Eine Integration einer solchen Stabstelle wäre aufgrund der bestehenden Stablinienstruktur organisatorisch aber problemlos möglich. Da es bereits einen Block „Stabsstellen" gibt, kann die neue Stabstelle „G-BGM" dort positioniert werden. Begründungen, Vorteile und Aufgabenbereiche einer solchen Stelle incl. der zugehörigen Personaleinsatzentscheidung (Leiter-G-BGM) sind in Kap. 7.4 und 9.4.1.2 bereits dargestellt worden.

Bislang werden die gesundheitsförderlichen Maßnahmen des Hauses vorrangig durch die Leiterin der Betrieblichen Sozialberatung, eine Mitarbeiterin der Personalabteilung, die Fachkraft für Arbeitssicherheit und die Betriebsärztin, in jeweils eigenständigen Zuständigkeitsbereichen und unabhängig voneinander organisiert.

Die neu zu schaffende Position muss, wie oben beschrieben, in die Unternehmensstruktur eingefügt und mit entsprechenden Verantwortlichkeiten und Entscheidungskompetenzen ausgestattet werden.

Bei der Schaffung einer solchen Position stellt sich immer die Frage nach der Finanzier- bzw. Refinanzierbarkeit. Die Arbeit des Leiter-G-BGM muss erfolgsorientiert an mehreren Indikatoren gemessen werden können. Hierzu sind neben einem sinkenden Krankenstand selbstverständlich auch andere Indikatoren und Kennzahlen (vgl. Kap. 9.3.5.3) von Interesse. Exemplarisch soll im Folgenden, am Beispiel der Senkung des Krankenstandes, eine solche mögliche Refinanzierung erläutert werden.

Das KMO hatte 2009 einen Krankenstand von 4,74%. Bei einer Soll-Arbeitsstundenzahl 2009 von ca. 2,85 Mio. Stunden, ergibt sich eine Ausfallstundenzahl durch Krankheit in Höhe ca. 135 Tsd. Stunden. Diese Fehlzeiten verursachen Kosten für Lohnfortzahlung in Höhe von ca. 4,1 Mio. Euro. Bei einer Senkung des Krankenstandes um nur 0,1% ergibt sich ein Einsparpotential von ca. 87 Tsd. Euro, bzw. sogar ca. 130 Tsd. Euro bei einer Senkung um 0,25%. Die Senkung um 0,1% entspricht dabei gerade einmal nur knapp 2 Stunden pro Mitarbeiter, die er im Jahr mehr arbeiten kann (siehe Tab. 19 auf der folgenden Seite).

Hochrechnung Einsparung durch Senkung der Fehlzeiten 2009		Kosten	Einsparung
Personalkosten (Euro)	86.435.793,86		
Anzahl Vollkräfte	1.567,16		
Soll-Arbeitsstunden (h)	2.849.002,88		
Ø Personalkosten pro Arbeitsstunde (Euro)	30,34		
IST-Krankenstand (%)	4,74%		
Ausfallstunden durch Krankheit (h/KMO)	135.082,39	4.098.259,67 €	-
Ø Ausfallstunden pro Mitarbeiter (h/MA)	86,20	2.615,09 €/MA	-
Plan 1: Senkung KS um 0,1%	4,64%		
Ausfallstunden durch Krankheit (h/KMO)	132.193,73	4.010.620,84 €	87.638,84 €
Ø Ausfallstunden pro Mitarbeiter (h/MA)	84,35	2.559,16 €/MA	55,92 €/MA
Plan 2: Senkung KS um 0,25%	4,59%		
Ausfallstunden durch Krankheit (h/KMO)	130.769,23	3.967.402,94 €	130.856,74 €
Ø Ausfallstunden pro Mitarbeiter (h/MA)	83,44	2.531,59 €/MA	83,50 €/MA

Tab. 19 - Kosteneinsparung durch Fehlzeitenreduktion im KMO (Eigene Berechnung: gem. IAK, Personalabteilung, E-Mail vom 21.09.10; IAK, 2010b, o.S.)

In dieser einfachen, aber bereits sehr beeindruckenden Berechnung des Kosteneinsparungspotentials durch Krankenstands-/Fehlzeitenreduktion (Lohnfortzahlungseinsparungen) ist der hinzukommende „Doppelspareffekt" sogar noch unberücksichtigt. Dieser stellt sich dadurch ein, dass durch Senkung der Fehlzeiten, gleichzeitig auch der Umfang an Überstunden (Mehrarbeit durch Personalausfall) abnimmt. Die Kosten für diese Mehrarbeit, verursacht durch z.B. zusätzliche Freizeit (Ausgleich in Form von Freizeit) bzw. zusätzlicher Lohnzahlung (finanzieller Ausgleich), können so ebenfalls reduziert werden. Darüber hinaus auch noch unberücksichtigt sind die zusätzlichen Kosteneinsparungen durch die Minderung des Präsentismus-Phänomens (Kap. 6.6.2) als einer der Aufgaben des G-BGM.

In der Gesamtbetrachtung liegt das Einsparpotential in der Realität also weitaus höher, als die oben angegebenen Euro-Summen. Man erkennt an dieser vereinfachten Darstellung, dass sich die Investition in die Position des G-BGM-Leiters (bei einem angenommenen Einstiegsgehalt (je nach Qualifikation) zwischen 50 und 60 Tsd. Euro), mittel- und langfristig betrachtet, mehr als amortisieren wird.

10.2.9 Aktuelle BGF- und BGM Maßnahmen im KMO

Neben den klassischen Maßnahmen des präventiven Arbeits- und Gesundheitsschutzes, sowie der Tätigkeit der Betriebsärztin werden im KMO auch bereits einzelne BGF- / BGM-Maßnahmen angeboten und durchgeführt, die im Anschluss in einer Übersicht zusammengestellt werden.

Zu den Maßnahmen des **präventiven Arbeits- und Gesundheitsschutz** gehören u.a.:

- Arbeitssicherheitsausschuss (ASA)
- Sicherheitsbegehungen und Gefährdungsbeurteilungen
- Arbeitsplatzbewertungen
- Ausbildung/Fortbildung der Fachkräfte für Arbeitssicherheit und der Sicherheitsbeauftragten
- Beratung bei der Arbeitsplatzgestaltung

Daneben gibt es folgende Maßnahmen, die dem Bereich der **BGF** zuzuordnen sind:

- Gesundheitsförderliche Veranstaltungen
  - o Jährlich stattfindende Betriebsausflüge
  - o Gesundheitstag am KMO erstmals am 14.07.2010
- Maßnahmen zur Förderung der körperlichen Gesundheit
  - o Betriebssportgruppen (vgl. www.bsg-haar.de , 10.10.10)
  - o 13 verschiedene Bewegungs- und Entspannungsangebote (Stand: Juli 2010) in Kooperation mit einem Sportverein
- Betriebliche Sozialberatung seit 2001 (Auszug des Tätigkeitsumfanges, vgl. Braun, 2010)
  - o Einzelfallberatung von Mitarbeitern mit psychosozialen und gesundheitlichen Problemen
  - o Erarbeitung von gesundheitsfördernden Konzepten (z.B. BEM, Stressbewältigung, Suchtprävention)
  - o Interne (z.B. Darstellung der Tätigkeitsfelder) und externe Öffentlichkeitsarbeit (z.B. Kooperation mit externen Dienstleistern)
  - o Beratungs- und Informationsangebote des Betrieblichen Sozialdienstes, z.B.:
    - Mitarbeiterinformation zum Thema „Stressbewältigung"
    - Stressprävention- und Stressbewältigungsseminar in Koop. mit ext. Arzt seit 2010
    - Durchführung und Moderation der Klausurtage (Plan: 1-mal im Jahr) in den einzelnen Abteilungen/Stationen/Teams seit 2008
    - Raucherentwöhnungskurse in Kooperation mit externem Dienstleister seit 2005

Darüber hinaus gibt es Maßnahmen, die dem Bereich des **BGM** zuzuordnen sind:

- Betriebliches Eingliederungsmanagement seit 2008
- Komplexes und individuelles Arbeitszeitsystem (ca. 400 verschiedene Arbeitszeitmodelle)
- Kooperation mit einer ortsansässigen Kindertagesstätte
- Vereinbarung über den Umgang mit Suchtmitteln am Arbeitsplatz und über Hilfe für suchtgefährdete und suchtkranke Mitarbeiterinnen und Mitarbeiter (vgl. Bezirk Oberbayern, 2009)
- Verhaltensanordnung über den Umgang mit einem Suizid/-versuch im KMO
- Stellung von Beauftragten in den Bereichen Arbeitssicherheit, Hygiene, Datenschutz, Suchtfragen und Frauen
- Mitarbeiterumfragen (Themen u.a.: Arbeitsklima, Führungsqualität, Bindung ans Unternehmen)
- Eigene Kommunikationsmedien (Unternehmenshomepage, Intranet, Mitarbeiterzeitung „FOKUS", Aushänge)
- Intranetbasiertes Beschwerdemanagement seit 2010

Bewertung aus Sicht eines G-BGM

Im Folgenden sollen kurz einige der aufgeführten Maßnahmen bewertet werden. Aus der Zusammenstellung kann man erkennen, dass das KMO bereits eine Vielzahl einzelner Maßnahmen aus unterschiedlichen Bereichen des BGM umsetzt. Diese Maßnahmen laufen dabei z.T. völlig unabhängig voneinander. Die **Verantwortlichkeiten für die aufgezählten Maßnahmen** liegen primär in den Bereichen Personalleitung und Betrieblicher Sozialberatung und werden von diesen Bereichen überwiegend unabhängig voneinander organisiert. Auch der Arbeits- und Gesundheitsschutz ist ein für sich sehr eigenständig aufgestellter Bereich. Eine **bereichsübergreifende Zusammenarbeit** findet **vorrangig im BEM** statt. Hier arbeiten Mitarbeiter aus verschiedenen Unternehmensbereichen (z.B. Vertreter der Klinikleitung, direkte Vorgesetzte, Betriebsärztin, Betriebliche Sozialberatung) im sog. „Integrationsteam" zusammen, um die betriebliche Eingliederung der jeweils betroffenen Mitarbeiter des Hauses zu planen und zu organisieren. Es gibt klare Verantwortlichkeiten und Handlungsabläufe, die in einer entsprechenden Betriebsvereinbarung festgeschrieben sind (vgl. IAK, 2008, S. 7f).

Die **Klausurtage** sind umfangreiche Besprechungen eines multiprofessionellen Teams (Ärzte, Pflegekräfte, Therapeuten und Psychologen einer Station) und erinnern an zirkelbasierte Gruppenarbeit. Diese Besprechungen finden einmal im Jahr statt und dauern je einen Tag pro Station (Team). Hier können Themen besprochen werden, die inhaltlich weit über die (wöchentlich stattfindenden) Teambesprechungen hinaus gehen. Besprechungsinhalte sind dabei, neben der Pflegequalität, immer wieder auch Gesundheitsthemen, Arbeitsbelastungen und strukturelle Bedingungen.

Die seit 2008 angebotenen **Bewegungs- und Entspannungskurse** kommen bei den teilnehmenden Mitarbeitern gut an. So meldeten sich zum Start der Maßnahme im Herbst 2008 insgesamt 63 Mitarbeiter an. Im Herbst 2009 waren es 98 und im Frühjahr 2010 dann 103 Anmeldungen. Man kann also von einem deutlichen Anstieg der Teilnehmerzahlen sprechen. Allerdings entspricht eine Teilnehmerzahl von ca. 100 Mitarbeitern gerademal einer Teilnahmequote, bezogen auf die Gesamtmitarbeiterzahl (2234 MA), von nur 4,5%. Das bedeutet, dass trotz des Anstiegs der Teilnehmerzahlen, im Vergleich zur Gesamtmitarbeiterzahl, sicherlich noch ein enormes Potential vorhanden ist, welches durch entsprechende weiterführende Maßnahmen (z.B. zielgerichtete Kommunikation, siehe Punkt „Mitarbeiterbefragung" weiter unten im Text) aktiviert werden sollte.

Die **Raucherentwöhnungskurse** werden seit 2005 angeboten und seit 2006 durch Aufbau- und Intensivkurse ergänzt. Abb. 31 zeigt die Teilnehmerzahlen seit Start der Maßnahme und verdeutlicht, dass es auch in diesem Bereich noch Ausbaupotential gibt. Der realistische Umfang dieses Potentials ist allerdings erst einschätzbar, wenn das KMO die Raucherquote (Anzahl an Rauchern) im Rahmen einer Umfrage bestimmt.

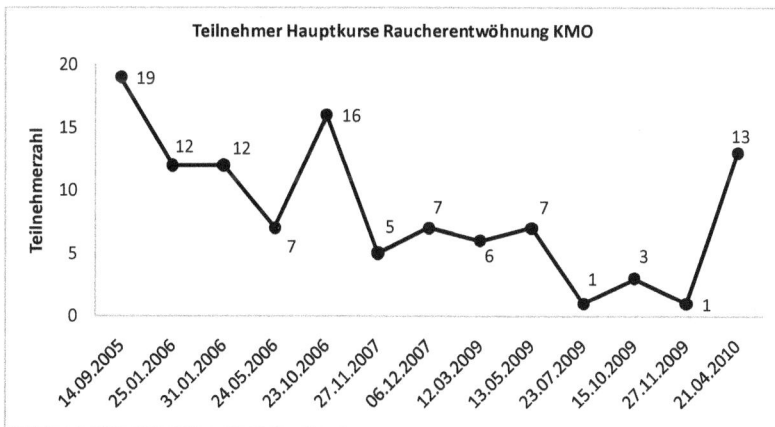

Abb. 31 - Entwicklung Teilnehmer Raucherentwöhung KMO (Eigene Darstellung gem. IAK, Betriebliche Sozialberatung, E-Mail vom 12.07.2010)

Im Bereich der mitarbeiterorientierten **Arbeitszeitgestaltung,** darf man das KMO als vorbildlich bezeichnen. Nach Angaben der Personalleitung bietet das Haus zurzeit (Stand: Juli 2010) ca. 400 unterschiedliche Arbeitszeitmodelle an. Damit wird den Mitarbeitern die Möglichkeit der Mitgestaltung ihrer Arbeitszeit innerhalb eines großen Handlungsspielraumes gegeben.

Das intranetbasierte **Beschwerdemanagement** ist eine weitere Möglichkeit der Mitgestaltung der Arbeitsprozesse durch die Mitarbeiter. Hier können Beschwerden und Anregungen online eingegeben werden. Im Jahr 2009 wurden insgesamt 273 Beschwerden bzw. Fehlermeldungen bearbeitet (vgl. IAK, 2010, S. 13).

In 2009 gab es eine umfangreiche **Mitarbeiterbefragung**, die das „Great Place to Work© Institute Deutschland" durchführte und an der sich 860 Mitarbeiter (MA) beteiligten. Der Schwerpunkt dieser Befragung lag darin zu eruieren, wie das KMO als Arbeitsplatz empfunden wird. Hierzu wurden den Mitarbeitern insgesamt 59 Fragen in den Kategorien Glaubwürdigkeit, Respekt, Fairness, Stolz und Teamgeist gestellt. Zur Beantwortung standen fünf Antwortmöglichkeiten („trifft fast gar nicht zu", „trifft überwiegend nicht zu", „teils/teils", „trifft überwiegend zu", „trifft fast völlig zu") zur Verfügung, wobei sich die MA mittels Ankreuzen für jeweils eine entscheiden mussten. In der Auswertung der Ergebnisse wurden die einzelnen Antworten der Mitarbeiter pro Frage kumuliert und jeweils als Prozentsatz im Verhältnis zur Gesamtteilnehmerzahl ausgegeben.

Auf eine detaillierte Analyse der gesamten und sehr umfangreichen Umfrageergebnisse, kann an dieser Stelle verzichtet werden, da dies aus G-BGM-Sicht im Rahmen der vorliegenden Studie nicht zielführend wäre. Es werden aber zielgerichtet einzelne Ergebnisse kommentiert, die aus der Sicht des G-BGM von besonderer Bedeutung sind.

In der Gesamtbetrachtung der Umfrageergebnisse konnte festgestellt werden, dass es z.T. große Unterschiede in der Wahrnehmung des KMO als Arbeitsplatz, im Vergleich zu der Wahrnehmung des eigenen direkten Arbeitsumfeldes (Team, Station), gibt. Dabei weichen die Ergebnisse der jeweils abgefragten Kategorien z.T. um mehr als 20% voneinander ab, so dass man insgesamt sagen kann, dass sich die MA mehr mit der eigenen Station, als mit dem KMO identifizieren und entsprechend verbunden fühlen. So fühlen sich insgesamt nur 25% der MA richtig wohl im KMO, im Vergleich zu 50% der MA innerhalb ihrer Arbeitsbereiche.

Nur 20% der MA sind davon überzeugt, dass den Führungskräften (FK) des Unternehmens neben dem Interesse an der Arbeitskraft auch der Mensch wichtig ist. Dagegen sind es aber über 50% der MA, die dies ihren direkten Vorgesetzten auf Station zugestehen.

Insgesamt sprechen ca. 50% der MA den FK (dabei ca. 40% den FK im KMO, 60% den FK auf Station) allgemein entsprechende Leitungskompetenzen zu.

Über 70% der MA empfinden den Mitarbeiterumgang im KMO als überwiegend fair, unabhängig von Alter, Geschlecht und Migrationshintergrund.

Bei 40-60% der Belegschaft kann man von einer Unternehmensbindung ausgehen, da sie stolz darauf sind, außerhalb des Hauses über ihren Arbeitsplatz zu sprechen.

Die im Haus installierten, flexiblen Arbeitszeitmodelle (s.o.) zeigen ihre Wirkung, da 50-60% der MA, insbesondere innerhalb des eigenen Teams, überwiegend die Möglichkeit bestätigen, dass sie ihre Zeiteinteilung aktiv mitgestalten können.

Leider sind 50% der MA nicht davon überzeugt, dass das Haus Maßnahmen zur Gesundheitsförderung anbietet. Das mag evtl. an einer ausbaufähigen Informationslage liegen, da hier die Umfrage zu dem Ergebnis kommt, dass der Verwaltungsbereich informierter ist als der Rest der Belegschaft. Hierin könnte Erklärung für die sehr geringe Teilnahmequote an den Bewegungs- und Entspannungskursen (s.o.) liegen.

Über 60% der MA sind der Meinung, dass sie nicht ausreichend vom Arbeitgeber ermutigt bzw. unterstützt werden, einen guten Ausgleich zwischen Beruf und Privatleben zu finden.

Zusammenfassend kann man sagen, dass die Ergebnisse dieser Umfrage zunächst grundsätzlich als befriedigend zu bezeichnen sind. Allerdings können insbesondere die Ergebnisse hinsichtlich des Wohlbefindens am Arbeitsplatz und der Unternehmensbindung (s.o.) nicht zufrieden stellen. Wenn sich 50% der MA nicht so richtig wohlfühlen bzw. 40% der MA nicht stolz auf ihre Arbeit sind, lässt das auf **ein hohes Maß an vorhandenem Präsentismus und** den **damit verbundenen Produktivitätsverlusten** schließen. Im Krankenhaus **kann sich** dies **auf** die **Arbeitseffektivität und** auf die **Behandlungsqualität negativ auswirken**, mit dem Ergebnis steigender Arbeitsbelastung (hier für die motivierten MA, die dann „doppelt ran müssen") und sinkender Patientenzufriedenheit.

Man erkennt also an den hier ausgewählten Ergebnisauszügen, dass es einen **erheblichen G-BGM-Handlungsbedarf im KMO** gibt. Dabei muss aber festgehalten werden, dass die Hintergründe, die zu den Antworten der MA geführt haben, durch weitere geeignete Erhebungsinstrumente im Rahmen des G-BGM hinterfragt werden müssen.

Z.B. kann in Einzel- bzw. Gruppeninterviews untersucht werden, was denn konkrete Gründe dafür sind, dass sich die MA überwiegend nicht wohl im KMO fühlen bzw. denken, dass dem Unternehmen die Arbeitskraft wichtiger als der Mensch ist. Dass dem objektiv betrachtet nicht so ist, zeigt die Vielzahl der oben zusammengestellten Maßnahmen des Hauses. Offensichtlich kommen aber die Intentionen, die die Unternehmensleitung mit all den Maßnahmen verfolgt, noch nicht in vollem Umfang bei der Belegschaft an.

Ein möglicher Grund dafür könnte, neben einer zu verbessernden Informations- und Kommunikationspolitik im Haus, eine jeweils voneinander abweichende **Eigen- und Fremdwahrnehmung** sein. Nur weil die Unternehmensleitung der Überzeugung ist, bereits viel für das Wohl der MA getan zu haben, muss sich diese Überzeugung nicht in der Wahrnehmung der MA bestätigen. Diese Feststellung verdeutlicht, wie wichtig es ist, die Mitarbeiter in den BGM-Prozess von Anfang an einzubinden. Man läuft sonst Gefahr, an den Mitarbeitern vorbei zu planen und wenig Akzeptanz zu „ernten". Insofern sind die nicht zufriedenstellenden Ergebnisse aus der Umfrage eine hervorragende G-BGM-Arbeitsgrundlage für die Zukunft.

Ein Hinweis auf das Vorliegen von Abweichungen im Bereich der Selbst- und Fremdwahrnehmung, hier z.B. in Bezug auf die Einschätzung der Qualität der BGF im Haus, zeigt sich in der Auswertung der vom Verfasser, exemplarisch mit der Personalleitung, durchgeführten „Analyse zur Selbsteinschätzung". In dem vom ENWHP stammenden „Fragebogen zur Selbsteinschätzung" (vgl. http://enwhp.org/fragebogen/frage bogen.php?lang=1&site=0 , 12.10.10) wird in 6 Bereichen (siehe Tab. 20 auf der folgenden Seite) abgefragt, wie es um die Qualität der Gesundheitsförderung im Unternehmen bestellt ist. Insgesamt sind es 28 Fragen (Items) und anhand von fünf Antwortalternativen kann das Unternehmen entscheiden, ob die jeweils abgefragte BGF-Aufgabe/BGF-Maßnahme bereits umgesetzt ist und kontinuierlich verbessert wird, oder ob sie systematisch, weitgehend bzw. punktuell umgesetzt ist, oder ob sie noch nicht begonnen wurde. Der Verfasser füllte diesen Fragebogen nach Abschluss der Unternehmensanalyse im Rahmen der vorliegenden Studie aus. Die Antworten basieren auf der externen Experteneinschätzung des Verfassers und beschreiben damit die „Fremdwahrnehmung". Erst danach wurde der Bogen der Personalleitung des KMO zum Ausfüllen vorgelegt. Die hierbei gemachten Angaben entsprechen somit der „Selbstwahrnehmung". Anschließend wurden die jeweiligen Antworten in das Online-Auswertungs-Tool des ENWHP eingegeben (vgl. ebd.). Die Tab.20 zeigt die, auf der Basis der Antworten erzielten Teilergebnisse in den einzelnen Bereichen sowie das Gesamtergebnis des KMO.

Betrachtete Bereiche des BGM	Einschätzung des aktuelle Status Quo im Hinblick auf ein erfolgreiches BGM im KMO		Abweichung
	Personalabteilung	Verfasser	
BGF und Unternehmenspolitik	46%	25%	21%
Personalwesen und Arbeitsorganisation	75%	50%	25%
Planung BGF	50%	42%	8%
Soziale Verantwortung	83%	75%	8%
Umsetzung BGF	40%	30%	10%
Ergebnisse BGF	38%	25%	13%
Erfolg des Unternehmens	**55%**	**39%**	**16%**

Tab. 20 - Auswertung "Fragebogen zur Selbsteinschätzung" (Eigene Darstellung)

Man erkennt über alle Bereiche hinweg eine durchschnittliche Abweichung von 16% und damit eine deutliche Abweichung zwischen Selbst- (KMO) und Fremdwahrnehmung (Verfasser). Auf eine detaillierte Darstellung und Auswertung sämtlicher Antworten (Items) wird an dieser Stelle verzichtet, da dies zur grundsätzlichen Beantwortung der Frage, ob eine Abweichung zwischen Fremd- und Selbstwahrnehmung vorliegt, keine zusätzlichen Erkenntnisse liefert. Die Zahlen (siehe Tab. 20) sprechen in Summe für sich. Zur inhaltlichen Veranschaulichung der Auswertung werden aber exemplarisch zwei der abgefragten Items behandelt, die aus den beiden Bereichen stammen, in denen die größte Abweichung besteht.

Im **Bereich „BGF und Unternehmenspolitik"** (Abweichung 21%) wird u.a. gefragt, ob das Management regelmäßig den Stand und den Fortschritt betrieblicher Gesundheitsförderungsmaßnahmen überprüft. Dieser Bereich wird aus Unternehmenssicht bereits als umgesetzt betrachtet, der kontinuierlich verbessert wird. Aus Sicht des Verfassers ist dies allerdings momentan nicht der Fall und kann es auch noch nicht sein, da dem Haus ein entsprechendes Evaluationskonzept fehlt. Eine Evaluation erfolgt allenfalls punktuell. So werden z.B. Anmeldezahlen bei Sportkursen archiviert, aber keine Teilnahme- und Erfolgsquoten.

Im zweiten **Bereich „Personalwesen und Arbeitsorganisation"** (Abweichung 25%) wird u.a. gefragt, ob alle Mitarbeiter über Kompetenzen (auch gesundheitlicher Art) verfügen bzw. Gelegenheit erhalten, diese zu erwerben. Hier schätzt die Personalabteilung diese Thematik als systematisch umgesetzt ein. Die Ergebnisse der o.a. Mitarbeiterumfrage zeigen aber ein anderes Bild, da die Hälfte des Mitarbeiter von den gesundheitsförderlichen Maßnahmen im Haus <u>nicht</u> überzeugt ist. Hier kann allenfalls nur von einer punktuellen und noch nicht von einer systematischen Umsetzung gesprochen werden.

Zusammenfassend kann für die „Analyse zur Selbsteinschätzung" gesagt werden, dass das Haus die Qualität einiger Maßnahmen anders bewertet, als es sich von „außen betrachtet" tatsächlich darstellt, bzw. einige Maßnahmen, z.T. auch aus Unkenntnis, bereits als umgesetzt betrachtet, obwohl eine systematische Umsetzung, im Sinne eines G-BGM, im Haus tatsächlich noch nicht stattgefunden hat. Allein das Angebot einzelner Maßnahmen ist kein Garant dafür, dass die Botschaft und die Ziele, die mit den Maßnahmen verfolgt werden sollen, bei den MA auch so ankommen. Darüber hinaus läuft das Haus beim Fehlen eines geeigneten Evaluationskonzeptes Gefahr, dass der Umsetzungs- und Durchdringungsgrad (Anzahl erreichter MA) der jeweiligen Maßnahme nicht oder nur unzureichend eingeschätzt werden kann.

10.3 Abschließende Bewertung zum Vorliegen der Voraussetzungen für die Einführung eines BGM

Anhand der erfolgten Zusammenstellung und den Zwischenbewertungen kann man sehr deutlich erkennen, dass das KMO bereits ein großes Maßnahmenspektrum im Hinblick auf ein zukünftiges G-BGM abdeckt. Die mit den Maßnahmen erreichten Erfolge, wobei z.T. die Umsetzung der Maßnahme selbst schon ein Erfolg darstellen kann, sollen und müssen positiv anerkannt werden. Darauf gilt es für die zukünftige Planung eines G-BGM aufzubauen. Neben diesen erfreulichen Ergebnissen, wurde aber im Rahmen der Unternehmensanalyse festgestellt, dass es in einigen Bereichen z.T. doch erheblichen Handlungsbedarf in Bezug auf Gesundheitsförderung und G-BGM gibt. Dieses Ergebnis deckt sich mit der Aussage der KMO-Geschäftsführung innerhalb der Experteninterviews, in der Systematik und Professionalität gefordert wird (siehe Kap. 10.2.6). Beide Forderungen werden mit Hilfe eines G-BGM-Systems erfüllt.

Zur erfolgreichen Schaffung der Voraussetzungen und damit zur gelingenden Einführung eines G-BGM sollen die folgenden Handlungsempfehlungen als Hilfestellung dienen. In den dort aufgeführten Punkten wird auf behandelte Themen der vorliegenden Studie verwiesen.

Da diese Themen ihrerseits jeweils einen Bezug zur Branche bzw. zum Krankenhausmarkt herstellen, ist ein Transfer auf das KMO, aber auch auf andere Krankenhäuser, und die Umsetzung der, in den einzelnen Kapiteln enthaltenen, Empfehlungen problemlos möglich.

10.4 Handlungsempfehlungen für das weitere Vorgehen

Eine klare Positionierung der Geschäftsführung zum G-BGM liegt im Groben vor und muss nun in Absprache mit der Klinikleitung (Ärztlicher Direktor, Pflegedirektor) und dem Betriebsrat konkretisiert und schriftlich manifestiert werden. Hierbei ist auf die Entwicklung eines gemeinsamen Verständnisses von Gesundheit, Ganzheitlichkeit und BGM besonderen Wert zu legen. Inhaltlich dienen hierzu primär die Ausführungen in den Kap. 3, 8 und 9 als Orientierung.

Die Leitbilder des KMO sind dann entsprechend dieser Vereinbarung anzupassen.

Es ist eine AG Gesundheit nach den Vorgaben des Kap. 9.3.1.2 zu gründen. Dort sind auch die Aufgaben der AG zusammengestellt. Sämtliche Entscheidungen der AG sind in geeigneter Form über die bestehenden Medien an alle Mitarbeiter zu kommunizieren.

Zur Sicherstellung der Professionalität und Kontinuität ist es zweckmäßig, zunächst die Personalentscheidung im Hinblick auf die Einstellung eines Leiter-G-BGM zu treffen, welcher über fachliche (z.b. akademischer Abschluss im Bereich Gesundheitsökonomie, Qualifikation im Bereich Moderation, Kenntnisse der Branche und des Arbeitsplatzes „Krankenhaus" von Vorteil) und soziale Kompetenzen (z.b. Führungsqualität, Verhandlungsgeschick, Organisationstalent, Eigenständigkeit, Netzwerkfähigkeit, Empathiefähigkeit) verfügt. Als weitere Personalentscheidung steht die Bestimmung zusätzlicher G-BGM-Beauftragter (siehe Kap. 9.3.1.2 „G-BGM-Beauftragte") an.

Um den Leiter-G-BGM in die Unternehmensstruktur organisatorisch zu integrieren, ist eine zusätzliche Stabsstelle zu schaffen und mit entsprechenden Verantwortlichkeiten und zugehörigen Entscheidungskompetenzen auszustatten (siehe ebd.).

Nach Einstellung des Leiter-G-BGM sind von diesem, die noch fehlenden strukturellen Vorgaben zu realisieren und erste Netzwerkaktivitäten zu initiieren (siehe S. Kap. 8.3.1.1 und 9.3.1.2 „Externe Partner").

Es ist ein Projektteam zusammenzustellen, um die weiteren Schritte zu planen. Hierbei sind die Grundsätze des Projektmanagements zu beachten (siehe Kap. 9.3). Dabei ist zwingend darauf zu achten, dass zunächst die laufenden gesundheitsförderlichen Maßnahmen störungsfrei und ungehindert fortgeführt werden.

Erste entscheidende Maßnahmen der Projektarbeit werden dabei eine intensive Analyse der Ist-Situation und der Aufbau eines geeigneten Evaluationskonzeptes sein. Die Ausführungen in den Kapiteln 9.3.2 bis 9.3.6 geben hierbei entsprechende Unterstützungshilfe.

11. Zusammenfassung

Mit der vorliegenden Arbeit wurde ein **grundlegendes Verständnis von BGM unter der besonderen Berücksichtigung der Ganzheitlichkeit** geschaffen. Dazu wurde der **Begriff der Ganzheitlichkeit** neu definiert und inhaltlich in ein BGM-Modell integriert, woraus das **G-BGM-Modell** entstand. Bei der Entwicklung des Modells wurden praktische Erfahrungen aus der Industrie und dem Gesundheitswesen berücksichtigt.

Darüber hinaus wurden in der vorliegenden Studie verschiedene Aspekte, die die Einführung eines G-BGM in ein Krankenhaus entscheidend beeinflussen, ausführlich erläutert. Dadurch wurde eine gemeinsame Argumentationsbasis für die Entscheidergruppe eines Krankenhauses (und hier exemplarisch für die des KMO) geschaffen. Gleichzeitig stellt dieses gemeinsame Wissen die Grundvoraussetzung dafür dar, dass sich alle Beteiligten an den wichtigen Entscheidungen, die das KMO in der Zukunft im Laufe des BGM-Einführungsprozesses zu treffen hat, umfassend informiert beteiligen können.

Wie die Auseinandersetzung mit der BGM-Thematik innerhalb dieser Studie gezeigt hat, gibt es, trotz einer fast unüberschaubaren Literaturvielfalt zum Thema, einen großen Bedarf an wiss. Evaluation in verschiedenen Bereichen. So stand am Ende der Literaturrecherche die Erkenntnis, dass es im Allgemeinen z.B. keine valide Anzahl an belastbaren AU-Daten von Personen mit Migrationshintergrund oder an Daten über die Wirkungsweise verhältnisorientierter BGM-Maßnahmen gibt. Speziell im Krankenhaussektor ist die Datenbasis bei Weitem nicht ausreichend und z.T. zu alt. Erschwerend kommt hinzu, dass in den Erhebungen nicht nach den verschiedenen Krankenhaustypen unterschieden wird.

Die im Rahmen der vorliegenden Studie exemplarisch für das KMO durchgeführte Unternehmensdiagnose, hinsichtlich der Untersuchung des Bedarfs an einem G-BGM und des Vorliegens entsprechender Voraussetzungen für die Einführung eines G-BGM in das Haus, brachte wichtige Erkenntnisse, nicht nur für das betrachtete Krankenhaus (KMO) im Speziellen, sondern auch für den Krankenhaussektor im Allgemeinen. Durch das anschauliche Benchmarking des Hauses mit der Branche in vielen Bereichen wurde ein wichtiges Transferwissen erarbeitet und geschaffen, welches auch BGM-Beteiligten in anderen Krankenhäusern bei der Einführung und Umsetzung eines G-BGM sehr hilfreich sein kann.

Als Essenz der Diagnose kann für das KMO konstatiert werden, dass der G-BGM-Bedarf im Haus insgesamt und der Handlungsbedarf speziell in einigen Bereichen sehr

groß ist. Die hierfür in der vorliegenden Studie gegebenen Handlungsempfehlungen sollten den Einführungsprozess entscheidend beschleunigen. Zur weiteren Unterstützung,
wurde der Ablauf eines G-BGM-Einführungsprozesses in ein Krankenhaus umfassend
geschildert. Bei der praktischen Umsetzung wäre es von Vorteil, wenn sich das KMO
weiterhin wissenschaftlich begleiten ließe. Insbesondere sind weitere wichtige Analysen,
während der Umsetzung der Handlungsempfehlungen durchzuführen, die einer wiss.
Evaluation bedürfen. Hierbei kann das KMO auch entsprechende Unterstützungsleistungen z.B. der Krankenkasse in Anspruch nehmen.

Ich wünsche dem KMO und allen Handelnden in der Betrieblichen Gesundheitspolitik,
die sich mit der Einführung und Umsetzung eines Ganzheitlichen Betrieblichen
Gesundheitsmanagements beschäftigen,
eine erfolgreiche Zukunft im Zeichen des G-BGM.

12.   Literatur- und Quellenverzeichnis

Amon-Glassl, U. (2003). Betriebliche Gesundheitsförderung. Pausenprogramme am Arbeitsplatz. Theorie, Empirie und Tipps für die arbeitspsychologische Praxis. Frankfurt am Main: Peter Lang GmbH – Europäischer Verlag der Wissenschaften

Antonovsky, A. (1997). Salutogenese. Zur Entmystifizierung der Gesundheit. Deutsche erweiterte Ausgabe von A. Franke. Tübingen: DGVT Verlag

Arbeitsgemeinschaft der Spitzenverbände der Krankenkassen (Hrsg.) (2003). Gemeinsame und einheitliche Handlungsfelder und Kriterien der Spitzenverbände der Krankenkassen zur Unterstützung von §20 Abs. 1 und 2 SGB V vom 21.Juni 2000 in der Fassung vom 12. September 2003. Bergisch Gladbach: IKK BV http://www.dak.de/content/filesopen/Leitfaden.pdf (08.09.10)

Arbeitsgemeinschaft der Spitzenverbände der Krankenkassen (Hrsg.) (2008). Leitfaden Prävention. Gemeinsame und einheitliche Handlungsfelder und Kriterien der Spitzenverbände der Krankenkassen zur Umsetzung von §§ 20 und 20a SGB V vom 21. Juni 2000 in der Fassung vom 2. Juni 2008. Bonn, Frankfurt a.M.: KomPart Verlagsgesellschaft mbH & Co. KG http://www.gkv-spitzenverband.de/upload/Leitfaden_2008_150908_2761.pdf (15.09.10)

Badura, B.; Ritter, W.; Scherf, M. (1999). Betriebliches Gesundheitsmanagement – ein Leitfaden für die Praxis. Berlin: Ed. Sigma

Badura, B.; Schellschmidt, H.; Vetter, C. (Hrsg.) (2005). Fehlzeitenreport 2004. Gesundheitsmanagement in Krankenhäusern und Pflegeeinrichtungen. Berlin, Heidelberg, New York: Springer Verlag

Badura, B.; Schröder, H.; Vetter, C. (Hrsg.) (2008). Fehlzeiten-Report 2007. Arbeit, Geschlecht und Gesundheit. Geschlechteraspekte im betrieblichen Gesundheitsmanagement. Heidelberg: Springer Verlag

Badura, B.; Schröder, H.; Vetter, C. (Hrsg.) (2009). Fehlzeiten-Report 2008. Betriebliches Gesundheitsmanagement. Kosten und Nutzen. Berlin, Heidelberg, London: Springer Verlag

Badura, B.; Walter, U.; Hehlmann, T. (2010). Betriebliche Gesundheitspolitik. Der Weg zur gesunden Organisation. 2. Auflage. Berlin, Heidelberg: Springer Verlag

Badura, B.; Schröder, H.; Klose, J.; Macco, K. (Hrsg.) (2010a): Fehlzeiten-Report 2009. Arbeit und Psyche. Belastungen reduzieren – Wohlbefinden fördern. Berlin, Heidelberg: Springer Verlag

Badura, B.; Schröder, H.; Klose, J.; Macco, K. (Hrsg.) (2010b): Fehlzeiten-Report 2010. Vielfalt managen: Gesundheit fördern – Potentiale nutzen. Berlin, Heidelberg: Springer Verlag

Baumanns, R. (2009). Unternehmenserfolg durch betriebliches Gesundheitsmanagement. Nutzen für Unternehmen und Mitarbeiter. Eine Evaluation. Stuttgart: ibidem-Verlag

Bechmann, S.; Jäckle, R.; Lück, P.; Herdegen, R. (2010). IGA-Report 20. Motive und Hemmnisse für Betriebliches Gesundheitsmanagement (BGM). Essen, Berlin: BKK BV, DGUV, AOK-BV, vdek
http://www.iga-info.de/fileadmin/Veroeffentlichungen/iga-Reporte_Projektberichte/iga_report_20_Umfrage_BGM_KMU_final.pdf (15.09.10)

Begerow, B.; Mozdzanowski, M.(2010). Leben in Balance – seelische Gesundheit von Frauen.   Berlin: BMG
http://www.bmg.bund.de/SharedDocs/Publikationen/DE/Praevention/Leben-in-Balance,templateId=raw,property=publicationFile.pdf/Leben-in-Balance.pdf (17.09.10)

Berger, P. (2010). Fürstenberg-Performance-Studie 2010. Kurzfassung (Präsentation).
http://www.fuerstenberg-institut.de/pdf/Fuerstenberg-Performance-Studie_Febr2010_Kurzfassung.pdf (15.09.10)

Bezirk Oberbayern, Kliniken des Bezirkes Oberbayern - Kommunalunternehmen (Hrsg.) (2009). Vereinbarung. Umgang mit Suchtmittel am Arbeitsplatz. Hilfe für Suchtgefährdete und suchtkranke Mitarbeiterinnen und Mitarbeiter. München: Bezirk Oberbayern, Kliniken des Bezirkes Oberbayern - Kommunalunternehmen

BGW – Berufsgenossenschaft für Gesundheitsdienst und Wohlfahrtspflege (Hrsg.) (2009). Jahresbericht 2008. Hamburg: BGW
http://www.bgw-online.de/internet/generator/Inhalt/OnlineInhalt/Medientypen/bgw-grundlagen/SX-JB08__Jahresbericht__2008,property=pdfDownload.pdf (15.10.10)

BKK BV – Bundesverband der Betriebskrankenkassen (Hrsg.) (1999). Qualitätskriterien für die betriebliche Gesundheitsförderung. Essen: BKK BV.
http://www.dnbgf.de/fileadmin/texte/Downloads/uploads/dokumente/2009/Qualitaetskriterien_BGF_1_.pdf (20.10.2010)

BKK BV – Bundesverband der Betriebskrankenkassen (Hrsg.) (2004). Auf dem Weg zum gesunden Unternehmen. Argumente und Tipps für ein modernes betriebliches Gesundheitsmanagement. Essen: BKK BV

BKK BV – Bundesverband der Betriebskrankenkassen (Hrsg.) (2007). BKK Gesundheitsreport 2007. Gesundheit in Zeiten der Globalisierung. Essen: BKK BV
http://www.bkk.de/fileadmin/user_upload/PDF/Arbeitgeber/gesundheitsrepo
rt/BKK_Gesundheitsreport_2007.pdf (15.09.10)

BKK BV – Bundesverband der Betriebskrankenkassen (Hrsg.) (2008). Wettbewerbsvorteil Gesundheit. Kosten arbeitsbedingter Erkrankungen und Frühberentung in Deutschland. Essen: BKK BV
http://www.dnbgf.de/fileadmin/texte/Downloads/uploads/dokumente/2008/
BKK_Broschuere_arbeitsbedingteGesundheitskosten_RZ_web.pdf (15.09.10)

BKK BV – Bundesverband der Betriebskrankenkassen (Hrsg.) (2008a). BKK Gesundheitsreport 2008. Seelische Krankheiten prägen das Krankheitsgeschehen. Essen: BKK BV
http://www.bkk.de/fileadmin/user_upload/PDF/Arbeitgeber/gesundheitsrepo
rt/Gesundheitsreport2008_kompletter_Report.pdf (15.10.10)

BKK BV – Bundesverband der Betriebskrankenkassen (Hrsg.) (2008b). BKK Gesundheitsreport 2008. Tabellenanhang. Essen: BKK BV
http://www.bkk.de/fileadmin/user_upload/PDF/Arbeitgeber/gesundheitsrepo
rt/Gesundheitsreport2008-Tabellenanhang.pdf (15.10.10)

BKK BV – Bundesverband der Betriebskrankenkassen (Hrsg.) (2009). BKK Gesundheitsreport 2009. Gesundheit in Zeiten der Krise. Essen: BKK BV
http://www.bkk.de/fileadmin/user_upload/PDF/Arbeitgeber/gesundheitsrepo
rt/BKK_Gesundheitsreport_2009.pdf (15.10.10)

BKK BV – Bundesverband der Betriebskrankenkassen (Hrsg.) (2009a). BKK Gesundheitsreport 2009. Tabellenanhang. Essen: BKK BV
http://www.bkk.de/fileadmin/user_upload/PDF/Arbeitgeber/gesundheitsrepo
rt/BKK_Gesundheitsreport_2009_Tabellenanhang.pdf (15.11.10)

BKK BV – Bundesverband der Betriebskrankenkassen; BGAG – Institut Arbeit und Gesundheit der deutschen Gesetzlichen Unfallversicherung; AOK-BV – AOK-Bundesverband; vdek – Verband der Ersatzkassen (Hrsg.) (2009). Alle anders – alle gleich – alle gesund im Betrieb: Das Interkulturelle Betriebliche Gesundheitsmanagement. Essen, Dresden, Berlin: BKK BV, BGAG, AOK-BV, vdek http://www.iga-info.de/fileadmin/Veroeffentlichungen/Einzelveroeffentlich ungen/Interkulturelles_Betriebliches_Gesundheitsmanagement_Broschuere.pdf (17.10.10)

BKK BV – Bundesverband der Betriebskrankenkassen; BGAG – Institut Arbeit und Gesundheit der deutschen Gesetzlichen Unfallversicherung; AOK-BV – AOK-Bundesverband; vdek – Verband der Ersatzkassen (Hrsg.) (2009a). Gesund arbeiten. Ein Wegweiser für Gesundheit im Betrieb. Essen, Dresden, Bonn, Siegburg: BKK BV, BGAG, AOK-BV, vdek http://www.iga-info.de/fileadmin/rs-dokumente/dateien/Wegweiser_IGA _A5__d_.pdf (17.11.10)

BMAS - Bundesanstalt für Arbeitsschutz und Arbeitsmedizin (Hrsg.) (2005). Gesund Pflegen im Krankenhaus. Nachhaltige Reduzierung psychischer Fehlbelastungen von Krankenpflegekräften durch Gesundheitsförderung. Dortmund, Dresden: Wirtschaftsverlag NW – Verlag für neue Wissenschaft GmbH http://www.inqa.de/Inqa/Redaktion/Zentralredaktion/PDF/Publikationen/in qa-12-gesund-pflegen-im-krankenhaus,property=pdf,bereich=inqa,sprache=de, rwb=true.pdf (25.09.10)

BMAS - Bundesanstalt für Arbeitsschutz und Arbeitsmedizin (Hrsg.) (2005a). Sicherheit und Gesundheit bei der Arbeit 2003. Unfallverhütungsbericht Arbeit. Dortmund, Berlin, Dresden: BMAS http://osha.europa.eu/fop/germany/de/statistics/statistiken/suga/suga_2003/i ndex_html (15.09.10)

BMAS - Bundesanstalt für Arbeitsschutz und Arbeitsmedizin (Hrsg.) (2008). Sicherheit und Gesundheit bei der Arbeit 2006. Unfallverhütungsbericht Arbeit. Dortmund, Berlin, Dresden: BMAS http://www.baua.de/de/Publikationen/Fachbeitraege/Suga-2006.pdf?__blob= publicationFile (18.09.10)

BMAS - Bundesanstalt für Arbeitsschutz und Arbeitsmedizin (Hrsg.) (2009). Sicherheit und Gesundheit bei der Arbeit 2007. Unfallverhütungsbericht Arbeit. Dortmund, Berlin, Dresden: BMAS
http://www.baua.de/de/Publikationen/Fachbeitraege/Suga-2007.pdf?__blob=publicationFile (19.10.10)

BMAS - Bundesanstalt für Arbeitsschutz und Arbeitsmedizin (Hrsg.) (2010). Sicherheit und Gesundheit bei der Arbeit 2008. Unfallverhütungsbericht Arbeit. Dortmund, Berlin, Dresden: BMAS
http://www.baua.de/cae/servlet/contentblob/864654/publicationFile/53627/Suga-2008.pdf (15.10.10)

BMG – Bundesministerium für Gesundheit (Hrsg.) (2009). GKV-Statistik KG2. 1997 bis 2008.
http://www.bmg.bund.de/cln_178/nn_1193098/SharedDocs/Downloads/DE/Statistiken/Gesetzliche-Krankenversicherung/Geschaeftsergebnisse/KG2-96-04-pdf-4713,templateId=raw,property=publicationFile.pdf/KG2-96-04-pdf-4713.pdf (16.10.10)

BMG – Bundesministerium für Gesundheit (Hrsg.) (2010). Daten des Gesundheitswesens 2010. Berlin: BMG
http://www.bmg.bund.de/cln_178/nn_1168248/SharedDocs/Downloads/DE/Standardartikel/T/Glossar-Tag-der-offenen-Tuer-2009/Daten_20des_20Gesundheitswesens_202010,templateId=raw,property=publicationFile.pdf/Daten%20des%20Gesundheitswesens%202010.pdf (15.10.10)

Bonitz, D.; Eberle, G.; Lück, P. (2007). Wirtschaftlicher Nutzen von betrieblicher Gesundheitsförderung aus der Sicht von Unternehmen. Dokumentation einer Befragung in 212 Partnerunternehmen. Bonn: AOK Bundesverband.
http://www.aok-bv.de/imperia/md/aokbv/gesundheit/vorsorge/betriebe/bgfstudie_2007.pdf (16.10.10)

Bödeker, W.; Hüsing T. (2008). IGA-Report 12. IGA-Barometer 2. Welle. Einschätzungen der Erwerbsbevölkerung zum Stellenwert der Arbeit, zur Verbreitung und Akzeptanz von betrieblicher Prävention und zur krankheitsbedingten Beeinträchtigung der Arbeit – 2007. Essen, Dresden, Bonn, Siegburg: BKK BV, DGUV, AOK-BV, AEV
http://www.iga-info.de/fileadmin/texte/iga_report_12.pdf (15.10.10)

Bödeker, W. (2010). Lohnt sich Betriebliche Gesundheitsförderung? Ökonomische Indikatoren und Effizienzanalysen. In: Faller, G. (Hrsg.): Lehrbuch Betriebliche Gesundheitsförderung. Bern: Verlag Hans Huber, S. 165 – 170

Braun, K. (2010). Tätigkeitsfelder der Betrieblichen Sozialberatung. (Unternehmensinterne Arbeitsunterlage). Haar: IAK

Brzoska, P.; Reiss, K.; Razum, O. (2010). Arbeit, Migration und Gesundheit. In Badura, B.; Schröder, H.; Klose, J.; Macco, K. (Hrsg.): Fehlzeiten-Report 2010. Vielfalt managen: Gesundheit fördern – Potentiale nutzen. Berlin, Heidelberg: Springer Verlag, S. 129 – 139

Bungart, J. (2010). Von zunehmender Bedeutung: Unterstützungen bei psychischen Erkrankungen im Betrieb. In: Faller, G. (Hrsg.): Lehrbuch Betriebliche Gesundheitsförderung. Bern: Verlag Hans Huber, S. 220 – 228

Busch, R. (2004). Unternehmensziel Gesundheit. Betriebliches Gesundheitsmanagement in der Praxis – Bilanz und Perspektiven. München, Mering: Hampp Verlag

BZgA – Bundeszentrale für gesundheitliche Aufklärung (Hrsg.) (1999). Evaluation – ein Instrument zur Qualitätssicherung in der Gesundheitsförderung. Band 8. Köln: BZgA
http://www.bzga.de/pdf.php?id=108b527b52b84b3ae9e22c9c45bc2dca
(20.09.10)

BZgA – Bundeszentrale für gesundheitliche Aufklärung (Hrsg.) (2001). Was hält Menschen gesund? Antonovskys Modell der Salutogenese – Diskussionsstand und Stellenwert. Köln: BZgA
http://www.bzga.de/pdf.php?id=0ddf4b0628799d2005cc654f15e704b9
(20.09.10)

BZgA – Bundeszentrale für gesundheitliche Aufklärung (Hrsg.) (2003). Leitbegriffe der Gesundheitsförderung. Glossar zu Konzepten, Strategien und Methoden der Gesundheitsförderung. 4. erweiterte und überarbeitete Auflage, Schwabenheim a.d. Selz: Fachverlag Peter Sabo

DAK – Deutsche Angestellten Krankenkasse; BGW - Berufsgenossenschaft für Gesundheitsdienst und Wohlfahrtspflege (Hrsg.) (2005). DAK-BGW Gesundheitsreport 2005. Stationäre Krankenpflege. Hamburg: DAK
http://www.dak.de/content/filesopen/KrankenpflegeGesamt_110106.pdf
(15.09.10)

DAK – Deutsche Angestellten Krankenkasse (Hrsg.) (2009). DAK Gesundheitsreport 2009. Analyse der Arbeitsunfähigkeitsdaten. Schwerpunktthema: Doping am Arbeitsplatz. Hamburg: DAK
http://www.dak.de/content/filesopen/Gesundheitsreport_2009.pdf (15.09.10)

DBfK – Deutscher Berufsverband für Pflegeberufe (Hrsg.) (2010). Balance halten im Pflegealltag. Was Sie selbst tun können, um bei Ihrer Arbeit im Krankenhaus gesund zu bleiben. Berlin: DBfK
http://dbfk.de/verband/bags/BAG-Pflege-im-Krankenhaus/Balance-halten-im-Pflegealltag_final2010-09-02.pdf (15.09.10)

DBfK – Deutscher Berufsverband für Pflegeberufe (Hrsg.) (2010a). Standpunkte und Informationen des DBfK zum Mindestlohn in der Pflege. Berlin: DBfK
http://www.dbfk.de/download/download/Standpunkte-und-Informationen-zum-Mindestlohn-in-der-Pflege-2010-08-12.pdf (12.09.10)

dip – Deutsches Institut für angewandte Pflegeforschung e.V. (Hrsg.) (2010). Pflege-Thermometer 2009. Eine bundesweite Befragung von Pflegekräften zur Situation der Pflege und Patientenversorgung im Krankenhaus. Köln: dip
http://www.dip.de/fileadmin/data/pdf/material/dip_Pflege-Thermometer_2009.pdf (25.09.10)

DKI – Deutsches Krankenhausinstitut e.V. (Hrsg.) (2005). Krankenhaus Barometer. Umfrage 2005. Düsseldorf. DKI
http://www.dki.de/PDF/Umfrage_2005.pdf (17.09.10)

DNGfK – Deutsches Netz gesundheitsfördernder Krankenhäuser gem. e.V. (1996). Die Chiemsee-Erklärung.
http://www.dngfk.de/fileadmin/user_upload/website/dngfk/Grundsatzdokumente/1996_Chiemsee-Erklaerung.pdf (09.09.10)

DNGfK – Deutsches Netz gesundheitsfördernder Krankenhäuser gem. e.V. (1999). Homburger Leitlinien. Das Deutsche Netz Gesundheitsfördernder Krankenhäuser (DNGfK) auf dem Weg ins 21. Jahrhundert.
http://www.dngfk.de/fileadmin/user_upload/website/dngfk/Grundsatzdokumente/1999_Homburger_Leitlinien.pdf (09.09.10)

Draxler, T.; Cheung, A. (2010). 30 Minuten Gesundheitsmanagement. Offenbach: GABAL Verlag GmbH

Ducki, A. (2000). Diagnose gesundheitsförderlicher Arbeit. Eine Gesamtstrategie zur betrieblichen Gesundheitsanalyse. Zürich: vdf Hochschulverlag AG

Eberle, G.; Kraemer, R.; Lück, P. (2005). Wirtschaftlicher Nutzen Betrieblicher Gesundheitsförderung aus der Sicht von Unternehmen. Dokumentation einer Befragung. Bonn: AOK Bundesverband
http://www.dnbgf.de/fileadmin/texte/Downloads/uploads/dokumente/1173_Wirtschaftlicher_Nutzen_BGF_aus_Sicht_von_Unternehmen_04_2005.pdf (16.09.10)

ENWHP – Europäisches Netzwerk für Betriebliche Gesundheitsförderung (1997). Luxemburger Deklaration zur betrieblichen Gesundheitsförderung in der Europäischen Union. Fassung von 2007.
http://www.enwhp.org/fileadmin/rs-dokumente/dateien/Luxembourg_Declaration.pdf (20.10.10)
Deutsche Übersetzung:
http://www.dnbgf.de/fileadmin/texte/Downloads/uploads/dokumente/2009/Luxemburger_Deklaration/Luxemburger_Deklaration_10_09.pdf (20.10.10)

Faller, G. (2010). Lehrbuch Betriebliche Gesundheitsförderung. Bern: Verlag Hans Huber.

Faller, G. (2010a). Mehr als nur Begriffe: Prävention, Gesundheitsförderung und Gesundheitsmanagement im betrieblichen Kontext. In: Faller, G. (Hrsg.): Lehrbuch Betriebliche Gesundheitsförderung. Bern: Verlag Hans Huber, S. 23 – 33

Faltermeier, T. (2008). Geschlechterspezifische Dimensionen im Gesundheitsverständnis und Gesundheitsverhalten. In: Badura, B.; Schröder, H.; Vetter, C. (Hrsg.): Fehlzeiten-Report 2007. Arbeit, Geschlecht und Gesundheit. Geschlechteraspekte im betrieblichen Gesundheitsmanagement. Heidelberg: Springer Verlag, S. 35 – 45

Franzkowiak, P.; Lehmann, M. (2003). Gesundheits-/Krankheits-Kontinuum. In: BZgA (Hrsg.): Leitbegriffe der Gesundheitsförderung. Glossar zu Konzepten, Strategien und Methoden der Gesundheitsförderung. 4. erweiterte und überarbeitete Auflage, Schwabenheim a.d. Selz: Fachverlag Peter Sabo, S. 113 – 115

Franzkowiak, P. (2003). Salutogenetische Perspektive. In: BZgA (Hrsg.): Leitbegriffe der Gesundheitsförderung. Glossar zu Konzepten, Strategien und Methoden der Gesundheitsförderung. 4. erweiterte und überarbeitete Auflage, Schwabenheim a.d. Selz: Fachverlag Peter Sabo, S. 198 – 200

Franzkowiak, P. (2008). Prävention im Gesundheitswesen Systematik, Ziele, Handlungsfelder und die Position der Sozialen Arbeit; In: Hensen, G.; Hensen, P.(Hrsg.): Gesundheitswesen und Sozialstaat. Gesundheitsförderung zwischen Anspruch und Wirklichkeit. Wiesbaden: VS Verlag für Sozialwissenschaften, S. 195 – 219

Fuchs, T. (2008). INQA-Bericht 28: Was ist gute Arbeit – Arbeit im Generationenvergleich. Subjektiv wahrgenommene Arbeitsqualität von Arbeitnehmer/-innen verschiedener Altersgruppen. Dortmund, Berlin, Dresden: INQA

Fritz, S. (2009). Wie lassen sich Effekte betrieblicher Gesundheitsförderung in Euro abschätzen? – Ergebnisse von Längsschnittuntersuchungen in drei Unternehmen. In: Badura, B.; Schröder, H.; Vetter, C. (Hrsg.): Fehlzeiten-Report 2008. Betriebliches Gesundheitsmanagement. Kosten und Nutzen. Berlin, Heidelberg, London: Springer Verlag, S. 111 – 120

Göbel, E. (2004). Bilanz und Perspektiven. Eine Standortbestimmung der betrieblichen Gesundheitsförderung. In: Busch, R. (Hrsg.): Unternehmensziel Gesundheit. Betriebliches Gesundheitsmanagement in der Praxis – Bilanz und Perspektiven. München, Mering: Hampp-Verlag, S. 34 – 43

Grundböck, A.; Nowak, P.; Pelikan, J.P. (1997). Neue Herausforderungen für Krankenhäuser: Qualität durch Gesundheitsförderung – Gesundheitsförderung mit Qualität. Wien: Facultas Universitätsverlag.

Grundböck, A.; Nowak, P.; Pelikan, J.P. (1998). Gesundheitsförderung – Eine Strategie für Krankenhäuser im Umbruch: Projekte aus Österreich und Deutschland. Wien: Facultas Universitätsverlag.

Hans-Böckler-Stiftung (Hrsg.) (2009). Psychosoziale Arbeitsbelastungen, Patientenversorgung und betriebliche Gesundheitsförderung im Krankenhaus. Eine Befragung von Ärzten und Krankenhäusern. Düsseldorf, Hamburg: Hans-Böckler-Stiftung
http://www.boeckler.de/pdf_fof/S-2007-960-4-1.pdf (20.10.10)

Hensen, G.; Hensen, P. (2008). Gesundheitswesen und Sozialstaat. Gesundheitsförderung zwischen Anspruch und Wirklichkeit. Wiesbaden: VS Verlag für Sozialwissenschaften

Heyde, K.; Macco, K.; Vetter, C. (2009). Krankheitsbedingte Fehlzeiten in der deutschen Wirtschaft im Jahr 2007. In: Badura, B.; Schröder, H.; Vetter, C. (Hrsg.): Fehlzeiten-Report 2008. Betriebliches Gesundheitsmanagement. Kosten und Nutzen. Berlin, Heidelberg, London: Springer Verlag, S. 205 – 435

Höppner, H. (2004). Gesundheitsförderung von Krankenschwestern. Ansätze für eine frauengerechte betriebliche Praxis im Krankenhaus. Frankfurt am Main: Mabuse Verlag

Hurrelmann, K. (2000). Gesundheitssoziologie. Eine Einführung in sozialwissenschaftliche Theorien von Krankheitsprävention und Gesundheitsförderung. Weinheim und München: Juventa

IAK - Isar-Amper-Klinikum gGmbH (Hrsg.) (2008). Betriebliches Eingliederungsmanagement (BEM)am IAK-KMO. Betriebsvereinbarung Nr. 14. Haar: IAK

IAK - Isar-Amper-Klinikum gGmbH (Hrsg.) (2009). Jahresbericht 2009 Arbeitssicherheit. Haar: IAK

IAK - Isar-Amper-Klinikum gGmbH (Hrsg.) (2010). Focus. Betriebszeitung Nr. 30. Haar: IAK

IAK - Isar-Amper-Klinikum gGmbH (Hrsg.) (2010a). Personalausfallstatistik 2005 – 2008. Haar: IAK

IAK - Isar-Amper-Klinikum gGmbH (Hrsg.) (2010b). Personalausfallstatistik 2009. Haar: IAK

Kaba-Schönstein, L. (2003). Gesundheitsförderung I: Definition, Ziele, Prinzipien, Handlungsfelder und –Strategien. In: BZgA (Hrsg.): Leitbegriffe der Gesundheitsförderung. Glossar zu Konzepten, Strategien und Methoden der Gesundheitsförderung. 4. erweiterte und überarbeitete Auflage, Schwabenheim a.d. Selz: Fachverlag Peter Sabo, S. 73 – 78

Kaba-Schönstein, L. (2003a). Gesundheitsförderung II: Internationale Entwicklung, historische und programmatische Zusammenhänge bis zur Ottawa-Charta 1986. In: BZgA (Hrsg.): Leitbegriffe der Gesundheitsförderung. Glossar zu Konzepten, Strategien und Methoden der Gesundheitsförderung. 4. erweiterte und überarbeitete Auflage, Schwabenheim a.d. Selz: Fachverlag Peter Sabo, S. 78 – 82

Kaba-Schönstein, L. (2003b). Gesundheitsförderung V: Die Entwicklung in Deutschland ab Mitte der 1980iger Jahre. In: BZgA (Hrsg.): Leitbegriffe der Gesundheitsförderung. Glossar zu Konzepten, Strategien und Methoden der Gesundheitsförderung. 4. erweiterte und überarbeitete Auflage, Schwabenheim a.d. Selz: Fachverlag Peter Sabo, S. 96 – 104

Kirch, W.; Middeke, M.; Rychlik, R. (Hrsg.) (2010). Aspekte der Prävention. Stuttgart: Georg Thieme Verlag KG

Kolb, M.; Diketmüller R. (2006)."Reife Äpfel" Gesundheitsförderung mit älteren Frauen im ländlichen Raum. In: Kolip, P.; Altgeld, T. (Hrsg.): Geschlechtergerechte Gesundheitsförderung und Prävention, Weinheim, München: Juventa Verlag, S. 145 – 161

Kolip, P.; Altgeld, T. (Hrsg.) (2006). Geschlechtergerechte Gesundheitsförderung und Prävention, Weinheim, München: Juventa Verlag

Köper, B.; Sifer, A.; Beermann, B. (2010). Geschlechtsspezifische Differenzierung von BGF-Konzepten. In Badura, B.; Schröder, H.; Klose, J.; Macco, K. (Hrsg.): Fehlzeiten-Report 2010. Vielfalt managen: Gesundheit fördern – Potentiale nutzen. Berlin, Heidelberg: Springer Verlag, S. 215 – 223

Kramer, I.; Bödeker, W. (2008). IGA-Report 16 - Return on Investment im Kontext der betrieblichen Gesundheitsförderung und Prävention. Die Berechnung des prospektiven Return on Investment: eine Analyse von ökonomischen Modellen. Essen, Dresden, Bonn, Siegburg: BKK BV, BGAG, AOK-BV, vdek http://www.iga-info.de/fileadmin/texte/iga_report_16.pdf (15.09.10)

Kreis, K.; Bödeker, W.(2003). IGA-Report 3 – Gesundheitlicher und ökonomischer Nutzen betrieblicher Gesundheitsförderung und Prävention. Zusammenstellung der wissenschaftlichen Evidenz. Essen, Dresden: BKK BV, HVBG http://www.iga-info.de/fileadmin/texte/iga_report_3_M.pdf (15.10.10)

Kriener, B.; Neudorfer, E.; Künzel, D.; Aichinger, A. (2004). Gesund durchs Arbeitsleben. Empfehlungen für eine zukunfts- und alternsorientierte betriebliche Gesundheitsförderung in Klein- und Mittelunternehmen. Wien: Wirtschaftskammer Österreich http://www.diepartner.at/downloads/pdf/BGFStudie.pdf (16.09.10)

Kuhn, J. (2010). Daten und ihre Vermittlung: Anforderungen an die Betriebliche Gesundheitsberichterstattung. In: Faller, G. (Hrsg.): Lehrbuch Betriebliche Gesundheitsförderung. Bern: Verlag Hans Huber, S. 134 – 140

Küsgens, I.; Macco, K.; Vetter, C. (2008). Krankheitsbedingte Fehlzeiten in der deutschen Wirtschaft im Jahr 2006. In: Badura, B.; Schröder, H.; Vetter, C. (Hrsg.): Fehlzeiten-Report 2007. Arbeit, Geschlecht und Gesundheit. Geschlechteraspekte im betrieblichen Gesundheitsmanagement. Heidelberg: Springer Verlag, S. 261 – 466

Lehmann, M. (2003). Verhaltens- und Verhältnisprävention. In: BZgA (Hrsg.): Leitbegriffe der Gesundheitsförderung. Glossar zu Konzepten, Strategien und Methoden der Gesundheitsförderung. 4. erweiterte und überarbeitete Auflage, Schwabenheim a.d. Selz: Fachverlag Peter Sabo, S. 238 – 240

Lück, P.; Eberle, G.; Bonitz, D. (2009). Der Nutzen des betrieblichen Gesundheitsmanagements aus der Sicht von Unternehmen. In: Badura, B.; Schröder, H.; Vetter, C. (Hrsg.): Fehlzeiten-Report 2008. Betriebliches Gesundheitsmanagement. Kosten und Nutzen. Berlin, Heidelberg, London: Springer Verlag, S. 77 – 84

Lützenkirchen, A. (2003). Organisationsentwicklung durch Gesundheitsförderung, dargestellt am Beispiel Krankenhaus. In: Gruppendynamik und Organisationsberatung (Zeitschrift) Vol. 34, Nr. 4, Wiesbaden: VS Verlag für Sozialwissenschaften, S. 405 – 415

Macco, K.; Schmidt, J. (2010). Krankheitsbedingte Fehlzeiten in der deutschen Wirtschaft im Jahr 2008. In: Badura, B.; Schröder, H.; Klose, J.; Macco, K. (Hrsg.): Fehlzeiten-Report 2009. Arbeit und Psyche. Belastungen reduzieren – Wohlbefinden fördern. Berlin, Heidelberg: Springer Verlag, S. 275 – 423

Macco, K.; Stallauke, M. (2010). Krankheitsbedingte Fehlzeiten in der deutschen Wirtschaft im Jahr 2009. In: Badura, B.; Schröder, H.; Klose, J.; Macco, K. (Hrsg.): Fehlzeiten-Report 2010. Vielfalt managen: Gesundheit fördern – Potentiale nutzen. Berlin, Heidelberg: Springer Verlag, S. 271 – 431

MDS - Medizinischer Dienst des Spitzenverbandes Bund der Krankenkassen e.V. (Hrsg.) (2008). Präventionsbericht 2008. Leistungen der gesetzlichen Krankenversicherung in der Primärprävention und der betrieblichen Gesundheitsförderung. Berichtsjahr 2007. Essen: MDS https://www.gkv-spitzenverband.de/upload/Pr%C3%A4ventionsbericht_2008,_MDS,_SpiK_4121.pdf (19.10.10)

MDS - Medizinischer Dienst des Spitzenverbandes Bund der Krankenkassen e.V. (Hrsg.) (2009). Präventionsbericht 2009. Leistungen der gesetzlichen Krankenversicherung in der Primärprävention und der betrieblichen Gesundheitsförderung. Berichtsjahr 2008. Essen: MDS https://www.gkv-spitzenverband.de/upload/09-11-4503_Pr%C3%A4ventions bericht_2009_gV_11291.pdf (19.09.10)

Mölders, W. (2009). Erfahrungen des Bereichs Gesundheit der ThyssenKrupp Steel AG mit anerkannten und selbstentwickelten Kennzahlen. In: Badura, B.; Schröder, H.; Vetter, C. (Hrsg.): Fehlzeiten-Report 2008. Betriebliches Gesundheitsmanagement. Kosten und Nutzen. Berlin, Heidelberg, London: Springer Verlag, S. 195 – 202

Müller, B.; Münch, E.; Badura, B. (1997). Gesundheitsförderliche Organisationsgestaltung im Krankenhaus. Entwicklung und Evaluation von Gesundheitszirkeln als Beteiligungs- und Interventionsmodell. Weinheim, München: Juventa Verlag

Münch, E., (1999). Drehbuch für das betriebliche Gesundheitsmanagement. In: Badura, B.; Ritter, W.; Scherf, M. (Hrsg.): Betriebliches Gesundheitsmanagement – ein Leitfaden für die Praxis. Berlin: Ed. Sigma, S. 132 – 134

Nink, M. (2009). Engagement Index Deutschland 2008. Pressegespräch am 14.09.2009 (Präsentation). Berlin: Gallup GmbH http://eu.gallup.com/Berlin/141173/PraesiEEI2008.aspx (15.09.10)

Noack, R.H. (1999). Evaluation betrieblicher Gesundheitsförderung. In Badura, B.; Ritter, W.; Scherf, M. (Hrsg.): Betriebliches Gesundheitsmanagement – ein Leitfaden für die Praxis. Berlin: Ed. Sigma, S. 168 – 174

Oldenburg, C.; Siefer, A.; Beermann, B. (2010). Migration als Prädikator für Belastung und Beanspruchung. In Badura, B.; Schröder, H.; Klose, J.; Macco, K. (Hrsg.): Fehlzeiten-Report 2010. Vielfalt managen: Gesundheit fördern – Potentiale nutzen. Berlin, Heidelberg: Springer Verlag, S. 141 – 151

Ohnesorg, S.; Ries, K. (2005). IAB-Betriebspanel 2004 Saarland. Ergebnisse der Arbeit-geberbefragung. Gesamtbericht. Saarbrücken: INFO-Institut

Ortlieb, R.; Sieben, B. (2010). Beschäftigte mit Migrationshintergrund in der Berliner Wirtschaft: Empirische Befunde zu Personalstrukturen, -praktiken und -strategien. In: Badura, B.; Schröder, H.; Klose, J.; Macco, K. (Hrsg.): Fehlzeiten-Report 2010. Vielfalt managen: Gesundheit fördern – Potentiale nutzen. Berlin, Heidelberg: Springer Verlag, S. 121 – 128

Pelikan, J.M.; Nowak, P. (1998). Beiträge der Gesundheitsförderung zur Qualitätssiche-rung im Krankenhaus. In: Grundböck, A.; Nowak, P.; Pelikan, J.P. (Hrsg.): Neue Herausforderungen für Krankenhäuser: Qualität durch Gesundheitsförderung – Gesundheitsförderung mit Qualität. Wien: Facultas Universitätsverlag, S. 28 – 41

Pelikan, J.M.; Dietscher, C.; Krajic, K.; Nowak, P. (2005). Achtzehn grundlegende Stra-tegien für gesundheitsfördernde Krankenhäuser. Übersetzung aus: WHO, 2005, Health Promotion in Hospitals: Evidence and Quality Management, S. 46 – 63 http://www.pflege-paedagogik.com/docs/02_Gesundheitswissenschaft/2_2_ Gesundheitsfoerderung_Praevention/gesundheitsfoerderung_an_kranken haeusern.pdf (21.09.10)

Pelster, K. (2010) …Und die Nachhaltigkeit? In: Faller, G. (Hrsg.): Lehrbuch Betriebli-che Gesundheitsförderung. Bern: Verlag Hans Huber, S. 171 – 178

Pfahl, S.; Reuyss, S. (2010). Das neue Elterngeld: Erfahrungen und betriebliche Nut-zungsbedingungen von Vätern. In: Badura, B.; Schröder, H.; Klose, J.; Macco, K. (Hrsg.): Fehlzeiten-Report 2010. Vielfalt managen: Gesundheit fördern – Poten-tiale nutzen. Berlin, Heidelberg: Springer Verlag, S. 225 – 233

Pieck, N. (2006). Gesundheitsmanagement in öffentlichen Verwaltungen geschlechterge-recht gestalten. In: Kolip, P.; Altgeld, T. (Hrsg.): Geschlechtergerechte Gesund-heitsförderung und Prävention, Weinheim, München: Juventa Verlag, S. 219 – 232

Pirolt, E.; Schauer, G. (2006). Vom Projekt Spagat zu Gender Mainstreaming in der be-trieblichen Gesundheitsförderung. In: Kolip, P.; Altgeld, T. (Hrsg.): Geschlech-tergerechte Gesundheitsförderung und Prävention, Weinheim, München: Juven-ta Verlag, S. 233 – 243

Reuter, P. (2004). Springer Lexikon Medizin. Berlin, Heidelberg, New York. Springer Verlag

RKI - Robert Koch-Institut (Hrsg.) (2005). Beiträge zur Gesundheitsberichterstattung des Bundes. Armut, soziale Ungleichheit und Gesundheit. Berlin: RKI
http://edoc.rki.de/documents/rki_fv/reJBwqKp45PiI/PDF/24aj8tYVir1Lo_1
4.pdf (17.10.10)

RKI - Robert Koch-Institut (Hrsg.) (2006). Gesundheit in Deutschland. Gesundheitsberichterstattung des Bundes. Berlin: RKI
http://www.gbe-bund.de/gbe10/owards.prc_show_pdf?p_id=9965&p
_sprache=D (18.10.10)

RKI - Robert Koch-Institut (Hrsg.) (2006a). Gesundheitsbedingte Frühberentung. Gesundheitsberichterstattung des Bundes. Heft 30. Berlin: RKI
http://edoc.rki.de/documents/rki_fv/ren4T3cctjHcA/PDF/23zMV5WzsY6g_
G40.pdf (15.10.10)

RKI - Robert Koch-Institut (Hrsg.) (2008). Schwerpunktbericht der Gesundheitsberichterstattung des Bundes. Migration und Gesundheit. Berlin: RKI
http://www.rki.de/cln_178/nn_199850/DE/Content/GBE/Gesundheitsberic
hterstattung/GBEDownloadsT/migration,templateId=raw,property=publicatio
nFile.pdf/migration.pdf (17.10.10)

Rosenbrock, R. (2004). Prävention und Gesundheitsförderung – Gesundheitswissenschaftliche Grundlagen für die Politik. In: Das Gesundheitswesen. Bd. 66. Stuttgart, New York: Georg Thieme Verlag, S. 146–152

Rosenbrock, R.; Kümpers, S. (2006). Zur Entwicklung von Konzepten und Methoden der Prävention, In: Psychotherapeut 2006. Bd. 51. Berlin: Springer Medizin Verlag, S. 412 – 420

Rosenbrock, R. (2008). Primärprävention – was ist das und was soll das?
http://bibliothek.wz-berlin.de/pdf/2008/i08-303.pdf (03.10.10)

Sächsisches Staatsministerium für Soziales (2008). Der Arbeitsort Krankenhaus: familienfreundlich und geschlechtergerecht.
https://publikationen.sachsen.de/bdb/download.do?id=1601469 (25.09.10)

SBK - Siemens Betriebskrankenkasse (Hrsg.) (2008). Gesundheitsbericht Isar-Amper-Klinikum Haar 2008. München: SBK

SBK - Siemens Betriebskrankenkasse (Hrsg.) (2009). Gesundheitsbericht Isar-Amper-Klinikum Haar 2009. München: SBK

Schmeisser, W.; Bruch, M. (2008). Arbeitswissenschaftlich und sozialmedizinische Erkenntnisse für ein betriebliches Gesundheitsmanagement. In: Wagner, K.; Schmeisser, W. (Hrsg.): Qualitätsmanagement im Gesundheitswesen und präventive Vorsorge in Unternehmen. München, Mering: Rainer Hampp Verlag, S. 43 – 69

Schulte, C.; Köberlein, J.; Grimm, C.; Rychlik, R. (2010). Prävention unter Berücksichtigung ökonomischer Gesichtspunkte. In: Kirch, W.; Middeke, M.; Rychlik, R. (Hrsg.): Aspekte der Prävention, Stuttgart: Georg Thieme Verlag KG, S. 118 – 122

Schwartz, F. W.; Badura, B.; Busse, R.; Leidl, R.; Raspe, H.; Siegrist, J.; Walter, U. (Hrsg.) (2003). Das Public Health Buch. 2. Auflage, München, Jena: Urban & Fischer Verlag

Sochert, R. (1999). Die Mitarbeiterbefragung – Nutzen für die Gesundheitsberichterstattung im Betrieb. In: BKK-BV (Hrsg.): Die BKK. Ausgabe 10/99. Essen. BKK-BV, S. 505 – 508
http://www.bkk.de/fileadmin/user_upload/PDF/Arbeitgeber/Betriebliche_Ge sundheitsfoerderung/mitarbeiterbefragung_bkk_sochert.pdf (22.09.10)

Sokoll, I.; Kramer, I.; Bödeker, W. (2008). IGA-Report 13 – Wirksamkeit und Nutzen betrieblicher Gesundheitsförderung und Prävention. Zusammenstellung der wissenschaftlichen Evidenz 2000 bis 2006. Essen, Dresden, Bonn, Siegburg: BKK BV, BGAG, AOK-BV, vdek
http://www.iga-info.de/fileadmin/texte/iga_report_13.pdf (16.10.10)

Spicker, I.; Schopf, A. (2007). Betriebliche Gesundheitsförderung erfolgreich umsetzen. Praxishandbuch für Pflege- und Sozialdienste. Wien, New York: Springer Verlag

Sporket, M. (2010). Altersmanagement in der betrieblichen Personalpolitik. In: Badura, B.; Schröder, H.; Klose, J.; Macco, K. (Hrsg.): Fehlzeiten-Report 2010. Vielfalt managen: Gesundheit fördern – Potentiale nutzen. Berlin, Heidelberg: Springer Verlag, S. 163 – 173

Statistisches Bundesamt (Hrsg.) (2006). Im Jahr 2050 doppelt so viele 60-Jährige wie Neugeborene. Pressemitteilung Nr. 464 vom 07.11.2006. Wiesbaden: Statistisches Bundesamt
http://www.destatis.de/jetspeed/portal/cms/Sites/destatis/Internet/DE/Press e/pm/2006/11/PD06__464__12421,templateId=renderPrint.psml (17.09.10)

Statistisches Bundesamt (Hrsg.) (2009). Bevölkerung Deutschlands bis 2060. 12. Koordinierte Bevölkerungsvorausberechnung. Wiesbaden: Statistisches Bundesamt
http://www.destatis.de/jetspeed/portal/cms/Sites/destatis/Internet/DE/Press
e/pk/2009/Bevoelkerung/pressebroschuere__bevoelkerungsentwicklung2009,p
roperty=file.pdf (17.09.10)

Statistisches Bundesamt (Hrsg.) (2010). Gesundheit. Personal 2000 bis 2008. Wiesbaden:
Statistisches Bundesamt
https://www-ec.destatis.de/csp/shop/sfg/bpm.html.cms.cBroker.cls?
cmspath=struktur,Warenkorb.csp&action=basketadd&id=1025433 (16.09.10)

Statistisches Bundesamt (Hrsg.) (2010a). Bevölkerung mit Migrationshintergrund - Ergebnisse des Mikrozensus 2009 - Fachserie 1 Reihe 2.2 - 2009. Wiesbaden: Statistisches Bundesamt
https://www-ec.destatis.de/csp/shop/sfg/bpm.html.cms.cBroker.cls?
cmspath=struktur,vollanzeige.csp&ID=1025903 (17.10.10)

StMAS - Bayerisches Staatsministerium für Arbeit und Sozialordnung, Familie und Frauen (Hrsg.) (2010). Ganzheitliches Betriebliches Gesundheitsmanagement System (GABEGS). Handlungsleitfaden. Stand: 20.01.2010.
http://www.stmas.bayern.de/arbeitsschutz/managementsysteme/bgm-leitfaden.pdf (19.10.10)

Straus, F.; Höfer, R. (2010). Kohärenzgefühl, soziale Ressourcen und Gesundheit. Überlegungen zur Interdependenz von (Wiederstands-)Ressourcen. In: Wydler, H.; Kolip, P.; Abel, T. (Hrsg.): Salutogenese und Koheränzgefühl. Grundlagen, Empirie und Praxis eines gesundheitswissenschaftlichen Konzepts. Weinheim, München: Juventa Verlag

Tempel, J.; Geißler, H.; Ilmarinen, J. (2010). Stärken fördern, Schwächen anerkennen: Der Beitrag der Betrieblichen Gesundheitsförderung für die Erhaltung der Arbeitsfähigkeit von älteren und älter werdenden Mitarbeiterinnen und Mitarbeitern. In: Faller, G. (Hrsg.): Lehrbuch Betriebliche Gesundheitsförderung. Bern: Verlag Hans Huber, S. 181 – 197

Udris, I.; Rimann, M. (2010). Das Koheränzgefühl: Gesundheitsressource oder Gesundheit selbst? Strukturelle und funktionale Aspekte und ein Validierungsversuch. In: Wydler, H.; Kolip, P.; Abel, T. (Hrsg.): Salutogenese und Koheränzgefühl. Grundlagen, Empirie und Praxis eines gesundheitswissenschaftlichen Konzepts. Weinheim, München: Juventa Verlag

UK-Bund – Unfallkasse des Bundes (Hrsg.) (2009). Unser Leitfaden für mehr Gesundheit. Betriebliches Gesundheitsmanagement Marke Unfallkasse des Bundes. Wilhelmshafen: UK-Bund
http://www.uk-bund.de/downloads/Gesundheitsf%C3%B6rderung/
Leitfaden_BGM_UK_Bund_2009.pdf (22.09.10)

Ulich, E.; Wülser, M. (2009): Gesundheitsmanagement in Unternehmen. 3. Auflage, Wiesbaden: Gabler Verlag

VDBW – Verband Deutscher Betriebs- und Werksärzte e.V. (Hrsg.) (2009). Betriebliches Gesundheitsmanagement. Gesunde Mitarbeiter in gesunden Unternehmen. Betriebliche Gesundheitsförderung als betriebsärztliche Aufgabe. Ein Leitfaden für Betriebsärzte und Führungskräfte.
http://www.vdbw.de/fileadmin/01-Redaktion/02-Verband/02-PDF/Leit
faden/Leitfaden_Betriebliche_Gesundheitsf%C3%B6rderung_RZ3.pdf
(18.09.10)

Vetter, C. (2005). Krankheitsbedingte Fehlzeiten in deutschen Krankenhäusern. In: Badura, B.; Schellschmidt, H.; Vetter, C. (Hrsg.): Fehlzeitenreport 2004. Gesundheitsmanagement in Krankenhäusern und Pflegeeinrichtungen. Berlin, Heidelberg, New York: Springer Verlag, S. 65 – 80

Vogt-Akpetou, U. (1999). Gesundheitszirkel. In: Badura, B.; Ritter, W.; Scherf, M. (Hrsg.): Betriebliches Gesundheitsmanagement – ein Leitfaden für die Praxis. Berlin: Ed. Sigma, S. 159 – 167

Wagner, K.; Schmeisser, W. (Hrsg.) (2008). Qualitätsmanagement im Gesundheitswesen und präventive Vorsorge in Unternehmen. München, Mering: Rainer Hampp Verlag

Walter, U.; Schwartz, F.W. (2003). Prävention. In: Schwartz, F. W.; Badura, B.; Busse, R.; Leidl, R.; Raspe, H.; Siegrist, J.; Walter, U. (Hrsg.): Das Public Health Buch. 2. Auflage, München, Jena: Urban & Fischer Verlag, S. 189 – 214.

Walter, U. (2010). Standards des Betrieblichen Gesundheitsmanagements. In: Badura, B.; Walter, U.; Hehlmann, T. (Hrsg.): Betriebliche Gesundheitspolitik. Der Weg zur gesunden Organisation. 2. Auflage, Berlin, Heidelberg: Springer Verlag, S. 147 – 161

Wegner, B. (2009). Leitfaden „Betriebliches Gesundheitsmanagement – in 6 Schritten zum Erfolg".
http://www.ukbund.eu/downloads/Fachinfornationen%20AP/Leitfaden_BG M1_pdf_Datei.pdf (05.10.10)

Welbrink, A.; Franke, A. (2010). Zwischen Genuss und Sucht – das Salutogenesemodell in der Suchtforschung. In: Wydler, H.; Kolip, P.; Abel, T. (Hrsg.): Salutogenese und Kohärenzgefühl. Grundlagen, Empirie und Praxis eines gesundheitswissenschaftlichen Konzepts. Weinheim, München: Juventa Verlag

Westermeyer, G.; et al. (2004). Zehn Jahre Betriebliche Gesundheitsförderung durch die AOK Berlin. State of the Art und Zukunftweisendes. In: Busch, R. (Hrsg.): Unternehmensziel Gesundheit. Betriebliches Gesundheitsmanagement in der Praxis – Bilanz und Perspektiven. München, Mering: Hampp-Verlag, S. 70 – 103

WHO – Weltgesundheitsorganisation (1946). Constitution of the World Health Organization.
http://apps.who.int/gb/bd/PDF/bd47/EN/constitution-en.pdf (20.09.10)

WHO – Weltgesundheitsorganisation (1986). Ottawa Charta zur Gesundheitsförderung.
http://www.dngfk.de/fileadmin/user_upload/website/dngfk/Grundsatzdokum ente/1986_Ottawa-Charta.pdf (20.09.10)

WHO – Weltgesundheitsorganisation (1991). The Budapest Declaration on Health Promoting Hospitals.
http://www.santemontreal.qc.ca/pdf/En/budapes_dec.pdf (09.09.10)
Deutsche Übersetzung:
http://www.dngfk.de/downloads/ (20.09.10)

WHO – Weltgesundheitsorganisation (1997). Die Jakarta Erklärung zur Gesundheitsförderung für das 21. Jahrhundert.
http://www.who.int/hpr/NPH/docs/jakarta_declaration_german.pdf (20.09.10)

WHO - Weltgesundheitsorganisation (1997a). Wiener Empfehlung für gesundheitsfördernde Krankenhäuser.
http://www.dngfk.de/fileadmin/user_upload/website/dngfk/Grundsatzdokum ente/1997_Wiener-Empfehlungen.pdf , (09.09.10)

Pierre Reiter

WHO - Weltgesundheitsorganisation (1998a). Health Promotion Glossary. Originalfassung

http://www.who.int/hpr/NPH/docs/hp_glossary_en.pdf (10.10.10)

WHO - Weltgesundheitsorganisation (1998b). Glossar Gesundheitsförderung. Deutsche Übersetzung:
http://www.kindergesundheitsfoerderung.de/Daten/Dokumente/Informatione nundMaterialien/Gesundheitsfoerderung/GlossarGesundheitsfoerderung.pdf (10.10.10)

WHO - Weltgesundheitsorganisation (2005). Health promotion in hospitals: Evidence and Quality Management, S. 46 – 63

http://www.euro.who.int/__data/assets/pdf_file/0008/99827/E86220.pdf (09.10.10)

Wienemann, E. (2000). Vom Alkoholverbot zum Gesundheitsmanagement. Entwicklung der betrieblichen Suchtprävention 1800 – 2000. Stuttgart: ibidem-Verlag

Wienemann, E. (2010). Betriebliche Suchtprävention: Gesundheitsförderung und lösungsorientierte Interventionen. In: Faller, G. (Hrsg.): Lehrbuch Betriebliche Gesundheitsförderung. Bern: Verlag Hans Huber, S. 210 – 219

Wildeboer, G. (2008). Gesundheitsförderung für Frauen in Gesundheitsberufen – Vorgehensweisen und Ergebnisse. In: Badura, B.; Schröder, H.; Vetter, C. (Hrsg.): Fehlzeiten-Report 2007. Arbeit, Geschlecht und Gesundheit. Geschlechteraspekte im betrieblichen Gesundheitsmanagement. Heidelberg: Springer Verlag, S. 229 – 244

Winter, W.; Singer, C. (2009). Erfolgsfaktoren Betrieblicher Gesundheitsförderung – Eine Bilanz aus der Sicht bayerischer Unternehmen. In Badura, B.; Schröder, H.; Vetter, C. (Hrsg.): Fehlzeiten-Report 2008. Betriebliches Gesundheitsmanagement. Kosten und Nutzen. Berlin, Heidelberg, London: Springer Verlag, S. 163 – 170

Wydler, H.; Kolip, P.; Abel, T. (Hrsg.) (2010). Salutogenese und Kohärenzgefühl. Grundlagen, Empirie und Praxis eines gesundheitswissenschaftlichen Konzepts. 4. Auflage, Weinheim, München: Juventa Verlag

Zimolong, B.; Elke, G. (2005). Betriebliche Gesundheitsförderung. Studienbrief. Ruhr Universität Bochum, http://www.ruhr-uni-bochum.de/imperia/md/content/psy_auo/studbrief2.pdf (20.09.10)

Zok, K. (2009). Stellenwert und Nutzen betrieblicher Gesundheitsförderung aus Sicht der Arbeitnehmer. In: Badura, B.; Schröder, H.; Vetter, C. (Hrsg.): Fehlzeiten-Report 2008. Betriebliches Gesundheitsmanagement. Kosten und Nutzen. Berlin, Heidelberg, London: Springer Verlag, S. 85 – 100

Gesetzestexte, Verordnungen, Vorschriften, Informationen und Regeln:

ArbSchG – Gesetz über die Durchführung von Maßnahmen des Arbeitsschutzes zur Verbesserung der Sicherheit und des Gesundheitsschutzes der Beschäftigten bei der Arbeit.
http://www.gesetze-im-internet.de/bundesrecht/arbschg/gesamt.pdf (10.10.10)

ArbZG – Arbeitszeitgesetz.
http://www.gesetze-im-internet.de/bundesrecht/arbzg/gesamt.pdf (10.10.10)

ASiG – Gesetz über Betriebsärzte, Sicherheitsingenieure und andere Fachkräfte für Arbeitssicherheit. (Arbeitssicherheitsgesetz)
http://www.gesetze-im-internet.de/bundesrecht/asig/gesamt.pdf (08.10.10)

BetrVG – Betriebsverfassungsgesetz.
http://www.gesetze-im-internet.de/bundesrecht/betrvg/gesamt.pdf (06.10.10)

BGV A1 (Nachfolger der GUV-V A1) – Unfallverhütungsvorschrift: Grundsätze der Prävention.
http://www.vbg.de/imperia/md/content/produkte/vorschriften/bgv_a1_07_2 010.pdf (08.09.10)

BildscharbV – Verordnung über Sicherheit und Gesundheitsschutz bei der Arbeit an Bildschirmgeräten.
http://www.gesetze-im-internet.de/bundesrecht/bildscharbv/gesamt.pdf (10.10.10)

BNichtrSchG – Gesetz zur Einführung eines Rauchverbotes in Einrichtungen des Bundes und öffentlichen Verkehrsmitteln (Bundesnichtraucherschutzgesetz).
http://www.gesetze-im-internet.de/bundesrecht/bnichtrschg/gesamt.pdf (09.10.10)

BVK – Berufskrankheiten-Verordnung, zuletzt geändert mit der Verordnung vom 11.06.2009 (BGBl. I S. 1273).
http://www.gesetze-im-internet.de/bundesrecht/bkv/gesamt.pdf (10.10.10);
http://www.bgbl.de/Xaver/start.xav?startbk=Bundesanzeiger_BGBl (10.10.10)

EntgFg – Gesetz über die Zahlung des Arbeitsentgelts an Feiertagen und im Krankheitsfall (Entgeltfortzahlungsgesetz).
http://www.gesetze-im-internet.de/bundesrecht/entgfg/gesamt.pdf (11.10.10)

EStG – Einkommenssteuergesetz.
http://www.gesetze-im-internet.de/bundesrecht/estg/gesamt.pdf (08.10.10)

GKV – Gesundheitsreformgesetz 2000.
http://www.chemlin.de/digitalverlag/Recht/g/gkv2000.pdf (08.10.10)

GUV-I 650 – GUV-Information. Bildschirm- und Büroarbeitsplätzen – Leitfaden für die Gestaltung.
http://regelwerk.unfallkassen.de/regelwerk/data/regelwerk/inform/I_650.pdf (09.10.10)

GUV-I 8557 – GUV-Information. Rückengerechtes Arbeiten in der Pflege und Betreuung. Damit der Mensch nicht zur Last wird.
http://regelwerk.unfallkassen.de/regelwerk/data/regelwerk/inform/I_8557.pdf (09.10.10)

GUV-I 8599 – GUV-Information. Traumatisierende Ereignisse in Gesundheitsberufen.
http://regelwerk.unfallkassen.de/regelwerk/data/regelwerk/inform/I_8599.pdf (09.10.10)

GUV-V A1 (neu ab 2010 - BGV A1) – Unfallverhütungsvorschrift: Grundsätze der Prävention.
http://regelwerk.unfallkassen.de/regelwerk/data/regelwerk/m_uvv/V_A1.pdf (09.10.10)

GUV-V A 2 – Unfallverhütungsvorschrift Betriebsärzte und Fachkräfte für Arbeitssicherheit.
http://regelwerk.unfallkassen.de/regelwerk/data/regelwerk/m_uvv/V_A2.pdf (10.10.10)

GUV-R 206 – GUV-Regel. Desinfektionsarbeiten im Gesundheitsdienst.
http://regelwerk.unfallkassen.de/regelwerk/data/regelwerk/regeln/R_206.pdf (09.10.10)

GUV-R A1 – GUV-Regel. Grundsätze der Prävention.
http://regelwerk.unfallkassen.de/regelwerk/data/regelwerk/regeln/R_A1.pdf (10.10.10)

JStG 2009 – Jahressteuergesetz 2009.
http://www.bgbl.de/Xaver/media.xav?SID=anonymous2812817563154&bk=Bundesanzeiger_BGBl&name=bgbl%2FBundesgesetzblatt%20Teil%20I%2F2008%2FNr.%2063%20vom%2024.12.2008%2Fbgbl108s2794.pdf (08.10.10)

MBO-Ä – (Muster-) Berufsordnung für deutsche Ärztinnen und Ärzte, i. d. F. der Beschlüsse des 100. Deutschen Ärztetages 1997 in Eisenach, zuletzt geändert am 24.11.2006.
http://www.bundesaerztekammer.de/downloads/MBOStand20061124.pdf (30.09.10)

Richtlinie 89/391/EWG des Rates über die Durchführung von Maßnahmen zur Verbesserung der Sicherheit und des Gesundheitsschutzes der Arbeitnehmer bei der Arbeit.
http://eur-lex.europa.eu/LexUriServ/LexUriServ.do?uri=CELEX:31989L0391: de:HTML (06.10.10)

Richtlinie 91/383/EWG des Rates zur Ergänzung der Maßnahmen zur Verbesserung der Sicherheit und des Gesundheitsschutzes von Arbeitnehmern mit befristetem Arbeitsverhältnis oder Leiharbeitsverhältnis.
http://eur-lex.europa.eu/LexUriServ/LexUriServ.do?uri=CELEX:31991L0383: de:HTML (06.10.10)

SGB V – Sozialgesetzbuch. Fünftes Buch – Gesetzliche Krankenversicherung (Artikel 1 des Gesetzes v. 20. Dezember 1988, BGBl. I S. 2477).
http://www.gesetze-im-internet.de/bundesrecht/sgb_5/gesamt.pdf (20.10.10)

SGB VII – Sozialgesetzbuch. Siebtes Buch – Gesetzliche Unfallversicherung (Artikel 1 des Gesetzes vom 7. August 1996, BGBl. I S.1254).
http://www.gesetze-im-internet.de/bundesrecht/sgb_7/gesamt.pdf (20.10.10)

SGB IX – Sozialgesetzbuch. Neuntes Buch – Rehabilitation und Teilhabe behinderter Menschen (Artikel 1 des Gesetzes v. 19. 6.2001, BGBl. I S. 1046)
http://www.gesetze-im-internet.de/bundesrecht/sgb_9/gesamt.pdf (20.10.10)

SGB XI – Sozialgesetzbuch. Elftes Buch – Soziale Pflegeversicherung (Artikel 1 des Gesetzes vom 26. Mai 1994, BGBl. I S. 1014).
http://www.gesetze-im-internet.de/bundesrecht/sgb_11/gesamt.pdf (20.10.10)

Verordnung zur Umsetzung von EG-Einzelrichtlinien zur EG-Rahmenrichtlinie Arbeitsschutz,
http://www.cms.hu-berlin.de/dl/vwedv/empfehlg/hardware/ergonomie/brd_ verordnung_htm (06.10.10)

Weiterführende Literatur

AOK Bundesverband (Hrsg.) (2000). Produktionsfaktor in Krankenhäusern und Pflegeeinrichtungen. Bonn: KomPart Verlagsgesellschaft mbH & Co. KG

BARMER Ersatzkasse (Hrsg.) (2005). Gesundheitsreport 2005. Fehlzeiten, Gender Mainstreaming und betriebliche Gesundheitsförderung.
http://www.barmer-gek.de/barmer/web/Portale/Unternehmensportal/
Gesundheit_20im_20Unternehmen/GesundheitPublik/Gesundheitsreport
/2005_Gesundheitsreport,property=Data.pdf (19.10.10)

BARMER Ersatzkasse (Hrsg.) (2006). Gesundheitsreport 2006. Demografischer Wandel – ältere Beschäftigte im Focus betrieblicher Gesundheitsförderung.
http://www.barmer-gek.de/barmer/web/Portale/Unternehmensportal/
Gesundheit_20im_20Unternehmen/GesundheitPublik/Gesundheitsreport
/2006_Gesundheitsreport,property=Data.pdf (19.10.10)

BARMER Ersatzkasse (Hrsg.) (2009). Gesundheitsreport 2009. Psychische Gesundheit und psychische Belastungen.
http://www.barmer-gek.de/barmer/web/Portale/Unternehmensportal/
Gesundheit_20im_20Unternehmen/GesundheitPublik/Gesundheitsreport
/2009_Gesundheitsreport,property=Data.pdf (19.10.10)

baua – Bundesanstalt für Arbeitsschutz und Arbeitsmedizin (Hrsg.) (2001). Gesunde MitarbeiterInnen in gesunden Unternehmen: Das Europäische Netzwerk Betriebliche Gesundheitsförderung. Dortmund: baua

BGW – Berufsgenossenschaft für Gesundheitsdienst und Wohlfahrtspflege (Hrsg.) (2007): Ratgeber Leitbildentwicklung. Hamburg: BGW

BGW – Berufsgenossenschaft für Gesundheitsdienst und Wohlfahrtspflege (Hrsg.) (2008). Betriebsklima und Gesundheit systematisch messen. Anleitung für eine Mitarbeiterbefragung. Hamburg: BGW

DAK – Deutsche Angestellten Krankenkasse (Hrsg.) (2008). DAK Gesundheitsreport 2008. Analyse der Arbeitsunfähigkeitsdaten. Schwerpunktthema: Mann und Gesundheit. Hamburg: DAK

DAK – Deutsche Angestellten Krankenkasse (Hrsg.) (2010). DAK Gesundheitsreport 2010. Analyse der Arbeitsunfähigkeitsdaten. Schwerpunktthema: Schlafstörungen. Hamburg: DAK

Pierre Reiter

dip – Deutsches Institut für angewandte Pflegeforschung e.V. (Hrsg.) (2007). Pflege-Thermometer 2007. Eine bundesweite repräsentative Befragung zur Situation und zum Leistungsspektrum des Pflegepersonals sowie zur Patientensicherheit im Krankenhaus. Köln: dip http://www.dip.de/fileadmin/data/pdf/material/Pflege-Thermometer2007.pdf (25.09.10)

Hostasch, E. (1998). Rahmenbedingungen für eine Reformpolitik. Qualitätssicherung und Gesundheitsförderung im Krankenhaus als flankierende Maßnahmen. In: Grundböck, A.; Nowak, P.; Pelikan, J.P. (Hrsg.): Neue Herausforderungen für Krankenhäuser: Qualität durch Gesundheitsförderung – Gesundheitsförderung mit Qualität. Wien: Facultas Universitätsverlag, S. 23 – 27

Peretzki-Leid, U. (2001). Betriebliche Gesundheitsförderung im Krankenhaus gestalten. Zeitschrift: Die Schwester / Der Pfleger, 40. Jahrgang, 12/01, S. 1004 – 1009. http://www.bibliomed.de/cps/rde/xbcr/SID-3E01936C-8CFA97E5// bibliomed/sp_old-2001_12_%20Betriebliche%20Gesundheitsf%C3% B6rderung%20im%20Krankenhaus%20gestalten.pdf (20.09.10)

Piwernetz, K. (1998). Qualitätsmanagement in der Gesundheitsförderung. In: Grundböck, A.; Nowak, P.; Pelikan, J.P. (Hrsg.): Neue Herausforderungen für Krankenhäuser: Qualität durch Gesundheitsförderung – Gesundheitsförderung mit Qualität. Wien: Facultas Universitätsverlag, S. 42 – 50

Schmutte, A.M., (1998). Total Quality Management im Krankenhaus. Wiesbaden: Deutscher Universitätsverlag, Gabler Verlag

Thul, M.J. (2010). Qualitäts- und Betriebliches Gesundheitsmanagement: Integration, Ergänzung oder Gegensatz. In: Faller, G. (Hrsg.): Lehrbuch Betriebliche Gesundheitsförderung. Bern: Verlag Hans Huber, S. 198 – 209

ibidem-Verlag

Melchiorstr. 15

D-70439 Stuttgart

info@ibidem-verlag.de

www.ibidem-verlag.de
www.ibidem.eu
www.edition-noema.de
www.autorenbetreuung.de

www.ingramcontent.com/pod-product-compliance
Lightning Source LLC
Chambersburg PA
CBHW061159220326
41599CB00025B/4534